KB094065

파이널 컷 프로 X으로 시작하는 유튜브 동영상 편집

따라 하기만 하면 나도 유튜버!

따라 하기만 하면 나도 유튜버!

파이널 컷 프로 X 으로 시작하는 유튜브 동영상 편집

남시언 지음

남시언

문화 콘텐츠 크리에이터

IT/미디어 분야 파워 블로거이자 중앙부처 및 관공서, 기업, 대학교 등에서 SNS 콘텐츠 제작 및 마케팅을 주제로 한 강연가로도 활동하고 있다. 콘텐츠 기획 및 콘텐츠 제작 관련 일을 하며, 저서로는 〈스마트폰으로 유튜브 크리에이터 되기〉, 〈인스타그램으로 SNS 크리에이터 되기〉, 〈인생을 바꾸는 기적의 블로그〉 등이 있다.

– (현) 프리미엄 콘텐츠 제작소 히트메이커스 대표
– (전) 경상북도콘텐츠진흥원 디지털미디어 PM(차장)
– 블로그 〈남시언닷컴〉 운영
– 유튜브 채널 〈남시언 콘텐츠랩〉 운영

저자와 소통할 수 있는 채널

• 블로그: https://namsieon.com
• 유튜브: https://youtube.com/ebagoo
• 페이스북: https://fb.com/underclub
• 인스타그램: https://instagram.com/sieon_nam

우리는 현재 유튜브의 시대에 살고 있다고 해도 과언이 아닙니다. 유튜브는 검색 포털, 커뮤니티, TV 매체 등 상대적으로 고전적인 단일 서비스 플랫폼의 기능을 영상이라는 매개체를 통해 새로이 해석했습니다. 그 결과, 유튜브는 이제 단순 영상 저장소의 개념을 진작 넘어섰고, 우리 생활의 필수 불가결한 존재가 되었습니다.

유튜브에서의 우리는 더 이상 시청자이기를 강요받지 않습니다. 단조롭게만 느껴졌던 나의 일상이 누군가에겐 흥미진진한 드라마가 되기도 하고, 무심코 떠오른 사사로운 생각 한 뭉치가 당신의 감수성을 자극하기도 합니다. 우리는 항상 누군가에게는 '유튜버'였습니다. 그리고 이 책은 우리를 대중의 유튜버로 나아가게 해 주는 첫 번째 발걸음입니다.

〈파이널 컷 프로 X으로 시작하는 유튜브 동영상 편집〉은 유튜버가 되고 싶지만, 영상 제작에 겁을 먹어 선뜻 시작하지 못하는 사람들에게 꼭 추천하고 싶은 도서입니다. 이 책은 가장 기본적인 영상 제작 세팅부터 영상 편집의 기초, 다채로운 영상 효과 그리고 마지막으로 영상의 업로드까지 유튜브 영상 제작에 필요한 하나부터 열까지를 친절하게 소개하고 있습니다. 또한, 단순하게 툴의 기능을 낱낱이 주입하기보다는, 툴을 사용하는 '방법'을 알려 주기에 독자의 다양한 응용을 기대해 볼 수 있습니다.

주저하지 않고 한 페이지씩 넘기다 보면 당신은 어느덧 달려 나가고 있을 겁니다, 진정한 유튜브의 세계로.

김양훈

파이널 컷 프로 X은 유튜브 동영상 강의만으로도 기본적인 툴을 다룰 수 있을 만큼 직관적인 프로그램입니다. 하지만 깊은 이해와 다양한 활용을 위해서는 결국 책을 찾게 됩니다. 오랜 시간 '파이널 컷 유튜브 채널'을 운영해 오신, 남시언 작가님의 노하우를 바탕으로 만들어진 이번 책은 기본적인 프로그램 설명부터, 유튜버를 위한 편집 스킬까지 다양하게 알려주고 있습니다. 본 서적과 남시언 작가님의 유튜브 채널을 잘 활용하면, 중급 이상의 편집 기술을 터득할 수 있을 거라 확신합니다.

김용훤

유튜브 시대! 대세라고 표현하는 것이 부족할 정도로 압도적인 유튜브의 시대입니다. 유튜브는 동영상을 공유합니다. 그 동영상을 누가 더 잘 다루느냐, 시청자들의 공감을 얻어 내느냐가 시대의 흐름에 따라 몸을 맡길 수 있을지 역행하고 말지를 결정하게 될 것입니다.

오랜 시간 다양한 매개체를 통해 독자들, 시청자들에게 콘텐츠를 제공해 온 저자, 콘텐츠 크리에이터 남시언 작가님은 양질의 콘텐츠를 생산해 내는 능력과 공감하는 방법을 알고 있는 작가이자 크리에이터임이 분명합니다.

창작 활동에 도전하려는 예비 크리에이터, 이미 파이널 컷을 다루고 있지만 기초부터 응용까지 한 큐에 개념을 정리해 보고 싶은 욕심 많은 창작자 혹은 타 편집 툴에서 파이널 컷 프로로 외도를 계획 중인 편집자까지 다양한 독자층 모두에게 이 책의 효과는 유효하기 때문입니다.

단순한 동영상 편집 방법의 나열에 그친 책이 아닙니다. 직접 영상을 촬영하고 콘텐츠를 만들어 내고 구독자를 늘려 나간 남시언 작가님의 펄떡이는 노하우를 이 책 한 권으로 최대한 훔쳐 내 나의 것으로 만들어 보길 바랍니다.

김인혁

처음 파이널 컷 프로 X을 접했을 때 모두 영어로 되어 있어서 막막했습니다. 영상 편집은 어떻게 해야 하는지, 도대체 유튜버들의 화려한 효과는 어떻게 만드는 건지….

이 책을 읽으면서 파이널 컷 프로 X의 원리를 너무나도 쉽게 알게 되었습니다. 이 책 한 권이면 유튜브 편집을 하기 위해 꼭 필요한 기능이 무엇인지 한 번에 해결됩니다. 그리고 유튜브 편집에 그치는 것이 아니라, 파이널 컷 프로 X으로 그 어떠한 것도 쉽게 만들 수 있게 되었습니다.

-영상 편집을 처음 접하지만, 전문가처럼 영상을 만들고 싶은 분들께 추천!

-영상 편집에 관심은 있는데 어떻게 시작해야 할지 막막했던 분들께 추천!

-여행 영상을 추억으로 남기고 싶은 분들께도 추천합니다!

박동빈

요즘 유튜브라는 막강한 플랫폼으로 인해, 영상 편집은 더 이상 전문적인 작업이 아니라 대중적인 취미가 되어 가고 있습니다. 저 또한 '남시언 콘텐츠랩'의 동영상 편집 강의를 통해 영상을 독학하였고, 제 책을 출간하는 데 많은 도움을 받았기에 이 책의 출간이 너무나 반갑고 기뻤습니다. 저자의 세심한 예시와 수많은 스크린샷 그리고 재미있는 예제 영상까지! 기초부터 고급 응용 기술까지 나열한 이 책은 단순한 도서, 그 이상의 가치를 담고 있습니다.

누구나! 이 책을 통해 쉽게 영상 강의를 배우고 마스터할 수 있습니다.

누구나! 동영상 편집 프로가 될 수 있습니다. 동영상 편집은 이제 더 이상 전문가만의 영역이 아닙니다.

영상 편집의 종합 교과서 〈파이널 컷 프로 X으로 시작하는 유튜브 동영상 편집〉으로 재밌고 멋진 나만의 유튜브 라이프를 즐길 수 있으리라 확신합니다.

이유환

목차

PART 01 유튜버를 위한 첫걸음! 파이널 컷 프로 X 시작하기

목차

PART 02 영상 편집의 기본! 컷 편집과 기초 편집

PART 03　유튜브 업로드에 필요한 동영상 저장 관리

목차

PART 06   시청자의 눈을 사로잡는 인트로 만들기

PART 07   구독자의 귀를 만족시키자! 음악 삽입하기

목차

PART 08　유튜브 동영상에도 나만의 색감이 필요해! 색 보정하기

PART 09 이것만 알면 나도 금손! 응용 편집

목차

PART 10 유튜버라면 반드시 알아야 할 편집 스킬

프롤로그

파이널 컷 프로 X은 MAC 운영체제에서만 사용할 수 있는 MAC 전용 영상 편집 도구입니다. 방송국이나 영상 제작 프로덕션에서 사용하는 전문가용 프로그램이기도 합니다. 하지만 전문가용이라고 해서 반드시 복잡하고 어려운 건 아닙니다. 파이널 컷 프로 X은 사용법이 쉽고 다른 애플사 프로그램처럼 직관적인 인터페이스를 가지고 있어서 초보자분들이 배우기에 부담 없는 프로그램입니다.

필자는 2018년부터 유튜브 채널을 통해 파이널 컷 프로 X 활용법에 대한 동영상 강좌를 올리고 있습니다. 그동안 많은 구독자분으로부터 다양한 질문을 받으면서 여러분들이 어려워하고 궁금해하는 내용을 알게 됐고, 이런 내용을 체계적으로 정리할 필요가 있다는 생각에 이 책을 쓰기로 했습니다.

이 책은 파이널 컷 프로 X 튜토리얼 유튜버가 저술한, 유튜브 영상 편집을 위한 파이널 컷 프로 X 활용 도서입니다. 파이널 컷 프로 X을 처음 사용하는 분들을 위해 쉽게 썼습니다. 또한, 교과서적인 내용과 요즘에는 잘 사용하지 않는 기법들을 과감하게 제외하는 대신, 실제로 유튜브 영상에서 자주 볼 수 있는 효과와 편집 기법을 중점적으로 다루고 있습니다. 여기에 당장 활용할 수 있는 편집 노하우를 곁들였습니다. 또한, 꼭 알아야 할 부문만 설명하면서 기술만 배우는 것이 아니라 원리를 이해하고 응용할 수 있도록 구성했습니다.

구독자분들이 공통으로 궁금해했던 부분들을 〈꿀팁〉, 〈궁금해요〉, 〈초보탈출〉 등으로 정리했습니다. 〈레벨 업〉에서는 여러분들의 영상 편집 실력을 한 단계 올려 줄 응용 편집 기법을 완벽하게 이해하고 응용할 수 있도록 준비했습니다.

책과 더불어 동영상으로 함께 공부할 수 있도록 유튜브 강좌 링크도 추가했습니다. 책의 내용을 순서대로 따라 하면서 원리와 작동 방법을 이해하고 동영상으로 복습하면, 영상 편집 기술을 자신의 것으로 만들 수 있습니다.

무엇보다 동영상을 촬영하고 편집하는 일은 아주 재미있으며 파이널 컷 프로 X은 여러분을 영상 제작이라는 새로운 세계로 안내할 겁니다. 이제 여러분의 아이디어를 전 세계 사람들과 공유할 차례입니다.

요즘 어린이들의 장래 희망이 콘텐츠 크리에이터 또는 유튜버라고 합니다. 유튜브는 전 세계인들이 활동하는 세계 최대 규모의 동영상 플랫폼입니다. 자신만의 감각과 창의력으로 동영상을 제작하여 사람들에게 보여 줄 수 있는 공간입니다.

동영상은 음악 혹은 목소리가 포함되어 있다는 점에서 글이나 사진 같은 콘텐츠와 차별화됩니다. 역사상 시청각 자료를 이렇게 편하게 공유할 수 있는 시대는 없었습니다. 영상 콘텐츠는 앞으로 더 인기가 많아질 것이며, 이에 따라 유튜브와 동영상 관련 플랫폼이 더욱더 많은 사용자의 활동 무대가 될 것입니다.

유튜브를 포함한 콘텐츠 분야는 여전히 소비자는 많고 생산자는 적은 시장입니다. 주변 친구 중에 유튜브를 시청하는 사람과 유튜브에서 활발하게 활동하는 사람의 비율이 어느 정도인지 생각해 보면, 답을 알 수 있습니다. 미디어 환경의 불판은 완전히 바뀌었습니다. 5G 시대가 열리면 동영상 콘텐츠는 더욱 힘을 얻을 것입니다.

지금 바로, 이 책과 함께 동영상 콘텐츠 시대의 주인공이 되어 보세요.

파이널 컷 프로 X 소개

파이널 컷 프로 X(Final Cut Pro X)은 APPLE(애플)사에서 만든 전문가용 영상 편집 프로그램입니다. '파이널 컷 프로 엑스'라고 부르기도 하지만, 보통은 '파이널 컷 프로 텐'이라고 발음합니다. 끝에 있는 'X'은 '숫자 10'을 뜻합니다. 파이널 컷 프로라고 하는 프로그램의 10번째 버전이라는 의미입니다. 이 책에서는 '파이널 컷 프로 X'이라고 표현합니다.

[그림 0-1]

또한, 현재(2020년 8월) 파이널 컷 프로 X의 최신 버전은 10.4.8 버전입니다. 이 책에서는 운영체제와 파이널 컷 프로 X의 최신 버전을 이용합니다. 하지만 이 책을 따라 하기 위해 반드시 운영체제와 파이널 컷 프로 X이 최신 버전일 필요는 없습니다. 파이널 컷 프로 X을 기준으로 버전이 10.4.4 이상이면 이 책을 따라 하는 데 아무런 불편함이 없습니다.

[그림 0-2]

파이널 컷 프로 X은 MAC OS(맥 OS)라고 하는 운영체제에서만 구동되는 MAC 전용 영상 편집 프로그램입니다. 윈도우즈 운영체제에서는 사용할 수 없습니다. 따라서 파이널 컷 프로 X을 사용하려면, 맥북(Macbook)이나 아이맥(iMac) 같은 MAC 운영체제를 가진 노트북 또는 컴퓨터가 있어야 합니다. 파이널 컷 프로 X은 운영체제와 영상 편집 프로그램을 같은 회사에서 만들어 최적화가 잘되어 있고 프로그램이 대단히 안정적인 편입니다. 현재(2020년 8월) 기준으로 MAC 운영체제의 최신 버전은 10.15.6, macOS Catalina(맥오에스 카탈리나)입니다.

유튜브에서 활동하는 크리에이터분들이 많이 사용하는 전문가용 프로그램은 크게 두 가지로 나눌 수 있습니다. 파이널 컷 프로 X과 어도비사의 프리미어 프로입니다. 프로그램마다 장단점이 있으

며 무조건 어떤 프로그램이 좋다, 나쁘다며 논쟁하는 건 무의미합니다. 자신에게 잘 맞는 프로그램을 사용해서 자신이 원하는 영상을 만들어 내기만 하면 됩니다.

파이널 컷 프로 X이 전문가용 프로그램이긴 하지만, 그렇다고 해서 너무 겁먹을 필요는 없습니다. 직관적인 인터페이스와 쉬운 사용법을 갖춘 프로그램입니다. 파이널 컷 프로 X은 초보자분들이 접근하기에 훌륭한 영상 편집 프로그램이며, 실제로 전 세계의 크리에이터들이 즐겨 사용하는 프로그램이기도 합니다. 'Final'은 마지막이라는 뜻입니다. 파이널 컷 프로 X은 여러분들의 영상을 마무리 짓도록 도와줄 겁니다.

파이널 컷 프로 X 권장 사양

파이널 컷 프로 X을 사용하려면 파이널 컷 프로 X을 먼저 설치해야 하는데, 설치하기 전에 해야 할 일이 있습니다. 바로 내가 사용하는 MAC이 파이널 컷 프로 X을 설치해서 사용할 만한 권장 사양에 적합한지 체크해 보는 일입니다.

Minimum System Requirements	macOS 10.14.6 or later
	4GB of RAM (8GB recommended for 4K editing, 3D titles, and 360° video editing)
	Metal-capable graphics card
	1GB of VRAM recommended for 4K editing, 3D titles, and 360° video editing[1]
	3.8GB of available disk space

[그림 0-5] 파이널 컷 프로 X 설치를 위한 최소 사양

운영체제	mac OS 10.14.6 이상
메모리	4GB 램(4K 편집, 3D 자막 등을 이용하려면 8GB 램 권장)
그래픽 카드 종류	Metal을 지원하는 그래픽 카드 (Metal 기술은 애플에서 개발한 GPU 기능으로 맥, 맥북 등에서 사용할 수 있는 그래픽 기능입니다.)
그래픽 카드 용량	4K 편집, 3D 자막 등을 이용하려면 1GB 비디오 램 권장
하드 디스크 용량	3.8GB의 남은 용량(약 4GB 정도)

[표 0-1] 파이널 컷 프로 X 설치를 위한 사양

파이널 컷 프로 X 설치를 위한 사양을 살펴봤습니다. 최소 사양이지만 파이널 컷 프로 X이라는 프로그램은 영상 편집 프로그램 중에서는 최적화가 잘된 축에 속해 최소 사양만 만족해도 평범한 영상은 얼마든지 편집할 수 있습니다. 그렇다면, 가지고 있는 MAC의 사양은 어디에서 확인하는지 알아봅니다.

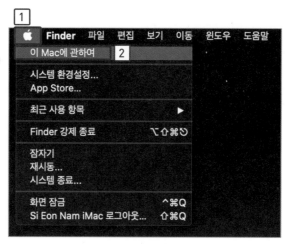

[그림 0-6]

화면 좌측 상단에 1 사과 모양 아이콘을 클릭하고, 바로 아래에 있는 2 [이 Mac에 관하여]를 클릭합니다. 여기에서 자신이 사용하는 MAC의 사양을 살펴볼 수 있습니다.

[그림 0-7]

위에서부터 운영체제의 버전과 메모리 용량, 그래픽 용량 등을 한눈에 살펴봅니다.

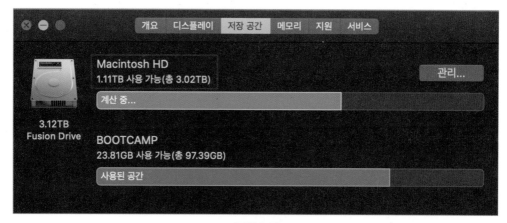

[그림 0-8]

상단 탭에서 [저장 공간]을 클릭하면, 내 MAC의 남은 저장 용량도 확인할 수 있습니다.

파이널 컷 프로 X으로
영상을 편집할 때의 장점

[1] 프로그램 구매를 통해 한 번만 구매하면 계속 사용할 수 있습니다.

요즘 소프트웨어 업계에서는 구독 모델이 대세입니다. 구독 모델이란, 예전처럼 프로그램을 구매하도록 하는 게 아니라 월별로 결제하도록 시스템을 만드는 방식입니다. 영상 편집 프로 그램 중에서는 프리미어 프로가 대표적으로 구독 모델을 사용하고 있습니다. 1년 단위 등으로 결제할 수 있으나 사용하는 기간에는 계속 지출이 발생한다는 게 단점입니다. 전문적인 영상 편집자가 아니라 취미 또는 재미로 소소하게 영상을 편집하는 분들에겐 이런 구독 모델이 부담스럽게 느껴질 수 있습니다. 파이널 컷 프로 X은 처음 한 번 구매하면 계속 무료로 사용할 수 있어 장기적으로 볼 때 경제적으로 이득입니다.

[그림 0-9] 파이널 컷 프로 X으로 영상을 편집하는 심플한 화면

2 초보자도 사용하기 쉬운 영상 편집 프로그램입니다.

영상 편집이라고 하는 일은 과거보다는 많이 보편화되었지만, 여전히 전문적인 영역입니다. 특히 전문가용 프로그램은 너무나도 복잡해서 실행하자마자 진절머리가 날 때도 있습니다. 하지만 파이널 컷 프로 X은 상대적으로 직관적인 인터페이스와 메뉴를 갖추고 있어서 초보자분들도 쉽게 적응할 수 있고 누구나 빠르게 배울 수 있습니다. 컴퓨터 사용에 익숙하지 않은 분들도 파이널 컷 프로 X으로 충분히 영상을 편집할 수 있습니다. 화면 구성은 기본 5~7개 정도로 나뉘어 있으며 복잡한 기능을 모르는 상태에서도 영상 편집이 가능합니다.

3 하나의 스토리 라인을 사용합니다.

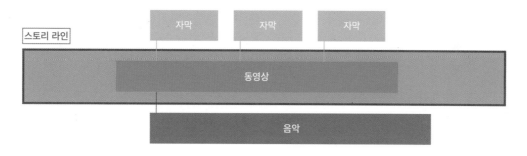

[그림 0-10] 파이널 컷 프로 X에서 영상을 편집하는 방식

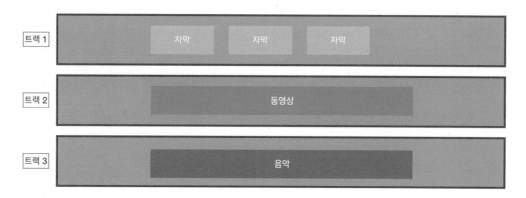

[그림 0-11] 다른 영상 편집 프로그램에서 사용하는 멀티 트랙 편집 방식

스토리 라인 개념은 파이널 컷 프로 X 특유의 편집 방식입니다. 다른 영상 편집 프로그램들은 여러 개의 트랙을 만들고 이 트랙에 블록을 쌓듯이 조각을 맞춰 가며 편집하는, 이른바 '멀

티 트랙 방식'으로 영상 편집을 진행하는데 파이널 컷 프로 X은 하나의 스토리 라인에 자막, 음악 등을 연결하고 붙여 가면서 편집하는 방식을 취해 영상 편집이 무척 쉽게 느껴지며 실제로도 쉽게 편집할 수 있습니다. 스토리 라인이나 트랙을 정확하게 모른다고 하더라도 걱정할 필요가 없습니다. 앞으로 이 책을 차근차근 따라가면서 하나씩 알아볼 예정입니다.

4 빠른 렌더링(작업한 동영상을 결과물에 반영하는 처리 과정) 속도와 안정성을 자랑합니다. 영상 편집은 컴퓨터의 자원을 아주 많이 필요로 하는 작업이며 용량이 커서 작업 속도가 느린 축에 속합니다. 특히 영상을 저장하는 렌더링 과정은 가만히 기다려야 해서 정말 지루합니다. 파이널 컷 프로 X은 다른 영상 편집 프로그램과 비교해 상대적으로 렌더링 속도가 빠르며, 렌더링 과정에서 오류가 날 확률이 매우 낮은 편입니다. 영상을 저장하는 과정에서 1시간을 기다렸는데 오류가 나는 바람에 다시 처음부터 저장해야 하는 일은 생각만 해도 소름이 돋지만, 영상 편집자들에겐 익숙한 일입니다. 하지만 파이널 컷 프로 X 사용자들에겐 익숙한 일이 아닙니다. 그만큼 프로그램이 최적화가 잘되어 있고 안정적입니다. 이런 장점은 운영체제와 영상 편집 프로그램을 같은 회사에서 만들어 가능한 일입니다.

5 마그네틱 타임라인을 사용합니다.
마그네틱은 자석입니다. 영상을 편집할 때 여러 개의 영상이 자석처럼 자동으로 달라붙는 시스템을 가지고 있습니다. 영상과 영상 사이의 공간을 허락하지 않는 셈입니다. 이 부분은 파이널 컷 프로 X의 장점을 설명할 때 빠지지 않는 부분이며, 파이널 컷 프로 X이라는 프로그램이 다른 영상 편집 프로그램과 차별화되는 대표적인 부분이라고 할 수 있습니다.

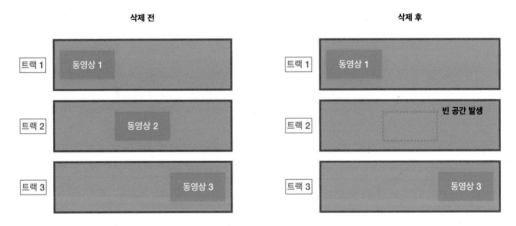

[그림 0-12] 다른 영상 편집 프로그램에서 가운데 부분을 삭제했을 때 나타나는 일

멀티 트랙 방식을 사용하는 다른 프로그램에서는 영상의 조각들이 독립된 상태로 자리 잡고 있습니다. 즉, 가운데 부분을 삭제하고 나면 공간이 발생합니다. 이런 공간을 편집자가 직접 끌어서 맞춰 주어야 합니다.

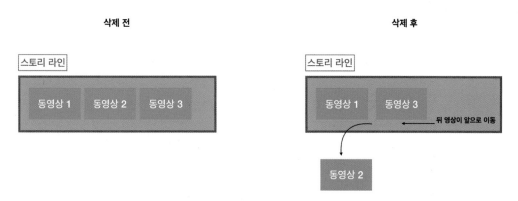

[그림 0-13] 파이널 컷 프로 X의 마그네틱 타임라인의 개념

파이널 컷 프로 X은 하나의 스토리 라인과 마그네틱 타임라인이라는 독특한 개념을 통해 가운데 부분을 삭제해도 뒤에 있는 영상이 자동으로 달라붙도록 만들어져 있습니다. 이런 방식은 영상을 자르고 붙이는 컷 편집을 진행할 때 매우 효율적이며 영상 편집 시간을 대폭 단축해 줍니다.

파이널 컷 프로 X 설치하기

권장 사양을 알아보았으니 이제 파이널 컷 프로 X을 설치해 봅니다. 파이널 컷 프로 X은 유료로 구매해야 하는 '정식 버전'과 일정 기간 동안 무료로 사용해 볼 수 있는 '시험판 버전'으로 나뉩니다. 처음부터 돈을 지출하는 것이 부담스러운 분들이라면, '시험판 버전'을 먼저 사용해 보고 나서 정식 버전을 구매하는 것도 좋은 방법입니다. 이번 장에서는 '정식 버전' 설치와 '시험판 버전' 설치 두 가지 방법 모두 알아봅니다.

파이널 컷 프로 X 정식 버전 설치하기

대부분의 MAC 앱들은 맥 앱스토어에서 다운로드하여 설치해야 합니다. 스마트폰에서 앱을 다운로드하고 관리하는 방식과 비슷합니다. 맥 앱스토어를 활용하면, 앱의 관리가 쉬워지고 편리하게 업데이트할 수 있다는 장점이 있습니다. 더불어 나중에 맥이나 맥북을 바꾸었을 때도 앱스토어를 통해 빠르게 재다운로드할 수 있습니다.

[그림 0-14]

[그림 0-14] 맥 화면의 좌측 상단에 있는 사과 모양 아이콘을 클릭한 후 [App Store]로 들어가거나, 응용프로그램 폴더에서 [App Store] 앱을 찾아 실행합니다.

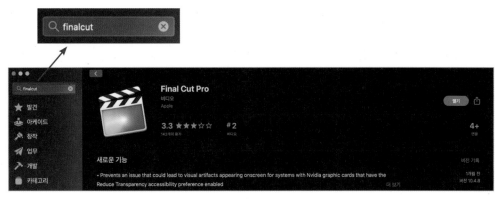

[그림 0-15]

맥 앱스토어 왼쪽 검색창에 'Final Cut'이라고 검색하면 앱을 찾을 수 있습니다. 앱을 찾은 다음 설치를 누르면 설치합니다. 맥 앱스토어를 통해 구매하면, 자동으로 설치됩니다.

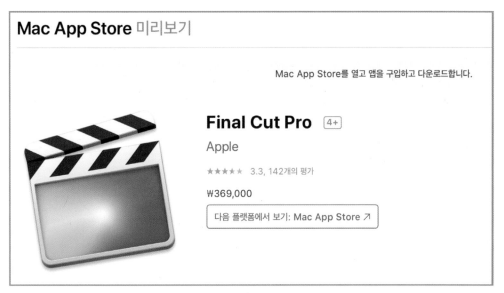

[그림 0-16]

파이널 컷 프로 X의 가격은 미화로 $299.99이며, 현재 기준으로 원화로는 369,000원입니다. 한 번 구매하면, 이후 추가 결제는 없으며 계속 업데이트를 받을 수 있습니다.

파이널 컷 프로 X 시험판 버전 설치하기

시험판 버전은 앱스토어에서는 찾을 수 없으며 애플사 홈페이지에서 다운로드해야 합니다. https://www.apple.com/kr/final-cut-pro/trial/로 접속합니다.

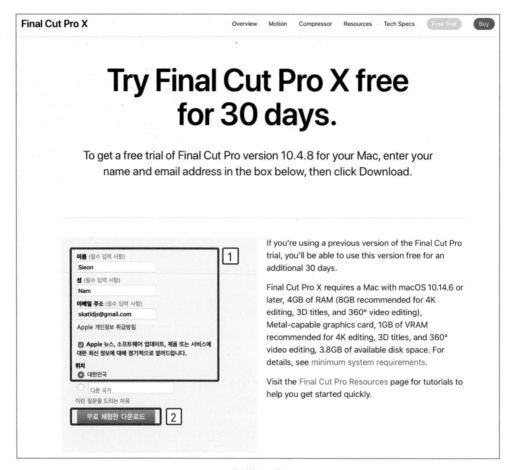

[그림 0-17]

링크 접속 후 왼쪽에 간단한 정보를 입력하고, 아래쪽에 있는 [무료 체험판 다운로드]를 클릭합니다. 파이널 컷 프로 X의 시험판 버전 설치 파일이 다운로드됩니다.

[그림 0-18]

만약, 다운로드되지 않는다면 [여기] 버튼을 클릭하여 직접 다운로드합니다.

[그림 0-19]

다운로드된 'FinalCutProTrail10.4.8.dmg'라는 파일을 더블 클릭하여 실행합니다.

[그림 0-20]

'FinalCutProXTrial.pkg'라는 파일이 열립니다. '.pkg' 확장자는 패키지 파일입니다. 파이널 컷 프로
X을 설치하기 위한 파일이라고 할 수 있습니다. 더블 클릭합니다.

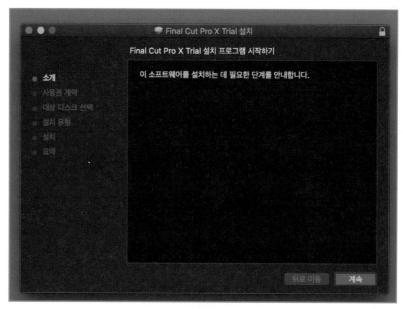

[그림 0-21]

설치 화면이 나타나면 아래에 있는 [계속] 버튼을 눌러 설치를 진행합니다.

[그림 0-22]

설치가 완료되면 응용 프로그램 폴더에서 파이널 컷 프로 X의 아이콘을 찾을 수 있습니다. 이 아이콘을 실행하면 파이널 컷 프로 X을 사용하기 위한 준비가 끝납니다.

조금 더 저렴하게 구매할 수 있는 교육용 번들

애플사에서는 학생 또는 교직원 등 교육 목적으로 소프트웨어를 활용할 분들을 위해서 교육용 번들을 별도로 판매하고 있습니다. 교육용 번들 판매 사이트(https://www.apple.com/kr-k12/shop/product/BMGE2Z/A/교육용-프로-앱-번들)에 접속하여 구매할 수 있습니다.

교육용 프로 앱 번들

₩249,000

장바구니에 담기

픽업:
Apple 매장 픽업은 현재 이용할
수 없음

이메일로 1~3 영업일

제품 구입에 필요한 도움을 받아보세요. 지금 채팅하기
서비스를 이용하거나
080-330-8877에 전화로 문의하세요.

Final Cut Pro X, Logic Pro X, Motion 5,
Compressor 4, MainStage 3가 포함되어 있습니다.

(그림 0-23)

교육용 번들은 5개의 프로그램(파이널 컷 프로 X, 로직 프로 X, 모션 5, 컴프레서 4, 메인 스테이지 3)을 하나로 묶은 통합 상품입니다. 이 중에서 파이널 컷 프로 X과 모션 5, 컴프레서 4는 동영상 편집용 프로그램이며 로직 프로 X과 메인 스테이지 3는 음악 제작용 프로그램입니다. 교육용 번들 가격이 파이널 컷 프로 X 하나의 제품 가격보다 저렴하므로 학생 또는 교직원분들이라면 교육용 번들로 구매하시는 걸 추천합니다. (구매 후 추후에 학생증 인증 또는 서류 인증 절차를 요청받을 수 있습니다.)

번들 앱도 앱스토어에서 설치되므로 기존 앱과 차이점이 없으며 정식으로 구매한 소프트웨어와 완벽하게 동일한 환경을 제공합니다.

결제 후 1~3일 안에 이메일로 리딤코드(앱스토어에서 소프트웨어를 구매할 때 결제 대신 교환 코드를 입력하는 방식)를 보내 줍니다. 이메일에는 두 개의 PDF 파일이 첨부되어 있으며 해당 PDF 파일에 리딤코드가 포함돼 있습니다. 이 리딤코드를 앱스토어에서 입력하면 프로그램 설치가 진행됩니다.

맥 또는 맥북을 구매할 때 고려해야 할 사항

▶ **유튜브 동영상 강좌**

파이널 컷 영상 편집을 위한 맥(Mac) 사양과 고르는 법

https://youtu.be/y4xVlRIANrs

제 유튜브 채널에서 자주 받는 질문 중 한 가지는 파이널 컷 프로 X으로 영상 편집을 하고 싶은데, 맥 또는 맥북을 어떤 사양으로 구매해야 하는지에 대한 내용입니다. 이번 장에서는 맥 또는 맥북을 구매하려는 분들을 위해 파이널 컷 프로 X을 사용할 때 그리고 영상 편집의 관점에서 어떤 사양을 보고 골라야 하는지 소개합니다. 여기에서는 애플 공식 홈(apple.com)에서 구매하는 상황으로 가정합니다.

우선 알아 둘 사항이 있습니다. 파이널 컷 프로 X을 포함한 대부분의 동영상 또는 그래픽 작업은 컴퓨터의 자원을 많이 필요로 하며 특히 CPU 성능에 많이 의존한다는 사실입니다. CPU는 사람으로 치면 두뇌에 해당하는 곳입니다. 데이터를 계산하고 처리해야 하는데, 동영상이라는 파일은 용량이 큰 편이고, 용량이 크다는 건 그만큼 데이터가 많이 들어 있다는 뜻이라서 계산해야 할 게 많다는 의미입니다. 따라서 빠르고 정확하게 처리하려면 CPU 성능이 높은 게 유리합니다.

[그림 0-24]

1️⃣ 가능하면 CPU 성능이 높은 것으로 골라야 합니다. 다른 부품보다 CPU는 교체 또는 업그레이드가 어려워서 처음 살 때 높은 사양으로 골라야 오래도록 쓸 수 있습니다. CPU가 높다면, 장기적으로 볼 때 가성비가 뛰어난 결과를 얻을 수 있습니다.

> CPU 추천 사양 = 최소 i5 2.4GHz, 권장 i7 3.5GHz 이상(숫자가 높을수록 좋은 성능)
> ※ 코어는 CPU의 코어 개수입니다. 데이터 처리를 나누어서 할 수 있으므로
> 6코어보다 8코어가 더 좋은 CPU입니다.

[그림 0-25]

2️⃣ CPU 다음으로 고려해야 할 부분은 하드 디스크입니다. 영상 편집 작업은 읽고 쓰는 작업이

많습니다. 동영상을 불러오는 과정에서 읽는 작업을, 동영상을 저장할 때 쓰는 작업을 합니다. 마찬가지로 동영상은 용량이 크므로 읽기와 쓰기 작업이 대단히 많은 작업이라고 할 수 있습니다. 최근에 출시되는 하드 디스크들은 대체로 읽기 속도는 빠른 편입니다. 그렇다면 이제 중요한 건 쓰기 속도입니다. 영상 편집용으로 맥 또는 맥북을 구매할 때는 SSD 하드 디스크를 갖춘 제품을 구매하는 게 좋습니다. 만약 용량이 많이 필요하다면, SSD와 하드 디스크의 장점들을 모은 퓨전 드라이브를 선택할 수도 있습니다. (최근에 출시되는 맥들은 대부분 SSD를 장착하고 있습니다.) 단, SSD는 가격이 꽤 비싼 편이므로 자신에게 잘 맞는 용량으로 골라 보길 바랍니다.

하드 디스크 추천 사양 = 1TB SSD 저장 장치

3 메모리는 최소 사양은 4GB이지만, 실제로는 8GB 정도는 되어야 쾌적한 편집을 이어 갈 수 있습니다. 16GB 이상으로 구매하면 충분합니다.

[그림 0-26]

4 마지막으로 맥 또는 맥북을 구매할 때 '사전 설치된 소프트웨어'라는 항목이 있습니다. 이 부분은 구매 후 배송을 받을 맥에 해당 프로그램을 미리 설치해서 보내 주는 방식입니다. 사전에 설치해서 받는 것과 받은 뒤 개별적으로 설치하는 방법이 가격 등 모든 부분에서 동일해, 미리 설치하기보다는 맥 앱스토어를 통해 개별적으로 구매해서 설치하는 방법을 추천합니다.

5 맥 또는 맥북은 완성형으로 배송되는 컴퓨터 종류입니다. 그만큼 안정적이고 정확하지만, 조립 PC처럼 특정 부품을 내 마음대로 업그레이드하기가 굉장히 까다로운 편입니다. 따라서 처음 구매할 때 자신에게 잘 맞는 성능으로 구매하는 게 정말 중요합니다. 내가 고른 옵션을 모두 정확하게 맞춰서 조립 후 완성해서 보내 줍니다. 애플 공식 홈페이지에서 구매하면 해외 택배로 받습니다. 며칠 정도의 기간이 소요될 수 있습니다.

| 학습
목표 | 해상도는 무엇이고 프레임 레이트는 또 무엇인지, 무엇보다 영상 편집이라고 하는 일의 원리는 어떻게 되는지 알아봅니다. 이번 챕터에서는 영상 편집을 위해 편집자가 알아야 할 기본 지식에 대해 살펴보고, 파이널 컷 프로 X의 화면 구성을 알아봅니다. 더불어 자주 사용하는 버튼들을 공부한 후 파이널 컷 프로 X의 기초적인 사용법을 소개합니다. |

유튜버를 위한
첫걸음!
파이널 컷 프로 X
시작하기

동영상의 화질을 결정하는 해상도

해상도에 대해 알아보기 전에 먼저 동영상이라는 콘텐츠가 무엇으로 만들어져 있는지 해부해 보는 시간을 가져 봅니다. 동영상은 사진의 연속 + 오디오로 만들어져 있습니다. 동영상이라는 게 별도로 있는 게 아니라, 연속된 사진들의 모음으로 구성된 겁니다. 카메라에서 동영상을 촬영하는 과정도 사람 눈에는 동영상으로 보이지만, 실제로는 사진을 빠르게 촬영해서 이어 붙이는 방식으로 이뤄집니다. 다음 공식을 꼭 기억해 두길 바랍니다.

동영상 = 연속된 사진 + 음악 + 기타 요소

동영상의 구성 요소가 사진이라면, 사진이 무엇으로 만들어져 있는지도 알아야 합니다.

확대

[그림 1-1]

사진은 점으로 만들어져 있습니다. 사진을 크게 확대해 보면 점처럼 보인다는 사실을 알 수 있습니다. 이 점 하나를 '화소' 또는 '픽셀'이라고 부릅니다. 가령, 카메라 성능이 1,000만 화소라고 하면, 사진 한 장을 구성하는 점의 개수가 1,000만 개라는 뜻입니다.

사진 = 점들의 연속

※ 디지털 자료에서는 픽셀 모양이 정사각형입니다.

하나의 점(화소, 픽셀)은 색깔과 질감(Texture)으로 이루어져 있습니다. 이 부분은 사진을 편집할 때 중요한 요소이지만, 영상을 편집할 땐 상대적으로 중요하지 않으므로 여기에서는 이런 게 있다고만 알아 두고 넘어가겠습니다.

[그림 1-2] 1,000만 화소   [그림 1-3] 4,000만 화소

◐◐ 1,000만 화소 사진과 4,000만 화소 사진의 크기 비교(예시)

당연한 이야기지만, 점의 개수가 많으면 크기가 커집니다. 즉, 화소가 높을수록 결과물의 크기가 큽니다. 예를 들어, 1,000만 화소의 사진과 4,000만 화소의 사진은 4배의 크기 차이가 있습니다. 1,000만 화소 사진을 4개 이어 붙이면, 4,000만 화소에 꼭 맞는 사이즈가 되는 셈입니다.

그런데 우리가 사진이나 영상을 볼 수 있는 기계의 크기는 제한되어 있습니다. 예를 들어 27인치

모니터처럼 어느 정도 크기가 정해져 있습니다. 따라서 어떤 콘텐츠라도 더 크게 촬영해서 작은 화면으로 보여 줄 수 있다면, 더 좋은 화질로 보여 줄 수 있습니다. 즉, 작은 걸 확대하면 화질이 떨어지지만, 큰 걸 작게 만들면 점이 더 촘촘해지므로 화질이 좋아진다는 뜻입니다.

[그림 1-4] 일반적으로는 실제 사이즈보다 작게 줄어든 결과물을 보게 됩니다

이때 마구잡이로 크기를 정할 수는 없으므로, 표준화된 해상도 규격을 정해 두었습니다.

해상도	가로	세로
SD(standard definition)	720	486
HD(High Definition)	1,280	720
FHD(Full HD)	1,920	1,080
2K	2,048	1,080
UHD(Ultra HD) 또는 4K	3840	2,160
8K	8,192	4,320

[표 1-1] 동영상 해상도 관련 규격

여기에서 FHD와 4K 화질은 유튜브에서 많이 사용되는 해상도입니다. 보통은 세로 사이즈를 기준으로 FHD는 1080p, 4K는 2160p로 표시됩니다. 대부분의 동영상이 1080p(FHD) 또는 4K(2160p)로 만들어집니다. 현재 기준으로 필자가 추천하는 해상도는 1080p입니다. 유튜브에서 충분히 고화질로 보여 줄 수 있으면서도 합리적인 용량을 가지고 있어서 유용합니다. 하지만 유튜브에서도 곧 4K의 시대가 열릴지 모릅니다.

[그림 1-5] 유튜브에서는 현재 8K 영상까지 지원

 꿀팁

4K에서 'K'는 1,000을 뜻합니다. 1080p(FHD) 해상도가 약 1K이므로 4K는 1080p가 4개 붙어 있는 크기입니다.

[그림 1-6]

4K는 대단히 큰 사이즈이며 4K 영상을 편집하려면 높은 사양의 맥 또는 맥북이 필요합니다.

최근에 출시되는 카메라와 스마트폰들은 화소 수가 충분하다 못해 넘치는 수준입니다. 필자가 사용하는 스마트폰인 아이폰7은 출시된 지 3년이 넘은 제품이지만, 카메라는 1,200만 화소를 가지고 있습니다. 심지어 4K 촬영도 지원합니다. 최근 추세는 촬영된 원본 자체의 화소가 충분해 화질 때문에 고민할 일은 사라지는 분위기입니다. 문제는 편집입니다. 사진과는 다르게 동영상은 촬영한 원본 그대로를 업로드할 때가 거의 없어 편집이 필수적이라고 할 수 있습니다. 이 편집에는 편집자의 창의력과 아이디어, 편집 스킬 등이 영향을 줍니다.

[그림 1-7] 주요 해상도 크기 비교

똑같은 촬영 원본을 가지고 편집하더라도 편집자의 실력에 따라 결과물이 크게 차이가 날 수 있습니다. 그래서 동영상 제작에서 편집의 중요성은 더욱 강화되었다고 할 수 있습니다. 반드시 편집 과정을 거치는 특성상 동영상의 해상도는 편집에서 결정된다고 봐야 합니다. 앞으로 파이널 컷 프로 X에서 해상도를 정하는 방법을 알아볼 예정입니다.

동영상이 만들어지는 원리! 프레임

앞서 동영상은 사진의 연속으로 만들어진다고 이야기했습니다. 좀 더 구체적으로 이야기하자면, 빠르게 촬영된 사진들의 묶음이라고 할 수 있습니다. 그러므로 동영상에서 사진을 추출할 수도 있으며 재생이 멈춘 상태에서는 마치 사진처럼 보이는 겁니다. 만약, 동영상이 아니라 사진 여러 장을 적절하게 넣는다면, 사람 눈에는 움직이는 동영상처럼 보입니다.

[그림 1-8] 연속 촬영된 사진들을 차례로 재생하면 동영상이 됩니다

그렇다면 1초 기준으로 도대체 몇 장의 사진이 들어가야 움직이는 것처럼 보이는 걸까요? 알려진 바에 의하면 사람 눈은 1초에 15장 정도면, 잔상으로 인해 움직이는 것처럼 볼 수 있다고 합니다. 그러나 애니메이션이 아닌 일반적인 영상 제작에서 최소치는 24장입니다.

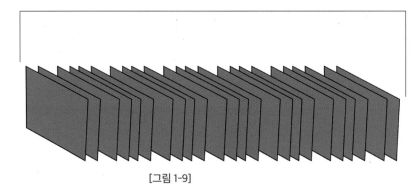

[그림 1-9]

여기에서 들어가는 사진의 개수를 프레임이라고 부릅니다. 즉, 1프레임은 사진 한 장입니다. 프레임 레이트는 1초 기준으로 사진이 몇 장 들어가 있는지를 나타내는 수치입니다. 가령, 24프레임이라면, 1초에 24장의 사진이 들어가 있다는 의미입니다. 30프레임이라면, 1초에 사진이 30장 들어가 있다는 뜻입니다.

프레임 레이트가 처음 결정되는 곳은 촬영하는 카메라 또는 스마트폰의 설정입니다. 프레임 레이트가 최종적으로 결정되는 곳은 편집 프로그램, 여기에서는 파이널 컷 프로 X입니다. 촬영할 때의 프레임 레이트와 편집할 때의 프레임 레이트를 다르게 설정할 수 있습니다. 프레임 레이트의 설정 방법은 다음 장에서 배워 봅니다.

 궁금해요   영화는 몇 프레임인가요?

우리가 영화관에서 보는 영화들은 대부분 24프레임으로 만들어집니다. 카메라로 촬영할 때 24프레임으로 설정하면 셔터 스피드를 낮게 잡을 수 있어 아웃 포커싱 효과와 움직임이 부드럽지 않은 영화 같은 연출을 낼 수 있을 뿐만 아니라 더 밝게 촬영할 수 있습니다. TV 드라마나 예능 프로그램은 30프레임을 주로 사용하며, 유튜브에서 많이 볼 수 있는 역동적인 움직임이 필요한 액티비티 여행 영상이나 게임 영상은 60프레임 또는 그 이상을 사용하기도 합니다.

연출	프레임	주제
영상미를 살리면서 영화 같은 연출을 원한다면?	24프레임	시네마틱 영상, VLOG 등
현실적인 연출을 보여 주려면?	30프레임	VLOG, 다큐멘터리, 여행 영상 등
움직임이 많고 부드러운 연출을 원한다면?	60프레임 이상	게임, 역동적 액티비티(스키 등) 영상

[표 1-2] 유튜브에서 많이 사용되는 프레임 레이트와 주제 분류

[표 1-2]는 유튜브 영상에서 자주 사용하는 주제와 그에 맞는 프레임 레이트를 정리한 표입니다. 가장 많이 사용되는 프레임 레이트이며, 이렇게 3가지 프레임 레이트만 알아 두어도 일반적인 영상을 만들기엔 충분합니다. 자신이 만들려는 영상의 주제를 살펴보고 그에 맞는 프레임 레이트를 확인해 봅니다. 영상을 촬영할 때는 편집할 때보다 더 높은 프레임 레이트로 촬영하는 걸 추천합니다. 예를 들어 60프레임으로 촬영 후 24프레임으로 편집할 수 있습니다. 이렇게 하면 부드러운 슬로 모션을 만들 수도 있습니다.

파이널 컷 프로 X
화면 구성 살펴보기
(인터페이스)

▶ 유튜브 동영상 강좌

파이널 컷 프로 X 인터페이스
https://youtu.be/B3M9bYfkJ3o

이제 떨리는 마음으로 파이널 컷 프로 X을 실행해 봅니다. 제일 먼저 해야 할 일은 파이널 컷 프로 X이라는 프로그램의 구성을 살펴보고 인터페이스를 둘러보는 일입니다. 파이널 컷 프로 X의 기본 화면 구성은 크게 여섯 구역으로 나뉩니다.

[그림 1-10]

1️⃣　사이드바

2️⃣　브라우저

3️⃣　편집된 영상을 살펴보는 뷰어 창

4️⃣　각종 속성을 설정할 수 있는 인스펙터

5️⃣　실제 영상 편집이 이뤄질 타임라인

6️⃣　각종 효과나 화면 전환 효과를 적용할 때 필요한 이펙트 창

하나씩 살펴봅니다.

▶️ 사이드바

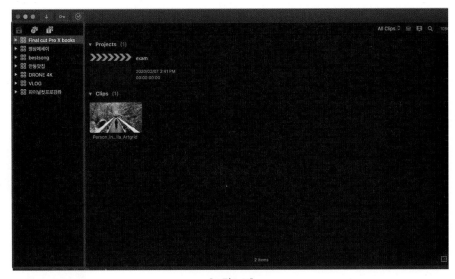

[그림 1-11]

사이드바는 화면상에서 제일 왼쪽에 자리 잡고 있습니다. 이곳에서 라이브러리, 이벤트, 프로젝트 등을 만들고 분류하고 관리합니다. 또한 효과음을 찾아보고 여러 가지 글자나 자막 등을 찾을 수 있는 곳입니다.

브라우저

[그림 1-12]

브라우저 창은 화면 왼쪽 가운데 정도에 자리 잡고 있습니다. 파이널 컷 프로 X에 편집할 영상을 불러오면 이곳에 추가됩니다. 사이드바에서 선택한 라이브러리, 이벤트, 프로젝트 등에 따라 나타나는 결과가 달라집니다.

쉽게 설명해서 미디어 파일들을 살펴보고 관리하는 곳이라고 할 수 있습니다. 효과음, 음악, 사진 등 영상 편집에 필요한 모든 파일이 이 브라우저에 나타나며, 입맛에 맞게 골라서 사용할 수 있습니다.

뷰어(미리보기)

[그림 1-13]

뷰어 창은 편집하고 있는 영상의 결과물을 보여 주는 곳으로 미리보기 창이라고 할 수 있습니다. 내가 만든 영상이 어떻게 표현되고 저장될지 볼 수 있는 곳으로 파이널 컷 프로 X에서 영상을 편집할 때 많이 활용되는 공간입니다. 아래쪽에 타임 코드와 조정 버튼 등 유용한 몇 가지의 버튼들이 자리 잡고 있습니다.

▶ 인스펙터

[그림 1-14]

인스펙터 창은 여러 가지 효과를 세밀하게 조정하는 공간입니다. 영상의 위치를 이동시킨다거나 영상을 회전시키고, 색 보정을 하거나 영상에 키 프레임을 주는 등 다양한 작업을 할 수 있는 곳입니다. 많은 작업이 이곳에서 이뤄집니다.

▶ 타임라인

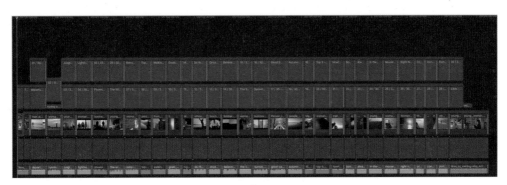

[그림 1-15]

실제로 영상을 편집하는 공간입니다. 이곳에서 영상을 배치하고 이리저리 움직이고 원하는 위치에 옮기면서 영상 편집이 이뤄집니다. 불필요한 부분을 잘라 내거나 화면 효과를 적용하고 화면 전환 효과를 적절하게 넣을 수 있습니다. 대부분의 작업이 이 타임라인에서 이뤄집니다.

이펙트 창

[그림 1-16]

영상 화면에 효과를 적용하거나 화면 전환 효과를 적용할 때 사용하는 곳입니다. 기본적으로 다양한 효과가 들어 있으며 화면 전환 효과도 쓸 만한 게 많습니다.

🔴 화면 구성을 원하는 대로 만들기

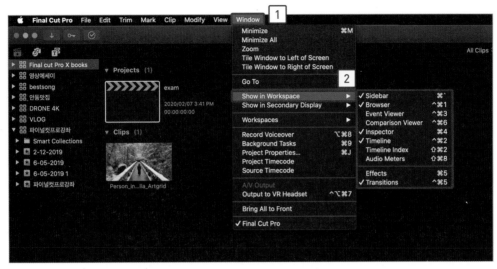

[그림 1-17]

파이널 컷 프로 X의 메뉴에서 [1] [Window]로 들어간 다음 [2] [Show in Workspace]로 들어가면 구성 요소들을 원하는 대로 조절할 수 있습니다. 체크를 해지하면 화면에서 사라지며 다시 체크하면 화면에 나타납니다.

파이널 컷 프로 X 메뉴 살펴보기

미리 말씀드리지만, 유튜브 동영상 편집을 위해 파이널 컷 프로 X의 모든 기능을 알 필요는 없습니다. 더불어 파이널 컷 프로 X의 모든 메뉴를 알 필요도 없습니다. 필요한 기능들을 알아보고 잘 활용하면 됩니다. 편집하는 사람의 취향에 따라 자주 사용하는 메뉴가 다를 수 있습니다. 여기에서는 메뉴 중에서 꼭 필요한 기능들 몇 가지만 살펴봅니다.

 꿀팁

파이널 컷 프로 X은 그래픽 요소보다는 영상 편집 자체에 포커스를 두고 있습니다. 그래픽 작업은 모션 5(Motion 5)라고 하는 별도의 앱에서 작업해야 합니다. 과거에 많은 방송사와 영상 제작 업체에서 파이널 컷 프로 7 버전을 사용했습니다. 10 버전으로 바뀌면서 영상 편집과 색상 기능 등이 강화되었지만, 그래픽 작업 쪽은 기능이 없다고 봐도 무방합니다.

▶ Final Cut Pro 메뉴

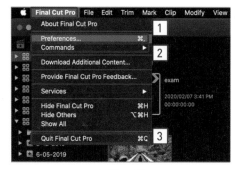

[그림 1-18]

메뉴에서 [Final Cut Pro]를 클릭하면 나타나는 설정 창입니다. 파이널 컷 프로 X의 기본적인 설정을 다루는 곳입니다. 자주 사용하진 않지만, 꼭 알아야 할 메뉴이며 영상을 관리할 때 사용하는 메뉴들이 포함되어 있습니다.

1. Preferences: 설정 창입니다. 영상을 관리하거나 파이널 컷 프로 X의 기본 설정을 변경할 수 있습니다.

2. Commands: 단축키를 설정하고 변경할 때 사용합니다.

3. Quit Final Cut Pro: 파이널 컷 프로 X을 종료할 때 사용합니다. MAC의 앱들은 별도로 종료해 주어야 앱이 정상적으로 종료되는 특징이 있습니다. 단축키는 Command + Q입니다.

▶ File 메뉴

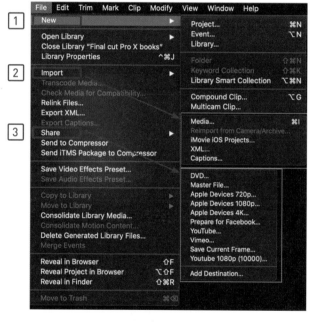

[그림 1-19]

[File] 메뉴에서 살펴볼 것은 [New]와 [Import] 그리고 [Share] 메뉴입니다. [File] 메뉴는 주로 프로젝트를 생성하거나 영상을 불러오고, 편집된 영상을 재생하는 등 영상 편집의 시작과 끝부분을 담당하는 메뉴들을 갖추고 있습니다.

1. New: 라이브러리, 이벤트, 프로젝트를 생성할 때 사용합니다.

2. Import: 촬영한 영상을 불러와서 편집을 시작할 때 사용합니다.

3. Share: 편집한 영상을 저장할 때 활용하는 기능입니다. 보통 저장은 Save나 Export라는 단어를 사용하기도 하지만, 파이널 컷 프로 X에서는 Share라는 용어를 사용합니다.

▶ Edit 메뉴

[그림 1-20]

[Edit] 메뉴에서는 주로 영상을 편집할 때 활용하는 기능들과 단축키를 확인할 수 있습니다.

1 방금 실행한 것을 취소하거나 취소한 실행을 다시 실행합니다.

2 복사, 붙여 넣기, 삭제, 선택 등을 할 수 있는 기본 메뉴들입니다.

3 화면 전환 효과를 넣거나 GAP 클립 삽입, 정지된 프레임 삽입 등 영상 편집을 좀 더 유연하게 할 수 있도록 도와주는 메뉴들입니다. 우측에 있는 단축키를 활용해 간편하게 추가할 수 있습니다.

▶ Trim 메뉴

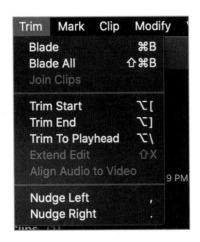

[그림 1-21]

[Trim] 메뉴에서는 편집할 영상을 자르거나 위치를 이동시키는 등 세부적인 영상 편집 기능들을 찾을 수 있습니다.

▶ Mark 메뉴

[그림 1-22]

[Mark] 메뉴에서는 영상 편집을 할 때 편집점을 지정할 수 있도록 해주는 마커(Marker) 관련 메뉴들이 주를 이룹니다. 마커에 대해서는 PART 2에서 자세히 다룹니다.

▶ Clip 메뉴

[그림 1-23]

[Clip] 메뉴에서는 영상을 편집할 때 편집의 편의성을 위한 기능들을 볼 수 있습니다.

1 적용된 효과의 위치를 확인합니다.

2 선택한 영상을 잠시 비활성화해서 보이지 않도록 합니다.

3 선택한 영상을 제외한 모든 객체를 비활성화합니다.

▶ Modify 메뉴

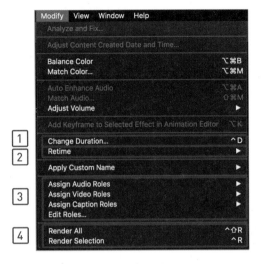

[그림 1-24]

Modify는 수정 또는 변경이라는 의미입니다. [Modify] 메뉴에는 다양한 기능이 포함되어 있습니다. 기본적으로 자주 사용하는 메뉴 4가지만 살펴봅니다.

1 영상 클립의 길이를 시간을 지정해서 조절합니다.

2 영상의 속도를 조절합니다.

3 영상 편집에 도움을 주는 카테고리 지정 기능(Roles) 메뉴들입니다.

4 수정된 작업을 렌더링합니다. 렌더링 후에 좀 더 빠르게 편집할 수 있습니다.

▶ View 메뉴

[그림 1-25]

[View] 메뉴에서는 주로 화면이나 구성 요소들을 보는 것과 관련된 기능들이 있습니다.

1 뷰어에 쓸 수 있는 추가 기능을 엽니다.

2 타임라인을 확대, 축소 등으로 조절합니다.

3 마우스로 영상을 훑어볼 수 있게 해 주는 스키머 기능을 활성화합니다.

4 파이널 컷 프로 X의 화면을 전체 화면으로 바꿉니다.

▶ Window 메뉴

[그림 1-26]

[Window] 메뉴에서는 파이널 컷 프로 X 자체의 화면에 대한 기능들을 볼 수 있습니다.

1 앞서 설명한 메뉴입니다. 화면 구성을 내가 원하는 대로 만들고 싶을 때 사용합니다.

2 내레이션을 녹음합니다.

▶ Help 메뉴

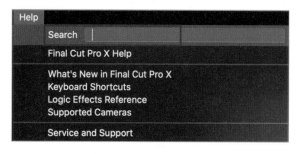

[그림 1-27]

[Help] 메뉴에서는 파이널 컷 프로 X 의 도움말을 확인하거나 새로운 버전의 업데이트 내역 등을 확인하는 기능이 있습니다. 제일 위에 검색창이 있는데, 이 검색창은 파이널 컷 프로 X 내에서 메뉴를 찾을 때 사용하면 유용합니다.

[그림 1-28]

메뉴 종류가 많아서 원하는 메뉴가 어디에 포함되어 있었는지 기억나지 않을 수 있습니다. 예를 들어 [Solo]라는 메뉴를 사용하고 싶은데, 어디에 위치해 있는지 모르면, [Help] 메뉴에서 검색창에 Solo를 검색하면 해당 메뉴의 위치를 바로 알려 줍니다.

초보탈출 | 파이널 컷 프로 X의 한글 버전은 없나요?

파이널 컷 프로 X의 메뉴가 전부 영어라서 어려울 수 있습니다. 유감스럽게도 파이널 컷 프로 X의 한글 버전은 없습니다. 공식적으로 한글 메뉴를 지원하지는 않습니다. 개인 개발자가 만든 한글 패치가 과거에 인터넷에 공유되곤 했습니다. 하지만 업데이트하게 되면 다시 패치해 주어야 할 때가 있어 번거로운 측면이 있었습니다.

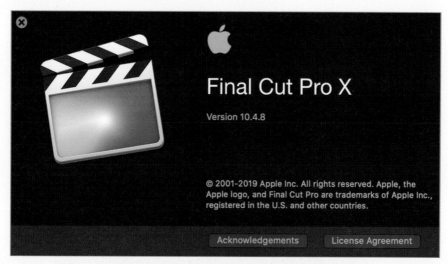

[그림 1-29] 파이널 컷 프로 X은 한글 버전이 없습니다

가장 큰 문제는 영어로 된 메뉴를 정확하게 한글로 표현하기 어렵다는 데 있습니다. 예를 들어 [Solo] 메뉴는 '선택한 영상 클립을 제외한 모든 객체를 비활성화'하는 메뉴입니다. 이 'Solo'를 한글로 바꾸기란 쉽지가 않고 잘못 바꾸면 의미가 이상해지기도 합니다. 따라서 파이널 컷 프로 X을 처음 사용할 때부터 영어 메뉴에 익숙해지는 걸 추천합니다. 실제로 [Solo]나 [Disable] 같은 기본적인 메뉴들의 단어들은 다른 프로그램들에서도 공통으로 사용하는 메뉴명입니다. 파이널 컷 프로 X을 사용하면서 영어 메뉴들에 익숙해진다면, 나중에 다른 프로그램 또는 다른 소프트웨어를 사용할 때도 큰 도움이 될 겁니다.

파이널 컷 프로 X의 메뉴들이 영어라고 할지라도 어렵지 않으니 너무 걱정하진 말기 바랍니다. 이 책에서 하나씩 쉽고 재미있게 알려 드립니다.

파이널 컷 프로 X에서 자주 사용하는 버튼

자주 사용하는 메뉴들을 살펴봤으니 이제 자주 사용하는 버튼들의 위치와 기능들을 간단하게 알아봅니다. 제일 먼저 상단에 있는 메뉴부터 살펴봅니다.

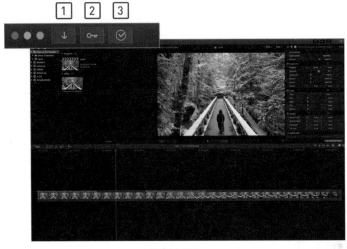

[그림 1-30]

1️⃣ 편집할 영상을 불러올 때 사용하는 버튼입니다. [Import] 메뉴와 동일합니다.

2️⃣ 파이널 컷 프로 X에서는 영상을 분류할 때 키워드를 입력하여 분류할 수 있습니다. 이때 키워드를 관리할 용도로 사용하는 버튼입니다. 1인 미디어 환경 그리고 평범한 유튜버 입장에서는 영상 한 편을 편집할 때 클립 자체가 엄청나게 많은 건 아니므로 키워드를 사용할 일이 빈번하지 않을 것으로 생각합니다. 이 버튼을 사용하지 않아도 관계없습니다.

3️⃣ 파일 변경의 렌더링 되는 상황을 보여 주는 버튼입니다. 클릭하면, 구체적인 %로 진행 상황을 볼 수 있습니다.

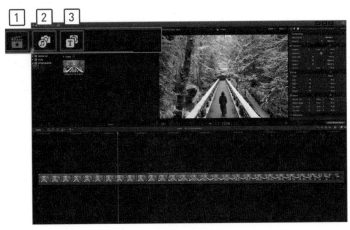

[그림 1-31]

1 라이브러리, 이벤트 등을 선택할 때 사용하는 버튼입니다.

2 음악, 효과음, 사진 등 부가적인 미디어를 선택할 때 사용하는 버튼입니다.

3 자막, 3D 텍스트, 화면 효과 등 영상 편집에 필요한 부가 기능들을 선택할 수 있는 버튼입니다.

위 3가지 버튼은 굉장히 자주 사용되는 버튼이므로 기능들을 꼭 기억해 두길 바랍니다.

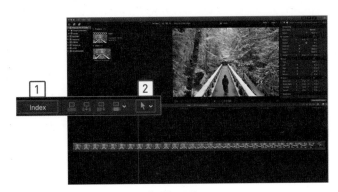

[그림 1-32]

1 영상 클립의 목록, 태그, Roles 등을 리스트별로 보고 싶을 때 사용합니다.

2 영상을 자르거나 타임라인을 이동하거나 확대할 때 사용합니다. 파이널 컷 프로 X의 영상 편집에서 자주 사용해야 할 버튼입니다.

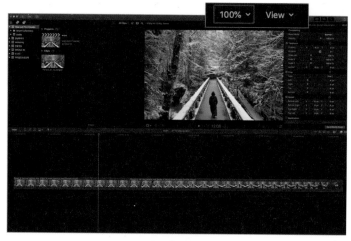

[그림 1-33]

뷰어(미리보기) 화면의 크기를 변경하는 버튼입니다. 화면을 확대하거나 축소해서 보고 싶을 때
사용합니다.

[그림 1-34]

[1] 영상을 자르거나 위치를 이동시키고 싶을 때 사용하는 버튼입니다.

[2] 편집하는 영상의 색상과 관련된 기능들이 있는 버튼입니다.

[3] 영상의 속도를 변경할 때 사용하는 버튼입니다.

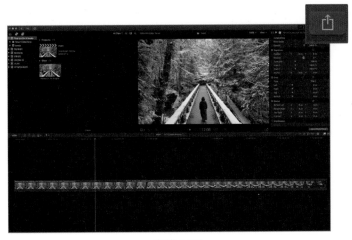

[그림 1-35]

영상을 저장할 때 사용하는 버튼입니다. 메뉴에서 [Share]를 이용해도 되지만, 우측 상단에 있는 이 버튼이 좀 더 편리하게 영상을 저장할 수 있도록 도와줍니다. 필자는 주로 이 버튼을 이용하여 영상을 저장합니다.

[그림 1-36]

선택한 영상 클립의 속성을 조정하거나 색 보정을 진행하고, 정보를 확인할 수 있는 창입니다. 클릭한 개체에 따라 추가 메뉴가 나타날 수 있습니다. 예를 들어 자막을 클릭하면 글자와 관련된 버튼이 추가로 나타납니다. 앞으로 자주 사용할 버튼들입니다.

[그림 1-37]

1   영상에 화면 효과를 적용할 때 사용하는 버튼입니다.

2   영상과 영상 사이에 들어가는 화면 전환 효과를 사용할 때 활용합니다.

파이널 컷 프로 X만의
독특한 파일 관리 체계

한 편의 동영상을 만들려면 다양한 미디어가 필요합니다. 원본 영상이 있어야 하고 음악도 있어야 합니다. 사진이 필요하다면, 사진도 있어야 하고 효과음도 있으면 더욱 좋습니다. 이렇게 다양한 파일은 여기저기에 흩어져 있습니다. 예를 들어 동영상 파일은 SD 카드에, 음악은 외장 하드에, 사진은 하드 디스크에 있을 수 있습니다.

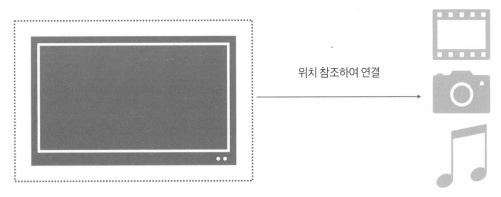

[그림 1-38] 일반적인 프로그램들의 파일 연결 방식

일반적인 프로그램들은 이런 파일들을 내부적으로 링크하는 방식을 활용하여 불러옵니다. 즉, 파일 자체는 원래 위치에 있고 프로그램은 그 파일의 위치를 참조해서 사용할 수 있도록 만듭니다. 내 친구가 옆방에 있다는 걸 알고 있으면 큰 소리로 불러서 대화할 수 있는 상황과 같습니다.

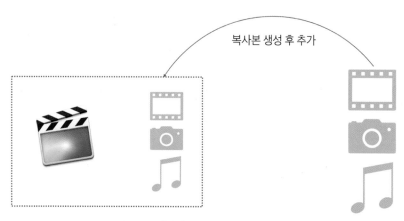

복사본 생성 후 추가

[그림 1-39] 파이널 컷 프로 X의 파일 관리 방식

그러나 파이널 컷 프로 X에서는 조금 다른 방식을 사용합니다. 불러오는 파일의 위치를 참조하는 것이 아니라 해당 파일의 복사본을 만들어서 파이널 컷 프로 X 내부에 추가로 저장합니다. 그리고 실제로 편집할 때 사용하는 건 바로 이 복사본입니다. 옆방에 있는 내 친구를 아예 내가 있는 방으로 불러서 대화하는 셈입니다. 이 복사본 파일들이 저장되는 곳이 바로 '라이브러리'입니다.

필자는 대학생 때 전산실에서 아르바이트를 했습니다. 당시 전산실에는 꽤 큰 금고가 있었습니다. 그 금고에는 전산실에서 사용하는 매우 중요한 문서들과 물건들이 들어 있었습니다. 예상할 수 없는 화재나 지진 등 불가항력적인 상황이 발생했을 때, 그 금고만 들고 건물을 빠져나가면, 가장 중요한 것들은 지킬 수 있는 위험 관리 방식이었습니다. 전산실에서의 금고가 파이널 컷 프로 X에서는 하나의 라이브러리라고 할 수 있습니다. 금고는 공간이 제한적이므로 꼭 필요한 물건이 들어가는 반면에 라이브러리에는 전부 다 들어간다는 점이 차이점입니다.

[그림 1-40] 파이널 컷 프로 X 라이브러리 아이콘

파이널 컷 프로 X은 '라이브러리'라고 하는 아주 독특한 개념으로 미디어 파일을 관리합니다. 이

'라이브러리' 방식은 효율적이고 안정적이며 촬영한 동영상 원본이 삭제되더라도 편집에 문제가 없다는 장점이 있습니다. 라이브러리 하나만 공유하면, 다른 사람과 협업도 쉽게 할 수 있습니다. 또한, 백업도 편리합니다. 라이브러리만 백업하면, MAC이 초기화되어도 다시 편집을 이어 갈 수 있습니다. 단, 라이브러리라는 공간 안에 모든 미디어 파일이 복사되어 들어가는 만큼 라이브러리 용량이 커지는 단점도 있습니다. 여기에 따라 하드 디스크 용량도 많이 필요합니다. (라이브러리에 복사본을 저장하지 않는 설정을 통해 용량을 절약하는 방법은 PART 3에서 다룹니다.)

 궁금해요   라이브러리 관리 방식은 언제부터 사용했나요?

라이브러리 개념은 파이널 컷 프로 X 10.1 버전부터 적용되었습니다.

사실 이런 파일 관리 방식은 파이널 컷 프로 X 고유의 방식은 아닙니다. MAC에서 작동하는 다양한 앱(예를 들어 아이튠즈)이 비슷한 방식을 사용합니다. 그러나 윈도우즈 운영체제와는 확연하게 다른 파일 관리 방법이라서 처음 사용하는 분들은 헷갈려 할 수도 있습니다. 그래서 이번 장에서는 파이널 컷 프로 X의 라이브러리 개념과 그와 관련된 이벤트, 프로젝트에 대해 상세하게 알아봅니다.

▶ 라이브러리

[그림 1-41] 라이브러리 구조

라이브러리는 파이널 컷 프로 X의 파일 관리에서 가장 큰 단위입니다. 우리가 서랍에 옷을 넣는다고 해 보면, 서랍이 있어야 하고 그 서랍이 자리 잡을 방이 있어야 할 겁니다. 또 그 방이 있는 집도 있어야 합니다. 여기에서 집에 해당하는 부분이 바로 라이브러리입니다.

이 라이브러리 안에는 여러 개의 이벤트(방)가 포함될 수 있습니다.

🔵 이벤트

이벤트는 라이브러리 안에 있는 하나의 구분 단위입니다. 영상 편집을 위해 촬영한 영상 원본과 음악 등을 불러오면, 바로 여기 이벤트에 저장됩니다. 쉽게 설명하자면, 하나의 폴더라고 생각합니다. 서랍에 옷을 넣는 상황에서, 이벤트는 서랍이 자리 잡은 '방'입니다. 집에는 여러 개의 방이 있을 수 있어, 라이브러리(집)에는 여러 개의 이벤트(방)를 만들 수 있습니다.

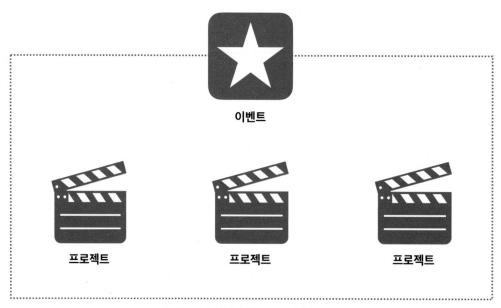

[그림 1-42] 파이널 컷 프로 X 이벤트 구조

또 하나의 방에 여러 개의 서랍도 넣을 수 있습니다. 마찬가지로 하나의 이벤트 안에 여러 개의 프로젝트를 만들 수 있습니다.

파이널 컷 프로 X 파일 관리 체계에서 최소 단위입니다. 실제로 영상을 편집할 배경이 되는 곳입니다. 이 프로젝트를 만들어야 비로소 영상을 편집할 수 있습니다. 책상 서랍에 옷을 넣을 때, 책상 서랍에 해당하는 부분입니다. 서랍이 없다면, 옷을 넣을 수 없습니다. 하지만 서랍이 존재하려면 방이 있어야 하고, 방이 필요하다면 집이 있어야 하는 것처럼, 라이브러리와 이벤트, 프로젝트는 모두 연결된 개념입니다.

[그림 1-43] 영상을 편집하는 공간, 타임라인이 곧 프로젝트라고 할 수 있습니다

프로젝트 자체에는 영상 편집에 대한 부분 외에는 저장되는 것이 없습니다. 그러나 실제로 영상 편집이 이뤄지는 곳이므로 대단히 중요한 공간이라고 할 수 있습니다.

이벤트 안에 프로젝트와 미디어 파일들이 복사되어 들어갑니다. 이벤트들을 묶어 놓은 것이 바로 라이브러리이며 가장 큰 단위입니다. 하나의 라이브러리에서 여러 개의 이벤트를 만들 수 있고, 각 이벤트에는 또 여러 개의 프로젝트를 만들 수 있습니다. 이런 라이브러리 개념은 지금 당장은 필요하지 않을지 모르지만, 나중에 영상 편집 횟수가 많아지면 이벤트 숫자도 같이 늘어나므로, 효율적인 관리를 위해서 꼭 알아 두어야 할 부분입니다.

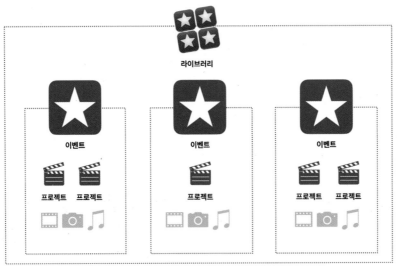

[그림 1-44] 파이널 컷 프로 X의 라이브러리 개념

궁금해요   라이브러리 개념은 어떤 장점이 있나요?

가장 좋은 점은 귀찮고 번거로운 파일 관리를 파이널 컷 프로 X이 알아서 해 준다는 점입니다. 사용자는 처음에 한 번만 파일을 불러오면, 그다음부터는 해당 파일의 위치나 관리를 신경 쓰지 않아도 됩니다. 또한 백업이 간편해서 안전하게 라이브러리를 지킬 수 있다는 점도 매력적입니다.

궁금해요   왜 이벤트와 프로젝트를 구분하나요?

대형 프로젝트(예를 들어 영화 제작)는 여러 날에 걸쳐 촬영하며, 이런 콘텐츠는 다양한 장면으로 구성되어 있습니다. 이 결과 수십~수백 개 이상의 영상 클립이 만들어집니다. 또한, 반드시 처음부터 순서대로 촬영하는 것은 아니기 때문에 편집할 때 순서 정렬이 필요합니다. 더불어 여러 번의 수정과 검토 작업이 이뤄지며 예고편 제작 등 기존의 영상들을 재활용하는 영상도 만들어집니다. 이때, 날짜별 혹은 시나리오상에서 장면 별로 이벤트와 프로젝트를 구분하면 편리하게 검토 및 수정 작업을 할 수 있고 중복되는 클립을 줄일 수 있어서 매우 유용합니다. 하지만 수정 및 검토 작업이 빈번하지 않은 일반적인 유튜브 영상에서는 하나의 이벤트, 하나의 프로젝트로도 충분합니다.

레벨 업 | 효율적인 파이널 컷 프로 X 라이브러리 관리 방법

▶ **유튜브 동영상 강좌**

파이널 컷 프로 X 라이브러리 관리법

https://youtu.be/G61SAb5wPpc

처음 시작부터 파이널 컷 프로 X의 라이브러리와 이벤트, 프로젝트를 잘 정리해서 깔끔하게 관리하고 싶을 겁니다. 그렇다면 복사되어 들어가는 미디어 파일이 중복되지 않도록 관리하는 습관이 매우 중요합니다. 이때는 라이브러리와 이벤트, 프로젝트를 적절하게 분류할 수 있는 자신만의 분류 체계를 갖추면 도움이 됩니다. 라이브러리를 추가로 생성할지, 아니면 이벤트만 추가로 생성할지 등을 결정하는 건 사용자의 몫입니다.

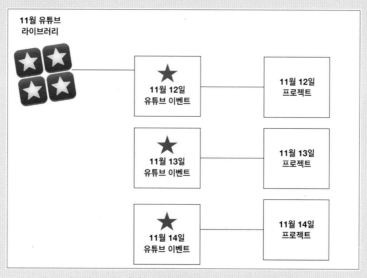

[그림 1-45] 라이브러리와 이벤트, 프로젝트 분류 예시

효율적인 파이널 컷 프로 X 라이브러리를 관리하려면 자신만의 규칙을 만드는 게 좋습니다. 예를 들어 [그림 1-45]처럼 날짜별로 분류하고 날짜별 프로젝트를 만들어서 사용할 수 있습니다. 혹은 주제별, 위치별로 구분하는 것도 가능합니다. **일반적으로 라이브러리를 너무 많이 만들면 관리가 어려워져서 라이브러리는 최소화하고 이벤트, 프로젝트 등으로 나누어 구분하는 방법이 권장됩니다.** 자세한 사항은 유튜브 채널에서 동영상으로 공부해 보도록 합니다.

파이널 컷 프로 X의 영상 편집 작업 순서 (workflow)

이번 장에서는 머릿속에 개념을 잡기 위해서 실제로 파이널 컷 프로 X에서 영상 편집을 할 때 어떤 순서로 작업하는지 소개합니다. 작업 순서를 이해하고 편집을 시작하면 머릿속에 그림이 그려질 겁니다.

[그림 1-46] 파이널 컷 프로 X에서 영상을 편집하는 작업 순서

▶ 1단계: 라이브러리, 이벤트, 프로젝트 만들기

영상을 편집하려면 편집할 공간이 있어야 하므로 프로젝트를 만들어야 합니다. 그런데 프로젝트를 만들려면 이벤트가 필요하고 이벤트를 만들려면 라이브러리가 필요합니다. 따라서 제일 먼저 만들어야 하는 건 라이브러리입니다. 작업 순서는 라이브러리 생성 → 이벤트 생성 → 프로젝트 생성입니다. 라이브러리와 이벤트, 프로젝트의 구분은 사용자마다 다를 수 있습니다. 가령, 새로운 영상 편집을 위해 라이브러리를 만들어서 시작할 수도 있고 기존에 사용했던 라이브러리에 이벤트만 추가하여 시작할 수도 있습니다. 또는 프로젝트만 만들어서 시작하는 것도 가능합니다.

 꿀팁

순서가 헷갈리는 분들은 라이브러리와 이벤트, 프로젝트의 앞글자를 따 '라.이.프'라고 외우세요!

2단계: 편집할 영상 불러오기

프로젝트를 만들었다면, 이제 편집할 영상을 불러와야 합니다. 영상은 SD 카드에서 바로 불러올 수 있습니다. 파이널 컷 프로 X 메뉴의 [Import]를 사용하거나 드래그 & 드롭을 이용해도 됩니다.

3단계: 타임라인에 편집할 영상 추가

이제 영상 편집을 위해 타임라인에 편집할 영상을 추가해야 합니다. 브라우저에서 원하는 영상을 선택하고 타임라인에 드래그 & 드롭으로 끌어서 놓아 주면 추가가 됩니다. 또는 브라우저를 거치지 않고 타임라인에 바로 드래그 & 드롭으로 영상을 추가할 수도 있습니다. 이때도 브라우저에는 영상이 표시됩니다. 이 단계에서 타임라인에 추가할 영상을 살펴보고 꼭 필요한 부분만 선택하여 추가할 수 있습니다.

4단계: 영상 편집

본격적인 영상을 편집하는 단계입니다. 자막을 넣고 음악을 추가하고 각종 효과도 적용합니다. 영상을 자르고, 붙이고, 이리저리 옮기고 정렬합니다. 화면 전환 효과를 넣거나 필요한 색 보정을 진행할 수도 있습니다. 가장 오랜 시간이 필요한 단계이며 실제로 여기에서 영상 편집이 이뤄집니다.

5단계: 편집이 끝난 영상 저장

편집이 완료되었다면 드디어 저장할 차례입니다. [Share] 메뉴를 이용하거나 우측 상단에 있는 공유 버튼을 이용해 영상을 저장합니다. 저장이 끝나면, 영상 편집 작업이 완료됩니다.

지금 소개한 파이널 컷 프로 X 영상 편집 작업 순서는 이해를 돕기 위해 5단계로 압축한 버전입니다. 좀 더 구체적으로 설명하는 편집 순서는 PART 2에서 알아봅니다.

프로젝트 만들기!
진짜 영상 편집의 시작!

이제 실제로 영상 편집에 도전하기 위해 프로젝트를 만들어 봅니다. 프로젝트를 만들려면 이벤트가 필요하고, 이벤트를 생성하려면 라이브러리가 필요하다는 걸 기억해야 합니다. 그래서 제일 먼저 만들어야 할 건 가장 큰 단위인 라이브러리입니다. 라이브러리, 이벤트, 프로젝트 모두 영어, 한글, 숫자 등으로 만들 수 있으며 알아보기 쉽도록 이름을 지어 줍니다.

▶ 라이브러리 만들기

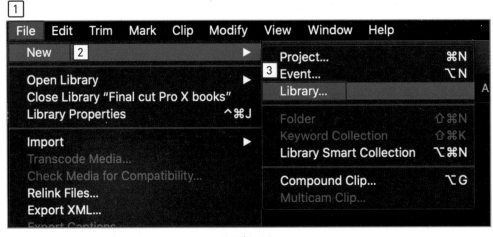

[그림 1-47]

1 [File] 메뉴를 클릭하고 2 [New] 메뉴에 마우스를 올린 다음 3 [Library...]를 클릭합니다.

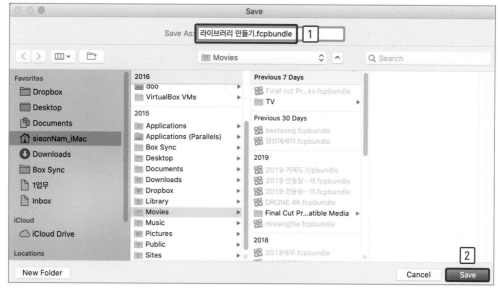

[그림 1-48]

1 라이브러리 이름을 지정하고 우측 하단에 있는 2 [Save] 버튼을 클릭합니다.

[그림 1-49]

라이브러리가 생성됩니다. 라이브러리가 만들어지면서 동시에 생성한 날짜의 이름을 가진 이벤트가 자동으로 만들어집니다. 이 이벤트를 그대로 사용하거나 이름만 바꿔서 사용해도 되며 삭제하고 이벤트를 따로 만들어서 사용해도 됩니다. 편한 방법으로 활용하는 게 좋습니다. 라이브러리 아래쪽에 있는 스마트 컬렉션(Smart Collections)은 여러 개의 미디어 파일을 쉽게 찾을 수 있도록 도와주는 기능입니다. 스마트 컬렉션에 대해서는 잠시 후에 배워 봅니다.

궁금해요 라이브러리는 어디에 저장되어 있나요?

[그림 1-50]

기본 위치는 [사용자 홈] - [동영상] 폴더입니다. 라이브러리를 원하는 위치에 저장할 수
있습니다.

이벤트 만들기

이제 불러온 영상들과 프로젝트를 저장할 이벤트를 만들어 보겠습니다.

[그림 1-51]

1 [File]에서 2 [New]로 들어간 다음 3 [Event...]를 클릭합니다.

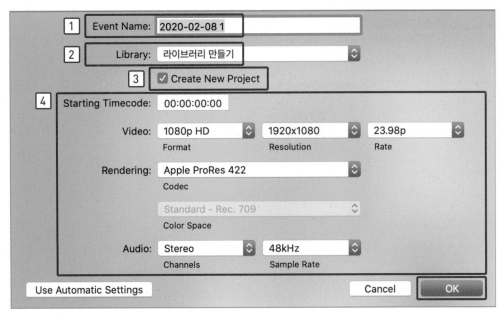

[그림 1-52]

이벤트 생성 화면이 나타납니다. 이벤트 관련 설정이 보입니다.

1️⃣ 이벤트의 이름을 입력합니다.

2️⃣ 이벤트가 포함될 라이브러리를 지정합니다. 파이널 컷 프로 X에서 현재 오픈된 라이브러리
만 지정할 수 있습니다.

3️⃣ 이벤트를 만들면서 프로젝트를 함께 만들 것인지를 체크합니다. 체크를 해제하면 ④번 항목
이 나타나지 않습니다.

4️⃣ 이벤트가 만들어지면서 동시에 만들어질 프로젝트에 대한 설정값을 입력하는 곳입니다.

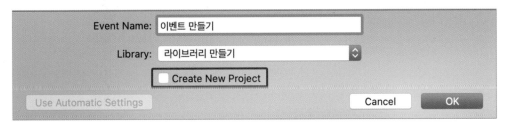

[그림 1-53] Create New Project 체크 해제했을 때 나타나는 화면

[그림 1-53]에서는 프로젝트를 생성하는 방법을 설명하기 위해 [Create New Project]의 체크를 해제하고 만들어 봅니다. 이벤트 이름을 입력하고 [OK] 버튼을 클릭합니다.

[그림 1-54]

이벤트가 생성됩니다.

프로젝트 만들기

드디어 영상 편집할 공간이 되어 줄 프로젝트를 만들 시간입니다.

[그림 1-55]

프로젝트는 실제 영상을 편집하는 중요한 공간인 만큼 설정해야 할 것들이 꽤 많습니다. 하나씩 살펴봅니다.

☐1 프로젝트의 이름을 정합니다.

☐2 프로젝트를 생성하면서 프로젝트가 들어갈 공간인 이벤트를 지정하는 곳입니다. 파이널 컷 프로 X에서 열려 있는 이벤트만 지정할 수 있습니다. 즉, 지금 생성하는 프로젝트를 어떤 이벤트에 넣을지 결정하는 곳입니다. 책상 서랍을 어떤 방에 놓을지 결정하는 단계입니다.

☐3 타임라인에서 시작 부분을 시간으로 결정하는 곳입니다. 크게 신경 쓸 만한 부분이 아니므로 그대로 가만히 둡니다.

☐4 동영상 결과물의 해상도를 결정합니다. 1080p, 2K, 4K, 8K 등을 정할 수 있습니다. 촬영한 영상의 원본과 같거나 작게 설정해야 영상의 화질을 유지할 수 있습니다.

☐5 동영상의 크기를 결정합니다. 기본적으로 해상도를 결정하면 알맞은 사이즈로 지정됩니다. 1080p FHD 해상도의 사이즈는 1920X1080입니다. 유튜브에서 보이는 영상의 일반적인 해상도와 크기라고 할 수 있습니다. 해상도를 결정하면 자동으로 지정되므로, 특수한 상황이 아니라면 사용자가 크게 신경 써야 할 부분은 아닙니다.

☐6 동영상의 프레임 레이트를 결정합니다. '1초에 몇 장의 사진(프레임)이 들어가게 할 것인가?'를 정하는 부분입니다. '프레임 레이트'라고 부릅니다.

☐7 파이널 컷 프로 X에서 동영상을 처리할 때 사용할 코덱을 지정하는 부분입니다. Apple ProRes 422로 사용하면 무난합니다.

☐8 오디오와 관련된 설정을 하는 곳입니다. 유튜브용 동영상에서는 48kHz를 사용하면 됩니다.

☐9 파이널 컷 프로 X에서 자동으로 추천하는 설정으로 프로젝트를 만들 때 사용하는 버튼입니다. 자동보다 직접 지정하는 방식을 추천합니다.

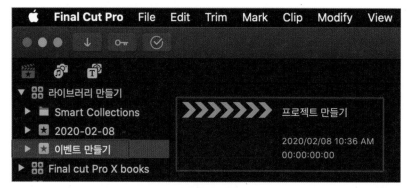

[그림 1-56]

선택한 이벤트에 포함될 프로젝트가 만들어집니다.

 궁금해요 프로젝트의 이름을 변경하고 싶어요!

[그림 1-57]

프로젝트 이름뿐만 아니라 라이브러리, 이벤트의 이름도 모두 변경할 수 있습니다. 바꾸고 싶은 이름을 꾹 누른 후 1~2초 정도 기다리면 이름을 변경할 수 있도록 입력 창이 나타납니다. 여기에서 바꾸고 싶은 이름을 입력하고 엔터(Enter)를 눌러 완료합니다.

초보탈출 │ 프레임 레이트가 무엇인가요?

유튜브 동영상 강좌

영상 편집의 프레임 레이트 개념 이해
https://youtu.be/WFtV_1KRm1c

프레임 레이트는 동영상 1초에 몇 개의 사진이 포함되어 있는지를 뜻하는 용어입니다. FPS(에 프피에스)라고 부릅니다. 동영상은 연속된 사진으로 만들어져 있다고 설명했습니다. 예를 들어 24fps라고 한다면, 영상 1초에 24장의 사진을, 30fps라면 1초에 30장의 사진이, 60fps라면 1초에 60장의 사진이 들어간 셈입니다. 이러한 FPS 설정은 영상을 촬영할 때와 편집할 때 양쪽에서 설정할 수 있습니다. 최종 결과물은 편집 프로그램에서 결정됩니다. 60fps로 촬영했다고 하더라도 파이널 컷 프로 X에서 프로젝트를 만들 때 24fps로 설정했다면, 최종 결과물은 24fps로 만들어집니다. 카메라 설정 또는 편집 프로그램에 따라 fps로 표현하기도 하고 p로 표현하기도 합니다.

[그림 1-58]

파이널 컷 프로 X에서는 Rate라는 단어로 FPS를 표현하고 p라는 단어가 숫자 뒤에 붙어 있습니다.

[그림 1-59]

파이널 컷 프로 X에서는 다양한 프레임 레이트를 지원합니다. 단, 촬영한 FPS보다 더 높게 설정하면 안 됩니다. 예를 들어 30fps로 촬영했는데 파이널 컷 프로 X 설정에서 60p로 설정하면 안 됩니다. 이렇게 되면 똑같은 프레임이 복사되어 추가되면서 영상이 끊어지는 것처럼 재생됩니다. 반드시 촬영한 프레임 레이트와 같거나 더 낮은 프레임 레이트로 설정합니다.

.98p, .97p, .94p...처럼 소수는 무엇이죠?

소수점 프레임 레이트를 흔히 '드롭 프레임(Drop Frame)'이라고 부릅니다. 이 부분을 설명하려면 흑백과 컬러 화면의 이해가 필요해지는 등 다소 복잡해집니다. 설명하기도 까다롭습니다. 일반적인 영상을 촬영하는 분들이 이 부분까지 알아야 할 필요는 없을 것으로 생각합니다. 따라서 여기에서는 그냥 '이런 게 있구나.' 정도로만 이해해 주길 바랍니다.

간단하게 설명하자면, 대부분의 디지털카메라에서는 촬영하는 프레임 레이트를 24프레임은 23.98p, 30프레임은 29.97p, 60프레임은 59.94p로 촬영합니다. 따라서 영상 편집에서도 촬영된 프레임 레이트에 맞추어 24프레임으로 편집하고 싶다면, 23.98p, 30프레임으로 편집하고 싶다면 29.97p를, 60프레임으로 편집하고 싶다면 59.94p를 선택합니다.

레벨 업 | 프로젝트의 설정을 변경하는 방법

▶ **유튜브 동영상 강좌**

파이널 컷 프로 X 프로젝트 설정 변경하기
https://youtu.be/hNJTbUm9lPE

프로젝트를 생성했는데 실수 또는 마음이 바뀌어서 프로젝트의 설정을 변경하고 싶을 때가 있습니다. 24프레임으로 편집하려고 했는데 생각해 보니 30프레임이 좋을 것 같은 때입니다. 이럴 땐 파이널 컷 프로 X의 프로젝트 설정을 변경해 줍니다.

[그림 1-60]

먼저 변경하고 싶은 프로젝트를 브라우저 창에서 클릭하여 선택합니다.

레벨 업 | 프로젝트의 설정을 변경하는 방법

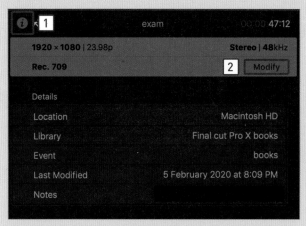

[그림 1-61]

그런 다음 오른쪽 인스펙터 창에서 ⓘ 버튼을 클릭한 후 프로젝트 이름 오른쪽에 있는 [modify]를 클릭합니다. 이제 원하는 프로젝트 설정으로 변경한 후 [OK]를 누릅니다.

 꿀팁

타임라인에 동영상이 있으면 프레임 레이트(fps)를 변경할 수 없습니다. 프레임 레이트를 변경하고 싶다면, 타임라인에 있는 모든 영상을 지우고 변경해야 합니다. 하지만 어느 정도 편집된 영상이 있을 때 타임라인의 영상을 삭제하면, 편집본을 삭제하는 것과 같아 아주 불편합니다. 따라서 편집한 영상이 있는 상태에서 프로젝트 설정을 변경하고 싶다면, 새로운 프로젝트를 만들어서 편집본을 붙여 넣기 하는 게 더 편한 방법입니다.

영상 가져오기!
영상 편집의 필수 준비물!

영상을 편집하기 위해 파이널 컷 프로 X으로 촬영한 동영상을 가져와야 합니다. 이렇게 영상을 가져오는 작업을 임포트(Import)라고 부릅니다. 이때 영상 파일뿐만 아니라 사진, 음악 등 미디어 파일을 같은 방법으로 가져올 수 있습니다. 파이널 컷 프로 X에서는 여러 가지 방법으로 영상을 가져올 수 있습니다. 여기에서는 일반적으로 가장 많이 사용되는 방법을 2가지로 압축하여 알아봅니다. 이 두 가지 방법만 알면 아주 쉽게 파이널 컷 프로 X으로 영상을 가져올 수 있습니다.

1. 임포트 기능으로 영상 가져오기

먼저 임포트 기능을 이용해 영상을 가져오는 방법입니다. 가장 기본적이고 기초적이라고 할 수 있는 방법으로 초보자분들에게 추천합니다.

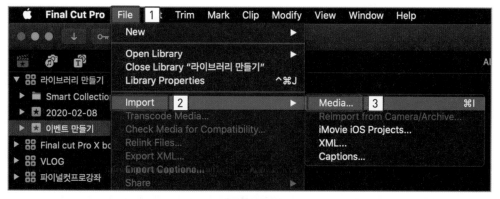

[그림 1-62]

[File] 메뉴에서 [Import] - [Media…]를 클릭합니다.

[그림 1-63]

메뉴를 3번 누르는 게 번거롭다면, 파이널 컷 프로 X 좌측 상단에 있는 임포트 버튼을 이용합니다.

 꿀팁

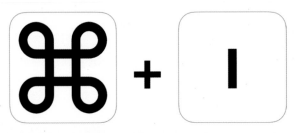

[그림 1-64]

영상을 가져오는 단축키는 커맨드 + I(아이)입니다. 임포트(Import)의 첫 글자(I)를 따왔다고 생각하면 쉽게 기억할 수 있습니다.

[그림 1-65]

1️⃣ 임포트 창이 열리면, 가져올 영상이 있는 위치를 지정해 줍니다.

2️⃣ 그런 다음 원하는 영상을 찾습니다. 상단의 재생 버튼을 클릭하여 미리 영상을 훑어볼 수 있습니다.

임포트 창 오른쪽에 다양한 메뉴가 제공됩니다. 모두 알 필요는 없지만, 영상을 가져올 때 필요한 부분이므로 간단하게 살펴봅니다.

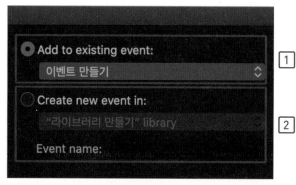

[그림 1-66]

1️⃣ 가져올 영상을 어떤 이벤트에 저장할 것인지 결정합니다.

2️⃣ 영상을 가져오면서 새로운 이벤트를 생성할 때 사용합니다. 우리는 이벤트를 먼저 만든 후 영상을 가져오는 방법을 사용하고 있으므로 여기에서는 사용하지 않습니다.

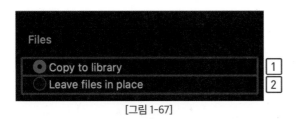

[그림 1-67]

1 영상을 가져올 때 복사본을 만들어서 라이브러리에 저장합니다.

2 영상 파일을 복사하지 않고 원본을 사용합니다.

[그림 1-68]

1 영상을 가져올 때 영상 파일에 태그를 함께 가져오는 기능입니다. 파인더 태그를 가져옵니다.

2 폴더의 태그를 가져옵니다.

[그림 1-69]

영상의 오디오에 역할을 지정하는 부분입니다. 1인 미디어 환경에서는 사용할 일이 많지 않습니다.

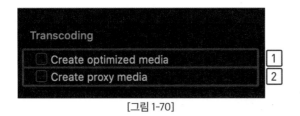

[그림 1-70]

트랜스코딩(Transcoding)은 효과적인 영상 편집을 위해 편집용 영상을 별도로 만드는 과정을 의미합니다. 동영상이라는 파일은 용량이 크고 무거워서 원본 그대로 편집하려면 고사양의 컴퓨터 성능이 필요하고 편집 속도도 느리며 시간이 오래 걸립니다. 따라서 영상을 편집할 때, 원본이 아닌 편집용 영상을 새롭게 만들어서 편집하는 게 유리할 때가 있습니다. 그런 다음 저장할 때 원본으로 저장하는 방식을 이용하는 편이 효과적이므로 파이널 컷 프로 X에서는 원본이 아닌 복사본으로 편집할 수 있습니다. A라는 영상을 가져오면서, 원본(A)과 최적화된 복사본(A1) 그리고 프락시 미디어라고 하는 또 다른 복사본(A2)이 만들어집니다.

1 파이널 컷 프로 X에 최적화된 미디어를 별도로 생성합니다. 체크하면, 영상을 편집할 때 최적화된 영상 복사본으로 편집합니다. 더 빠른 렌더링 속도, 더 나은 성능을 기대할 수 있습니다. 파이널 컷 프로 X이 느리거나 맥의 성능이 부족하다고 느낀다면, 해당 부분을 체크하여 복사본으로 편집하는 걸 권장합니다.

2 프락시 미디어라고 부르는 압축된 복사본을 만듭니다. 프락시 미디어는 원본 영상을 압축한 버전으로 원본 대비 낮은 용량을 가지므로 더 빠른 편집 속도를 기대할 수 있습니다. 고화질의 영상을 편집할 때 꼭 필요한 부분입니다. 예를 들어 4K 영상을 편집할 때 사용할 수 있습니다. 프락시 미디어 편집에 대해서는 PART 10에서 자세히 알아봅니다.

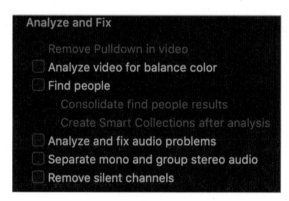

[그림 1-71]

영상을 가져오면서 영상을 분석하여 적절한 조치를 해 주는 기능을 제공하는 곳입니다. 예를 들어 가져올 영상의 사람 수를 분석한 다음 태그를 넣어 주는 기능 등입니다. 1인 미디어 환경에서는 사용할 일이 많지 않으므로 무시해도 될 만한 기능들입니다.

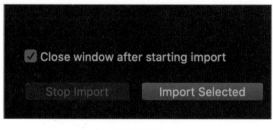

[그림 1-72]

영상 가져오기를 클릭하면 임포트 창을 닫는 체크 버튼입니다. 기본적으로 체크되어 있습니다.

영상 선택과 설정이 완료되었다면 우측 상단에 있는 [Import Selected]를 클릭합니다.

▶ 2. 드래그 & 드롭으로 영상 가져오기

임포트 기능을 이용해 영상을 가져오는 방법은 정확하게 영상을 가져올 수 있지만, 다소 번거로운 느낌도 있습니다. 파이널 컷 프로 X에서는 임포트 버튼이 아닌 드래그 & 드롭으로도 영상을 가져올 수 있습니다. 파이널 컷 프로 X에 조금 익숙한 분들에게 추천하는 방식이며 저도 이 기능을 활용해 영상 가져오기를 하고 있습니다.

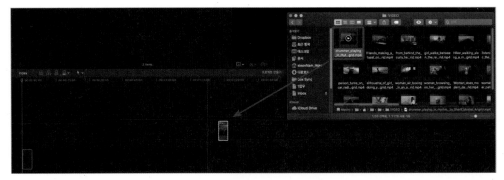

[그림 1-73]

파인더에서 가져오고 싶은 영상을 드래그 & 드롭하여 타임라인에 넣어 줍니다. 영상이 바로 추가되면서 가져오기가 됩니다.

 궁금해요   카메라나 스마트폰에서 바로 영상을 가져올 순 없나요?

[그림 1-74]

카메라 또는 스마트폰을 맥과 연결합니다. 혹은 카메라의 SD 카드를 맥에 연결합니다. 그런 다음 임포트를 실행하면 카메라 또는 SD 카드를 선택할 수 있습니다. 여기에서 원하는 영상을 파이널 컷 프로 X으로 바로 가져올 수 있습니다.

초보탈출 │ 영상에 빨간색 오류가 떴어요!

▶ **유튜브 동영상 강좌**

미싱 파일(missing file) 원인과 해결법
https://youtu.be/JfC4HZ33W_E

앞으로 파이널 컷 프로 X으로 영상을 편집하다 보면 종종, 어쩌면 자주 [그림 1-75]와 같은 빨간색 오류를 만나게 될 겁니다.

[그림 1-75] 파이널 컷 프로 X 미싱 파일 오류

이 오류 화면은 미싱 파일(Missing File) 오류입니다. 미싱 파일이란, 편집할 원본 영상을 찾을 수 없을 때 발생합니다. 예를 들어 카메라 SD 카드에서 영상을 가져왔는데 복사본을 생성하지 않은 상태에서 SD 카드가 제거되었다면, 프로그램이 원본 영상을 찾을 수 없습니다. 또는 실수로 원본 영상을 삭제했을 수도 있습니다. 어쩌면 파이널 컷 프로 X이 알 수 없는 이유로 원본을 찾지 못하는지도 모릅니다.

이유야 어찌 되었건 미싱 파일 오류는 원본 미디어 파일을 찾을 수 없을 때 발생합니다. 파이널 컷 프로 X을 처음 사용하는 초보자분들이 자주 겪는 상황이기도 합니다. 보통은 맥이나 파이널 컷 프로 X 라이브러리의 용량을 절약할 목적으로 복사본을 생성하지 않았을 때 발생합니다. 원본 파일의 위치를 찾을 수 없을 때 발생하는 오류이므로 파이널 컷 프로 X에 원본 파일의 위치를 알려 주기만 하면 해결할 수 있습니다.

초보탈출 | 영상에 빨간색 오류가 떴어요!

[그림 1-76]

[File] 메뉴에서 [Relink Files...]를 클릭합니다. 이 과정을 통해 파이널 컷 프로 X에 오류가 발생한 파일의 위치를 알려 줄 수 있습니다.

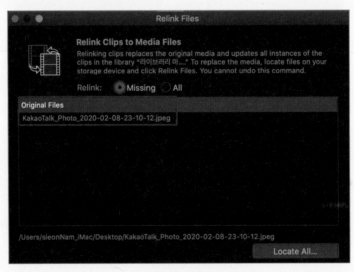

[그림 1-77]

상단에 있는 [Original Files] 항목에 현재 미싱 파일 오류를 일으킨 원본 파일의 리스트를 보여줍니다. 아래쪽에 있는 [Locate All...]을 클릭합니다.

초보탈출 | 영상에 빨간색 오류가 떴어요!

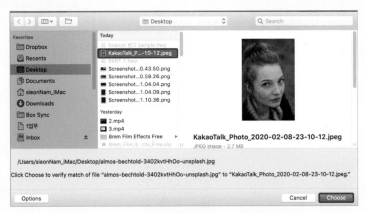

[그림 1-78]

파인더를 이용해 원본 파일의 위치를 파이널 컷 프로 X에 알려 줍니다.

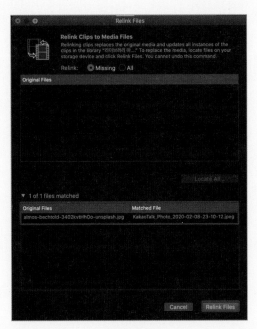

[그림 1-79]

정확하게 일치하는 파일로 확인되면 아래쪽에 표시되며 상단 목록에서는 없어집니다.
[Relink Files]를 클릭하여 완료하면 빨간색 오류가 사라집니다.

클립 정렬!
편집할 영상을 빠르게 찾는 방법!

▶ **유튜브 동영상 강좌**

영상 클립 정렬하기
https://youtu.be/ly4KLrBADdg

편집자의 성향에 따라 약간씩 다를 수 있지만, 파이널 컷 프로 X에서 영상 편집을 준비하는 흐름은 다음과 같습니다.

1 편집할 영상을 임포트 기능을 이용해 불러옵니다. 원본 영상이 여러 개일 때도 일단 전부 혹은 일부를 불러옵니다.

2 파이널 컷 프로 X의 브라우저 창에서 불러온 영상들을 훑어보며 필요한 부분을 찾은 다음 타임라인에 추가합니다.

3 영상을 편집합니다.

앞서 설명한 임포트 기능이 1 에 해당하는 부분이었다면, 여기에서는 2 에 해당하는 부분, 그러니까 브라우저에서 영상을 훑어보는 과정에서 좀 더 편리하게 할 수 있는 기능을 소개합니다.

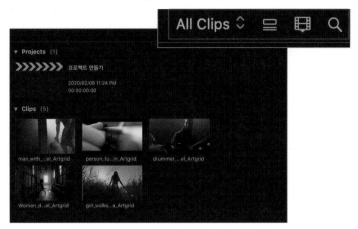

[그림 1-80]

브라우저 우측 상단에 있는 버튼들을 이용합니다. [All Clips] 버튼은 브라우저의 영상들에 별점 또는 선호도를 평가하여 분류해서 볼 수 있도록 하는 기능입니다. 영상이 엄청나게 많을 땐 유용한 기능이 지만, 평범한 유튜브 영상에선 크게 활용할 일이 없을 것으로 생각되어 여기에서는 넘어갑니다.

필름 스트립   리스트 모드

[그림 1-81]

첫 번째 버튼은 필름 스트립과 리스트 모드로 변경하는 버튼입니다. 파이널 컷 프로 X에서는 필름 스트립이라고 하는 영상들만 보여 주는 화면을 기본으로 채택합니다. 때에 따라서 영상만 보는 게 아니라 영상의 길이나 촬영한 날짜, 파일 이름 등 세부적인 사항들을 리스트 형태로 보고 싶을 때 활용하는 버튼입니다.

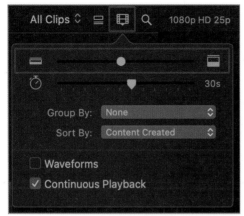

[그림 1-82]

두 번째 버튼은 브라우저의 크기 조절 등과 관련된 기능을 제공합니다.

제일 위에 있는 슬라이드 바는 필름 스트립 화면에서 영상의 크기를 조절할 때 사용합니다.

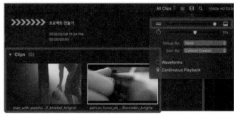

[그림 1-83]

왼쪽으로 옮기면 필름 스트립의 영상 크기가 작아져서 한 화면에 여러 개를 볼 수 있습니다. 오른쪽으로 움직이면 영상 크기가 커집니다.

[그림 1-84]

두 번째 시계 모양을 가진 슬라이드 바는 브라우저의 영상을 시간대별로 늘려서 보여 줄 때 사용합니다. 좁게 설정하려면 왼쪽으로, 넓게 설정하려면 오른쪽으로 이동시킵니다. 즉, 한 편의 영상을 더 짧게 보거나 더 길게 보고 싶을 때 사용할 수 있습니다.

[그림 1-85]

Group By와 Sort By는 불러온 영상 클립들이 많을 때 적절하게 그룹 짓거나 정렬할 때 사용하는 기능입니다. 예를 들어 한 편의 드라마나 영화를 제작한다면 엄청나게 많은 영상 클립이 있으므로 적절하게 분류해서 살펴봐야 할 겁니다. 하지만 일반적인 유튜브 영상은 그룹으로 분류할 만큼 숫자가 많지는 않으므로 1인 미디어 편집자가 자주 사용하는 기능은 아닙니다.

[그림 1-86]

돋보기 모양을 가진 버튼은 영상의 파일명 등으로 원하는 파일을 찾고 싶을 때 사용하는 검색 버튼입니다.

레벨 업 | 스마트 컬렉션과 키워드 컬렉션

▶ **유튜브 동영상 강좌**

스마트 컬렉션/키워드 컬렉션 활용하기
https://youtu.be/tI0ZoM_Sz2I

브라우저 창에서 원하는 영상을 분류하고 쉽게 찾을 수 있는 두 가지 기능을 소개합니다. 바로 스마트 컬렉션과 키워드 컬렉션입니다.

▶ 스마트 컬렉션

스마트 컬렉션은 특정한 조건에 부합하는 영상 또는 미디어들을 추려 내는 기능을 제공합니다.

[그림 1-87]

라이브러리 아래에 있는 스마트 컬렉션의 꺾쇠 버튼을 누르면 기본적으로 생성된 조건들에 대한 스마트 컬렉션을 볼 수 있습니다.

1. All Video: 비디오 파일만 모아서 봅니다.

2. Audio Only: 오디오 파일(배경 음악, 효과음 등)만 모아서 봅니다.

3. Favorites: 브라우저 영상 클립에 선호도를 지정할 수 있는 기능으로 단축키는 F입니다. 영상 클립이 엄청나게 많을 때 유용하지만, 지금은 무시해도 괜찮은 기능입니다. 자세한 사항은 유튜브 동영상 강좌에서 확인해 보도록 합니다.

레벨 업 | 스마트 컬렉션과 키워드 컬렉션

4 Projects: 프로젝트들만 모아서 봅니다.

5 Stills: 영상과 오디오가 아니라 사진(이미지)만 모아서 봅니다.

키워드 컬렉션

미디어 파일을 키워드로 구분하고 지정해서 관리하고 찾아낼 때 활용하는 기능입니다. 키워드 컬렉션은 종종 필요할 때가 있으므로 활용법을 따라 해 보길 바랍니다.

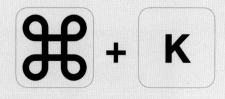

[그림 1-88]

[Mark] 메뉴에서 [Show Keyword Editor]를 클릭합니다. 단축키는 커맨드 + K입니다.

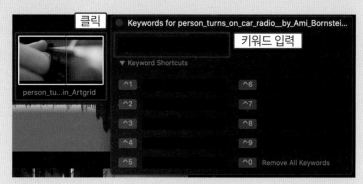

[그림 1-89]

브라우저 창에서 키워드를 삽입하고 싶은 영상을 선택한 다음 키워드 컬렉션을 엽니다. 그런 다음 상단에 키워드를 자유롭게 입력합니다.

레벨 업 | 스마트 컬렉션과 키워드 컬렉션

[그림 1-90]

키워드를 입력하면 아래쪽에 자동으로 키워드가 추가됩니다.

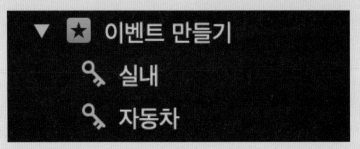

[그림 1-91]

이벤트 항목 아래에 열쇠 모양으로 키워드가 추가됩니다. 이걸 클릭하면, 키워드별로 구분한
미디어들만 추려서 찾아낼 수 있습니다.

 궁금해요   잘못 입력한 키워드는 어떻게 삭제하나요?

> 삭제하고 싶은 키워드에 마우스 클릭으로 커서를 위치한 다음 백스페이스
> (backspace)로 지웁니다.

레벨 업 | 스마트 컬렉션과 키워드 컬렉션

[그림 1-92]

키워드 컬렉션을 삭제하고 싶다면, 원하는 키워드에서 마우스를 우클릭한 후 아래쪽에 나오는 [Delete Keyword Collection]을 클릭합니다.

내 손도 금손으로 만들어 주는
재생 헤드와 스키머

▶ 유튜브 동영상 강좌

재생 헤드와 스키머
https://youtu.be/A8MfM_UwTIU

영상 편집 전에 어떤 장면을 영상에 추가할지 결정해야 합니다. 이 결정을 하려면 동영상을 먼저 살펴보면서 검토하는 과정을 거치는 게 도움이 됩니다. 영상 클립을 하나씩 재생해 보면서 검토하는 방법도 있지만, 모든 영상을 재생하면서 본다면 시간이 오래 걸리므로, 마우스로 빠르게 훑어보면서 작업하는 방식을 추천합니다. 파이널 컷 프로 X의 타임라인에는 기준점이 되는 두 개의 '선'이 있습니다. 바로 재생 헤드(play head)와 스키머(skimmer)입니다.

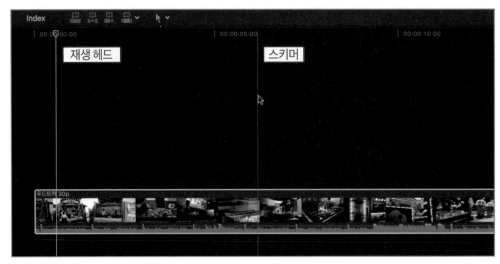

[그림 1-93]

타임라인에 영상을 추가하게 되면 흰색 선과 빨간색 선을 볼 수 있습니다. 여기에서 흰색 선이 바로 재생 헤드입니다. 재생 헤드는 영상 편집에서 기준점이 되는 선으로 영상 편집에서 매우 중요한 역할을 맡습니다. 예를 들어 영상을 잘라 내거나 자막을 추가할 때 이 재생 헤드의 위치에 추가됩니다.

스키머는 마우스를 따라서 움직이는 빨간색 선입니다. 스키머는 마우스를 따라 움직이면서 영상을 미리 볼 수 있도록 도와주고 재생 헤드를 움직이지 않고도 다양한 작업을 할 수 있도록 해 주는 유용한 기능입니다. 재생 헤드를 특정 위치에 고정해 두고 스키머만으로 영상을 훑어볼 수 있습니다. 마우스로 빠르게 훑어보면서 영상을 검토할 때도 도움이 됩니다.

[그림 1-94]

타임라인에 영상을 추가한 다음 스키머를 이용해 마우스를 좌우로 움직이면서 영상을 빠르게 훑어볼 수 있습니다. 영상을 재생해서 보는 것과 속도 차이가 크게 납니다. 1인 미디어 영상은 촬영한 사람과 편집한 사람이 같은 확률이 높습니다. 이때는 자신이 삭수한 부분이나 찾아내야 할 부분을 기억하고 있어 마우스로 훑어보면 훨씬 더 편리합니다.

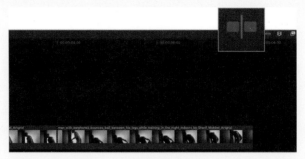

[그림 1-95]

재생 헤드가 빨간색으로 보이지만, 마우스를 따라 움직이는 스키머가 보이지 않는다면, 스키머 기능이 비활성화되어 있어서 그렇습니다. 스키머 기능을 활성화해 주도록 합니다. 타임라인 우측 중앙 부분에 스키머를 활성화하는 버튼이 있습니다. 스키머 기능의 활성화/비활성화 단축키는 S입니다.

▶ 브라우저 창에서 재생 헤드와 스키머 활용하기

[그림 1-96]

타임라인에서뿐만 아니라 브라우저에도 재생 헤드와 스키머가 있습니다.

좌우로 움직이면서 영상을 훑어보세요!

[그림 1-97]

타임라인에 영상을 추가하지 않고 브라우저 창에서 스키머를 이용해 영상을 미리보기로 훑어보는 것도 가능합니다. 타임라인에 추가하기 전에 원하는 영상 부분을 찾아서 적절한 부분만 타임라인에 추가한다면, 영상 편집이 훨씬 수월해집니다.

궁금해요 브라우저에서 원하는 부분만 넣고 싶어요

브라우저에서 스키머를 활용해 원하는 부분을 드래그해서 선택한 다음, 마우스로 타임라인에 추가합니다.

초보탈출 | 정확한 영상 편집을 도와줄 스내핑 기능

타임라인에서 영상 편집의 효율성을 극적으로 개선해 줄 스내핑(snapping) 기능을 소개합니다. 파이널 컷 프로 X 사용자라면, 반드시 활성화해야 하는 기능으로 영상의 특정 부분을 정확하게 잡을 수 있도록 도와주는 기능입니다.

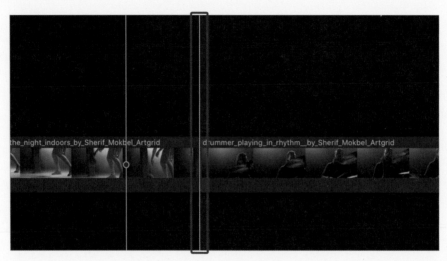

[그림 1-98]

영상과 영상 사이 또는 화면 전환 효과의 시작 부분, 자막의 시작 부분 또는 끝부분 등 특정 부분에 마우스를 정확하게 가져다 놓으려면 어떻게 해야 할까요? 마우스를 이용해 잘린 부분 근처에 갔을 때, 자석처럼 자동으로 붙는다면 좋을 겁니다. 이렇게 자석처럼 시작 또는 끝부분에 달라붙는 기능이 바로 스내핑 기능입니다.

[그림 1-99]

타임라인 우측 가운데 부분에 스내핑 기능을 활성화하는 버튼이 있습니다. 이 버튼을 클릭하여 꼭 활성화해 두고 편집을 시작합니다. 영상 편집이 훨씬 수월해질 겁니다. 스내핑 기능의 단축키는 N입니다.

보면서 편집하자!
영상을 재생하는 5가지 방법

눈을 감은 상태에서 영상을 편집하는 일은 쉽지 않을 겁니다. 마찬가지로 우리가 파이널 컷 프로 X
에서 영상을 편집할 때, 동영상이 현재 어떻게 보이고 어떻게 작업이 되어 결과물로 나와 있는지를
미리 보면서 편집해야만 합니다. 즉, 영상을 자주 재생하면서 검토하고 편집을 이어 가야 합니다.
파이널 컷 프로 X에서 편집된 영상을 재생하는 5가지 방법을 소개합니다. 기능은 똑같으므로 편리
한 방법으로 익혀 둡니다.

1. 단축키로 재생하기

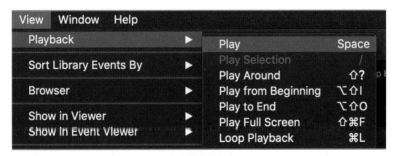

[그림 1-100]

기본적으로 파이널 컷 프로 X에서 영상을 재생하려면, [View] 메뉴에서 [Playback]으로 들어간 다음 [Play]를 클릭해야 합니다. 그런데 이렇게 3단계를 거쳐서 영상을 재생하는 건 비효율적입니다. 영상 재생은 편집 과정에서 매우 자주 일어나는 상황이므로 단축키를 활용하는 게 좋습니다. 단축키를 통해 재생하는 방법은 가장 간편하면서도 많이 사용되는 기술입니다.

Space

[그림 1-101]

타임라인 또는 브라우저에서 영상을 재생하는 단축키는 스페이스(Space)입니다. 자주 사용하는 단축키이므로 꼭 손에 익혀 두도록 합니다.

꿀팁

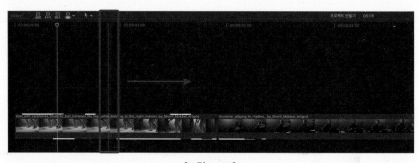

[그림 1-102]

타임라인에서 영상 재생은 스키머 위치를 기준으로 시작됩니다. 스키머가 없을 때는 재생 헤드를 기준으로 재생됩니다.

2. 재생 버튼으로 재생하기

단축키가 아니라 마우스로 클릭하여 재생하고 싶다면, 뷰어 아래쪽에 있는 재생 버튼을 클릭합니다. 이때는 스키머가 없으므로 재생 헤드를 기준으로 재생됩니다.

[그림 1-103]

▶ 3. 영상을 처음부터 재생하기

영상을 편집하다 보면 처음부터 보고 싶을 때가 있습니다. 그런데 이럴 때마다 스키머를 영상 앞부분까지 옮겨서 재생하게 되면 대단히 불편합니다. 긴 영상을 편집할 때 또는 타임라인을 확대해서 세밀하게 편집하는 와중이라면, 첫 부분으로 되돌아가려면 타임라인을 다시 축소해야 합니다. 이 때는 타임라인 축소 없이 영상을 처음부터 재생하고, 재생이 끝나면 다시 재생 헤드의 위치로 화면을 옮겨 주는 유용한 기능을 활용합니다.

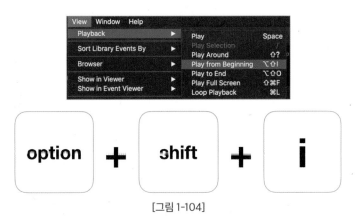

[그림 1-104]

메뉴에서 [View]로 들어간 다음 [Playback] - [Play from Beginning]을 클릭하거나 단축키를 클릭합니다. 단축키는 옵션 + 시프트 + I입니다. 이 단축키는 유용하게 활용될 때가 많으므로 이번 기회에 손에 익혀 두도록 합니다.

◗ 4. 영상을 반대로 재생하고 싶다면? J, K, L키

파이널 컷 프로 X에서 재미있는 영상 재생 기능이 있습니다. J, K, L키를 이용해 재생하는 방법입니다. 가운데 K키를 기준으로 왼쪽에 J가 있고 오른쪽에 L이 있습니다. 따라서 [그림 1-105]와 같이 재생 기호를 기억해 두면 도움이 됩니다.

[그림 1-105] J, K, L키의 재생 기호

K키는 영상 재생을 멈추는 키입니다. L키는 영상을 재생하는 키입니다. J키는 영상을 반대로 재생하며 미리 볼 수 있도록 해 주는 기능입니다.

 꿀팁

J키와 L키를 여러 번 누르면 재생 속도를 빠르게 할 수 있습니다. 가령, L키를 두 번 누르면 영상이 2배속으로 재생되며, 3번 누르면 4배속으로 재생됩니다. J키도 영상이 반대로 재생되는데, 두 번 누르면 2배속으로 반대 재생됩니다. 영상을 조금 빠르게 훑어보고 싶을 때 활용하도록 합니다.

🔳 5. 선택한 클립의 첫 부분부터 재생하기

현재 편집하고 있는 영상 클립, 선택한 영상 클립의 첫 부분부터 재생하는 방법도 있습니다.

[그림 1-106]

[View] 메뉴에서 [Playback] - [Play Selection]을 클릭하거나 단축키 슬래시(/)를 누릅니다. 단축키
가 단순하므로 단축키 활용을 권장합니다.

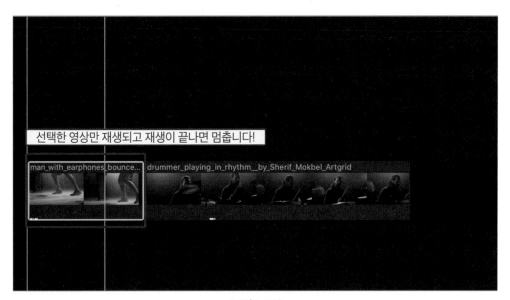

[그림 1-107]

타임라인에서 선택된 클립의 첫 부분부터 선택한 클립의 끝부분까지만 재생됩니다.

PART 1에서 파이널 컷 프로 X의 기본 구성 요소들을 살펴보았다면 이제 실제로 영상을 편집해 볼 차례입니다. 어떤 작업에서건 기본과 기초가 중요하듯이 이번 챕터에서 배우는 내용도 영상 편집에서 아주 중요합니다. 파이널 컷 프로 X에서 실제로 영상을 편집하는 13단계를 살펴보면서 영상 편집의 순서와 개념을 잡아 본 다음 앞으로 영상 편집에서 가장 많이 사용하게 될 컷 편집 방법을 알아봅니다. 더불어 파이널 컷 프로 X에서 필요한 기초적인 편집 방법도 함께 배워 봅니다.

영상 편집의 기본!
컷 편집과 기초 편집

파이널 컷 프로 X에서 실제로 영상을 편집하는 흐름 13단계

이번 장에서는 영상 편집의 흐름에 대한 개념을 잡기 위해 먼저 편집 순서를 알아봅니다. 어떤 순서로 편집을 진행해야 하는지 알고 있으면 단계별로 해야 할 일을 명확하게 알 수 있고 순서가 꼬여서 편집이 번거로워지는 일을 사전에 방지할 수 있습니다. 대략적으로만 알고 있어도 도움이 되는 내용이므로 가벼운 마음으로 공부해 보도록 합니다.

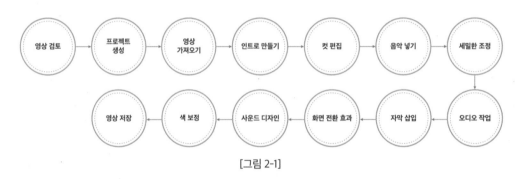

[그림 2-1]

1. 촬영한 영상 검토: 촬영한 원본 영상을 검토합니다. 불필요한 부분을 파이널 컷 프로 X에 포함하지 않도록 합니다. 가령, NG가 난 원본 영상을 삭제하는 등의 작업을 진행합니다.

2. 라이브러리, 이벤트, 프로젝트 생성: 영상을 편집하기 위해 파이널 컷 프로 X에서 프로젝트를 만듭니다.

3. 파이널 컷 프로 X으로 편집할 영상 가져오기: 편집할 원본 촬영 영상을 파이널 컷 프로 X으로 가져옵니다. (임포트)

4. 인트로 만들기: 영상의 도입 부분을 만듭니다. 별도로 제작한 인트로 영상을 넣거나 제작하려는 영상에 잘 어울리는 인트로를 별도로 만듭니다.

5. 컷 편집: 영상 편집의 기본이 되는 컷 편집을 진행합니다.

6 음악 넣기: 삽입 동영상에 어울리는 음악을 고르고 삽입합니다.

7 세밀한 화면 조정(TRIM): 영상 화면을 세밀하게 조정합니다. 이때 배경 음악과 잘 어우러지도록 세밀하게 화면을 조정합니다.

8 오디오 작업(볼륨 조절 등): 배경 음악, 녹음한 목소리 등 볼륨을 조절하여 원하는 오디오가 나올 수 있도록 만져 줍니다.

9 자막 삽입: 영상에 필요한 자막을 넣습니다.

10 화면 전환 효과 넣기: 분위기를 이어 갈 화면 전환 효과를 삽입합니다.

11 사운드 디자인(효과음 추가 등): 특정 구간 또는 화면 전환 효과 등에 들어갈 효과음 등을 넣어 전체적으로 훌륭한 사운드를 가진 영상으로 만들어 봅니다.

12 색 보정: 색상을 조절하여 영상을 더욱 예쁘게 만듭니다.

13 편집한 영상 저장: 편집한 영상을 저장합니다.

 꿀팁

위 순서와 내용은 대략적인 작업 순서이며 파이널 컷 프로 X으로 영상을 편집할 때 전체적인 흐름을 먼저 살펴볼 수 있도록 정리한 겁니다. 일부를 건너뛰거나 작업하지 않을 수도 있습니다. 가령, 인트로를 만들지 않고 바로 컷 편집을 진행할 수도 있습니다.

모든 편집자가 똑같은 순서로 편집하는 것은 아닙니다. 예를 들어 인트로를 마지막에 만들 수도 있으며 색 보정을 먼저 하고 자막을 나중에 넣을 수도 있습니다. 순서에 너무 연연할 필요는 없다는 사실을 기억하길 바랍니다. 전체적인 흐름을 참고하는 용도로 활용하도록 합니다.

컷 편집!
불필요한 부분을 잘라 내자

유튜브 동영상 강좌

파이널 컷 프로 X 컷 편집 완전 정복
https://youtu.be/HTC0x9aKQEQ

영상 편집 작업은 영상 제작의 꽃이라고 불립니다. 그만큼 중요하다는 의미입니다. 영상 편집 안에서 다시 중요한 걸 꼽으라면 컷 편집입니다. 컷 편집은 영상을 자르고 붙이는 작업이며 영상 편집이라고 하는 일의 대표 아이콘입니다. 동영상 편집이라는 큰 틀을 요약하면, 영상을 자르고 붙이는 작업입니다. 컷 편집만 잘해도 영상 편집의 금손이 될 수 있다는 사실! 이번 장에서는 불필요한 부분을 잘라 내고 여러 가지 방법으로 영상을 이어 줄 컷 편집 방법에 대해 알아봅니다. 컷 편집은 가장 기본적이면서도 중요한 부분이므로 더 상세하게 살펴봅니다.

 꿀팁

앞서 소개한 대로 파이널 컷 프로 X의 특장점 중 하나는 '마그네틱 타임라인'입니다. 즉, 잘라 내고 남은 부분을 편집자가 별도로 붙이는 작업을 하지 않아도 자동으로 뒤에 따라붙는 방식입니다. 따라서 파이널 컷 프로 X에서 컷을 편집한다면, 따로 붙이는 작업 없이 잘라 내는 작업만으로 충분합니다. 영상 편집 시간을 절약할 수 있는 건 덤입니다.

블레이드 툴로 컷 편집하기

[그림 2-2]

먼저 편집할 영상을 불러온 다음 타임라인에 넣어 줍니다.

[그림 2-3]

타임라인 위의 마우스 버튼을 클릭하면 다양한 단축 메뉴가 나타납니다. 여기에서 가운데 부분에 있는 면도칼 모양의 블레이드(Blade) 툴을 선택합니다. 블레이드 툴을 선택하면, 마우스의 모양이 면도칼 모양으로 바뀝니다.

과거 디지털카메라가 아닌 필름 카메라로 촬영할 때는 촬영본의 필름을 펼쳐 놓고 작업했습니다. 이때 불필요하거나 NG가 난 장면을 삭제하고 싶을 때, 필름을 면도칼 등으로 잘라 내면서 컷을 편집했습니다. 이렇게 잘라 낸 부분을 버리고 나머지 부분을 접착제 등으로 붙여서 필름을 이어 가는 방식으로 편집했습니다. 영상을 잘라 내는 블레이드 툴의 면도칼 모양 아이콘은 이런 방식을 참고하여 만들어졌습니다.

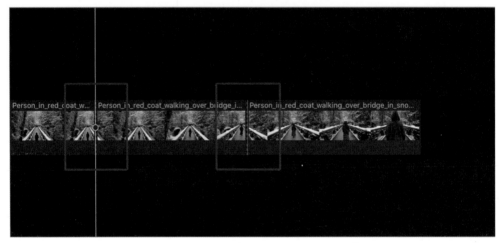

[그림 2-4]

이제 블레이드 툴을 이용해 타임라인에 올려진 영상에서 자르고 싶은 부분을 클릭하여 자릅니다.

단축키로 컷 편집 쉽게 하기

영상을 자르고 붙이는 작업을 반복할 때, 블레이드 툴은 마우스로 3번을 클릭해야 해서 효율이 떨어집니다. 이때는 단축키를 활용하여 영상 편집 시간을 대폭 단축할 수 있습니다. 블레이드 툴의 단축키는 B입니다. 그리고 기본 마우스 선택인 셀렉트(Select)의 단축키는 A입니다.

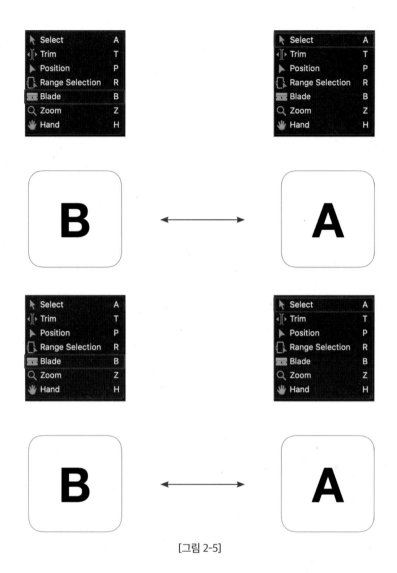

[그림 2-5]

이 단축키를 활용하여 A와 B를 번갈아 가면서 클릭하고 마우스로 원하는 부분을 잘라 내는 작업을 이어 갑니다.

 꿀팁

블레이드 툴 단축키 B와 셀렉트 단축키 A는 매우 자주 사용되는 단축키입니다. 반드시 손에 익혀 두도록 합니다.

레벨 업 │ 컷 편집에서 단축키를 더 효과적으로 사용하기

파이널 컷 프로 X에서 기본적인 컷 편집은 블레이드 툴로 영상 자르기 → 셀렉트 툴로 마우스 커서 변경 → 불필요한 부분 지우기, 다시 블레이드 툴로 영상 자르고 셀렉트 툴로 불필요한 부분 선택 후 지우기...의 반복입니다. 이게 계속 반복되는 것이 바로 컷 편집이라고 할 수 있습니다. 그런데 이렇게 단축키로 B와 A를 번갈아 가면서 클릭하는 것도 번거로울 때가 있습니다. 영상을 잘라 내자마자 자동으로 셀렉트 툴(A)로 되돌아가는 방법도 있습니다.

꾹~ 누르기

[그림 2-6]

마우스가 셀렉트(A)인 상태에서 단축키 B를 한 번만 누르는 게 아니라 꾹~ 누르고 있으면 블레이드 툴로 마우스가 바뀝니다. 이 상태에서 영상의 원하는 부분을 클릭하여 잘라 낸 다음, 키보드에서 손을 떼면 자동으로 마우스가 이전 상태(여기에서는 셀렉트)로 되돌아갑니다. 매우 유용한 기능이므로 손에 익혀 두길 바랍니다.

불필요한 부분을 삭제하기

우리가 영상을 컷 편집을 활용해서 잘라 내는 이유는 불필요한 부분을 찾아서 지우기 위함입니다. NG가 난 부분이나 잘못 촬영된 부분을 삭제해야 합니다. 파이널 컷 프로 X에서는 불필요한 부분을 블레이드 툴로 먼저 잘라 낸 다음 그 부분만 삭제하면 마그네틱 타임라인으로 인해 자동으로 뒤에 영상이 붙으므로, 별도로 붙여 주는 작업을 하지 않고 잘라 낸 다음 지우는 작업만 합니다.

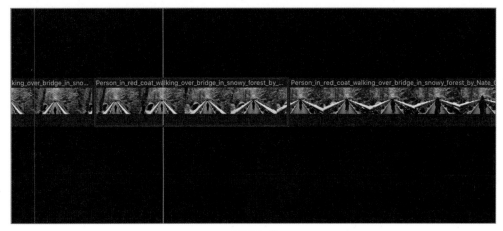

[그림 2-7]

지우고 싶은 잘린 부분을 마우스로 선택합니다. 선택된 영상 클립은 노란색 테두리가 생깁니다.

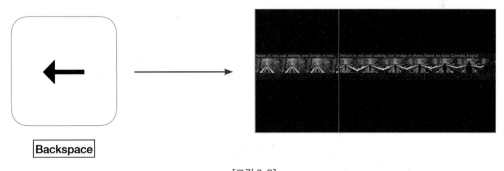

[그림 2-8]

이제 백스페이스(지우기 버튼)로 해당 영상 클립을 삭제합니다.

▶ 영상을 재생하면서 자르기

영상이 멈춰진 상태에서 컷 편집을 진행하는 것이 아니라 영상을 보면서 컷 편집을 하는 작업, 그러니까 영상을 재생시켜 두고 눈으로 보면서 컷을 편집하는 방법도 있습니다.

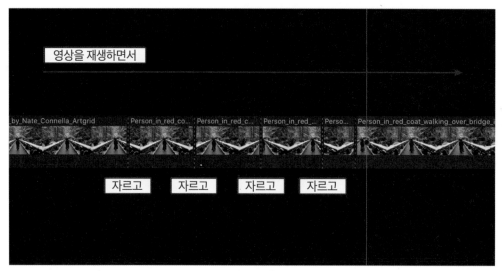

[그림 2-9]

우선 파이널 컷 프로 X의 타임라인에 영상을 올려 두고 영상을 재생합니다. 재생 헤드가 움직이면서 영상이 재생됩니다. 자르고 싶은 부분에 재생 헤드가 있을 때 단축키 커맨드(Command) + B를 누르면 재생 헤드 부분에서 영상이 컷 됩니다. 영상을 재생하면서 자르고 싶을 때 사용하는 단축키는 커맨드(Command) + B입니다.

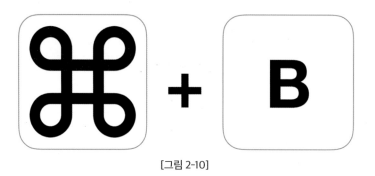

[그림 2-10]

초보탈출 | 잘라 낸 경계 부분을 체크하자!

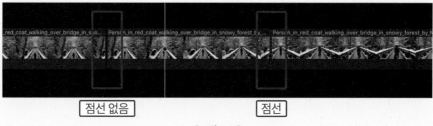

[그림 2-11]

영상을 자르면서 편집하다가 보면 영상과 영상 사이의 경계선 모양이 다른 걸 볼 수 있습니다. 자세히 보면 보입니다. 어떤 경우에는 점선이 없고, 어떤 경우에는 점선으로 되어 있습니다. 이 점선은 무슨 뜻인지 알아봅니다.

점선은 실제로 영상의 프레임이 이어져 있다는 뜻입니다. 즉, 잘라 내면서 분리되긴 했지만, 프레임이 이어져 있으므로 잘리지 않은 것과 똑같은 결과라는 뜻입니다. 실제로 재생해 보면 영상이 이어서 재생되는 걸 볼 수 있습니다. 정리하자면, 점선이면 영상이 계속 이어진 형태이고, 점선이 아니면 가운데 부분이 제거되는 등으로 프레임이 이어지지 않았다는 뜻입니다.

점선이 있으면, 분리된 두 개의 클립을 다시 하나로 결합할 수도 있습니다.

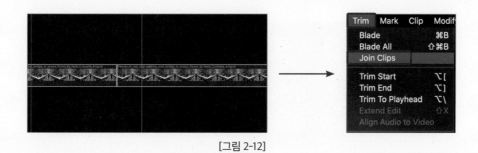

[그림 2-12]

분리된 두 개의 클립을 마우스로 같이 선택해 준 다음 메뉴에서 [Trim] - [Join Clips]를 선택합니다. 이렇게 해 주면 분리된 클립을 다시 분리되지 않은 상태로 만들 수 있습니다.

영상 클립 순서를
내 마음대로 바꾸기

컷 편집을 직접 따라 해 봅니다. 그렇다면 알 수 있는 사실 한 가지가 있습니다. 영상 편집은 마치 블록을 조립하듯 만들어진다는 점입니다. 영상 클립들을 자르고 붙이고 하는 과정에서 모으고, 쌓고, 붙이고, 조립하는 방식이 곧 영상 편집이라고 할 수 있습니다. 우리가 영상 편집자라고 가정한다면, 조립할 때 내가 원하는 대로 만들 수 있어야 합니다. 파이널 컷 프로 X에서 타임라인의 영상 클립들을 어떻게 내 마음대로 배치할 수 있는지 알아봅니다.

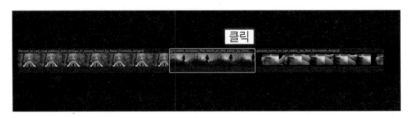

[그림 2-13]

위치를 바꾸고 싶은 영상 클립을 클릭하여 선택합니다. 해당 영상 클립에 노란색 테두리가 생깁니다.

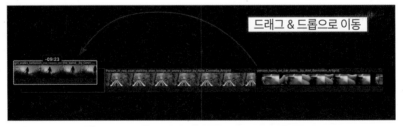

[그림 2-14]

선택한 클립을 마우스로 잡은 상태에서 드래그 & 드롭으로 원하는 위치로 옮겨 줍니다. 이렇게 하면 영상 클립의 순서를 마음껏 바꿀 수 있습니다. 앞으로도 갈 수 있고, 뒤로 보낼 수도 있습니다. 영상이 잘린 곳이라면 어디든 배치할 수 있습니다.

영상을 타임라인에 추가할 때 순서 정하기

영상 클립을 타임라인에 가져온 후에 드래그 & 드롭으로 순서를 바꾸는 게 아니라 브라우저에서 타임라인으로 추가할 때 순서를 미리 지정하는 것도 가능합니다. 파이널 컷 프로 X에서는 4가지 기능을 제공합니다. 파이널 컷 프로 X 학습을 위해서 하나씩 알아봅니다.

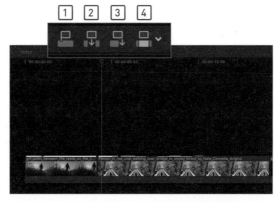

[그림 2-15] 파이널 컷 프로 X 영상 추가할 때 순서를 정하는 4가지 기능

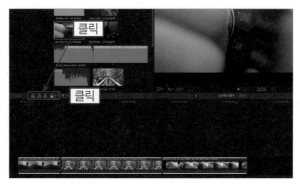

[그림 2-16]

[그림 2-15] 기능을 사용하고 싶다면, 브라우저에서 삽입하고 싶은 영상을 클릭한 후 해당 버튼을 누릅니다.

1. 다른 영상에 연결하기

첫 번째 버튼은 다른 영상에 추가할 영상을 연결하는 기능입니다. 클릭하면 재생 헤드 위치에 영상이 추가되는데, 독특하게 다른 영상 위에 중첩으로 추가됩니다.

[그림 2-17]

다른 영상에 중첩으로 추가되는 게 무슨 의미가 있는지를 이해하려면, 영상에 다른 객체를 연결하는 개념인 연결 포인트에 대해 알아야 합니다. 연결 포인트는 뒤에서 자세히 설명합니다. 여기에서는 '영상을 이중으로 배치하는 기능이다.'로 이해하면 쉽습니다. 단축키는 Q입니다.

2. 영상 사이에 삽입하기

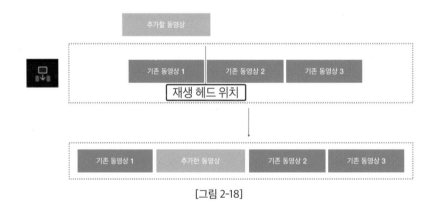

[그림 2-18]

영상 사이에 삽입하기 기능은 이름 그대로 추가할 영상을 타임라인 어딘가에 삽입하는 기능입니다. 삽입은 재생 헤드 위치에 추가됩니다. 만약 재생 헤드의 위치가 영상 클립과 영상 클립 사이라면, 자르는 기능 없이 사이에 쏙~ 들어갑니다. 그런데 만약 재생 헤드의 위치가 영상 클립 사이가 아니라 영상 중간 어디쯤이라면 어떻게 되는지 알아봅니다. 단축키는 W입니다.

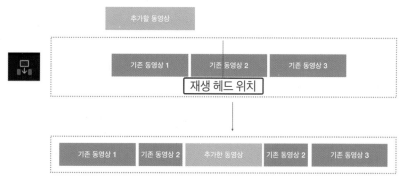

[그림 2-19] 기존 동영상 2번이 두 개로 분리된 모습

영상 사이에 재생 헤드를 위치하고 삽입하기를 선택하면, 기존에 있던 동영상이 자동으로 두 개로 분리(블레이드)된 후 그 사이에 삽입됩니다. 따라서 삽입 기능을 사용할 때는 불필요하게 영상이 잘리지 않도록 재생 헤드의 위치에 신경 써야 합니다.

3. 덧붙이기

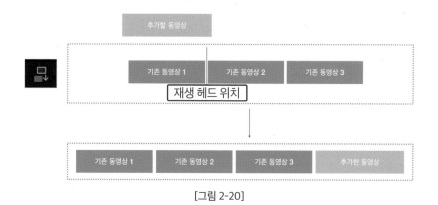

[그림 2-20]

세 번째 버튼인 덧붙이기는 추가할 영상을 타임라인 제일 끝에 붙이는 기능입니다. 재생 헤드의 위치와는 상관없이 무조건 타임라인 제일 끝에 추가됩니다. 제일 끝에 추가되므로 기존 영상에 영향을 주지 않아 실제 영상 편집 작업에서 종종 사용되는 기능입니다. 단축키는 E입니다.

4. 덮어쓰기

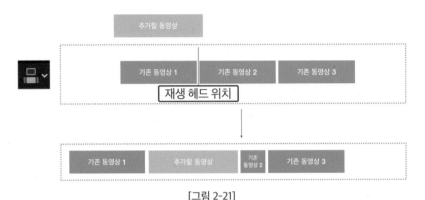

[그림 2-21]

덮어쓰기 기능은 추가할 동영상의 길이만큼 타임라인을 덮어씌우는 기능입니다. 재생 헤드 위치 기준으로 적용되며 추가할 동영상의 길이만큼 기존 타임라인에 있던 영상이 지워집니다.

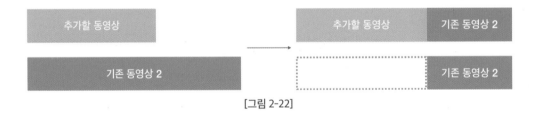

[그림 2-22]

덮어쓰기 기능은 타임라인에 있던 기존의 영상을 지우면서 추가할 영상이 삽입되므로 신중하게 결정해야 합니다. 이름 그대로 덮어씌우는 기능입니다. 단축키는 D입니다.

 꿀팁

실제 작업에서 덮어쓰기 기능은 특수한 상황이 아니라면 잘 사용되지 않으며, 사용을 권장하지 않습니다. 추가하는 영상의 길이만큼 타임라인의 영상이 사라져 기존 작업물이 사라지는 결과가 나타납니다. 덮어씌우기와 비슷한 작업이 필요하다면, 차라리 컷 편집을 통해 기존 영상을 삭제하고 그 사이에 추가할 영상을 삽입하는 게 훨씬 간단하며 작업하기에도 수월합니다.

레벨 업 | 드래그 & 드롭으로 영상 클립 순서 정하기

타임라인에 영상을 추가할 때 순서 지정하는 4가지 기능을 알아봤습니다. 그러나 이렇게 버튼을 활용하면 직관성이 떨어지니 타임라인에 영상을 추가할 때도 드래그 & 드롭 방식을 추천합니다. 덮어쓰기 기능 외에는 모든 기능을 마우스로 적용할 수 있습니다. 이렇게 마우스로 추가하는 방법이 훨씬 편할 겁니다.

[그림 2-23]

삽입하기 버튼을 사용하지 않고, 마우스로 드래그 & 드롭하여 원하는 위치에 넣어 주면 삽입하기 기능과 똑같은 효과가 납니다.

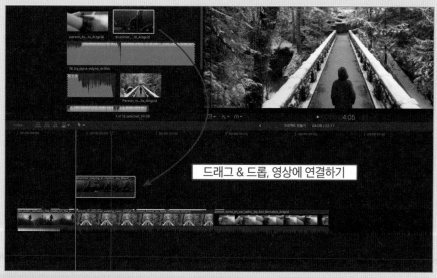

[그림 2-24]

레벨 업 | 드래그 & 드롭으로 영상 클립 순서 정하기

다른 영상에 연결하는 기능은 추가할 영상을 타임라인에 있는 기존 영상 위에 살짝 올려 주기만 합니다.

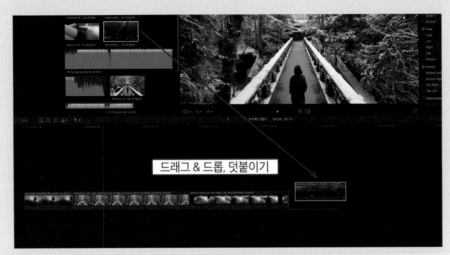

[그림 2-25]

덧붙이기 기능 역시 브라우저에서 추가할 영상을 마우스로 드래그 & 드롭하여 타임라인 제일 끝에 넣어 주는 방식과 똑같습니다. 따라서 억지로 버튼의 기능을 외우거나 할 필요는 없습니다. 버튼은 참고로 알아 두고 실제 작업에서는 마우스로 드래그 & 드롭을 활용해 추가, 순서 변경 등의 작업을 진행하도록 합니다. 영상 편집 시간을 절약할 수 있습니다.

영상 편집 시간을 단축시켜 줄 TRIM 기능

▶ 유튜브 동영상 강좌

파이널 컷 프로 X TRIM 완전 정복
https://youtu.be/Fajol-Evu78

TRIM(트림)은 다듬는다는 의미가 있습니다. 영상 편집에서 TRIM이라고 하면, 영상을 세밀하게 조정한다는 뜻입니다. 즉, 영상 클립을 세밀하게 다듬는 일입니다. 파이널 컷 프로 X에서도 TRIM 기능이 강력해 잘 사용한다면 영상 편집 시간을 단축할 수 있습니다. 가장 기본적이면서도 유용한 TRIM 사용법 2가지를 소개합니다.

▶ 영상 클립의 끝부분 TRIM 하기

어떤 영상이든 영상 클립에는 제일 앞부분과 제일 끝부분이 있습니다. 이 앞부분과 끝부분, 그러니까 양 끝부분에 마우스를 올려 보면 마우스 모양이 바뀌는 걸 볼 수 있습니다.

[그림 2-26]

영상 클립 앞부분에서는 오른쪽으로 펼쳐진 모양이, 끝부분에서는 왼쪽으로 펼쳐진 모양이 나옵니다.

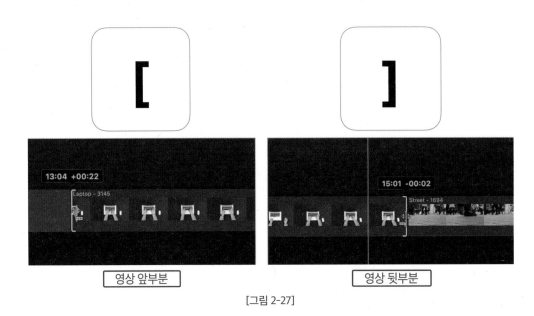

[그림 2-27]

쉽게 이해하면서 기억할 수 있도록 대괄호([ ])라고 생각하면 기억하기 쉽습니다.

이제 이 양 끝부분에 있는 바뀐 마우스 모양을 잡고 클립을 조정할 수 있습니다. 앞부분을 오른쪽으로 당기면 영상의 앞부분이 지워집니다. 영상의 뒷부분을 잡고 왼쪽으로 움직이면 영상의 뒷부분이 지워집니다.

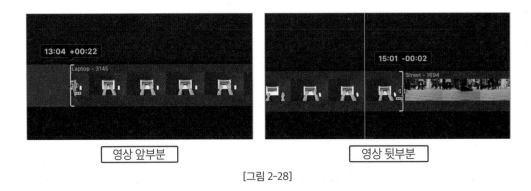

[그림 2-28]

지운 후 다시 TRIM 하면 원상 복구할 수 있습니다. 원본 영상의 길이만큼 늘릴 수 있습니다.

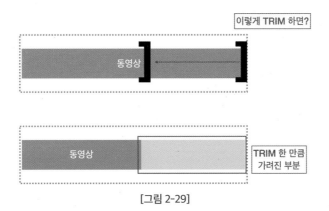

[그림 2-29]

컷 편집과 TRIM 방식 모두 기존 영상을 삭제하지 않으면서 눈에 보이지 않도록 만드는 방식입니다. 따라서 TRIM으로 영상을 줄인다고 해도 다시 늘릴 수 있습니다. 컷 편집된 영상 클립을 TRIM으로 늘릴 수도 있습니다. TRIM은 주로 세밀하게 편집하는 방식이므로 타임라인을 확대해 놓고 편집하는 걸 추천합니다. 타임라인 확대·축소 방법은 다음 장에서 자세히 다룹니다.

 꿀팁

다른 영상 편집 프로그램에서는 TRIM으로 영상 클립을 줄이면, 공간이 생기고 그 공간을 채워 주어야 합니다. 이와 달리 파이널 컷 프로 X은 마그네틱 타임라인의 특성으로 TRIM으로 영상 클립을 줄이는 동시에 뒤에 있는 클립들이 붙어서 따라오는 형태입니다.

따라서 파이널 컷 프로 X에서는 영상 클립을 TRIM 하면 영상 클립이 짧아지거나 늘어나므로 전체 동영상의 길이도 함께 바뀝니다.

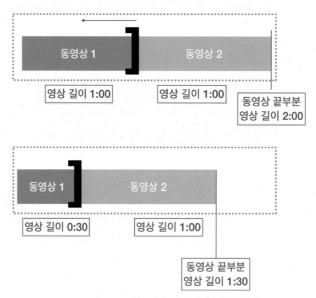

[그림 2-30] TRIM 하면 전체 영상의 길이가 바뀝니다

예를 들어 TRIM으로 영상의 길이를 줄이면 전체 영상의 길이가 줄어들고, TRIM으로 영상을 늘리면 전체 영상의 길이가 늘어납니다. 컷 편집으로 영상을 잘라 낸 후 삭제하는 방법과 똑같다고 볼 수 있는데, 양 끝부분일 때는 좀 더 수월하게 작업하는 방식입니다.

▶ 영상의 길이를 조정하지 않으면서 내용물만 TRIM 하기

TRIM의 두 번째 기능, 그리고 아주 강력하고 재미있는 기능은 영상 클립의 길이를 조절하지 않으면서 안에 내용물만 움직이는 방식입니다. 이 기능은 필자가 굉장히 자주 사용하는 기능으로 강력 추천하는 편집 기법입니다. 예를 들어 음악에 딱 맞춰 준 영상 클립이 있는데, 나중에 봤더니 중요한 부분이 나오지 않아서 영상을 좀 움직여야 할 수 있습니다. 이럴 때 영상의 끝부분을 늘리고, 앞부분을 줄이면 음악에 딱 맞춰 둔 영상 클립 길이가 바뀌면서 전체의 싱크가 안 맞습니다. 이럴 땐 TRIM 기능으로 세밀하게 내용물만 조정합니다.

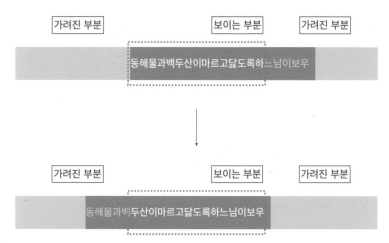

[그림 2-31] 길이 조절 없는 TRIM 작업의 개념도

보이는 부분의 영상 클립 길이를 바꾸지 않으면서 내용물만 좌우로 움직이는 방법입니다. 이 기능은 매우 유용하니 꼭 연습해 두도록 합니다.

[그림 2-32]

선택 도구에서 TRIM을 클릭합니다.

[그림 2-33]

TRIM의 단축키는 T입니다. 자주 사용하는 기능이니 외워 두길 바랍니다.

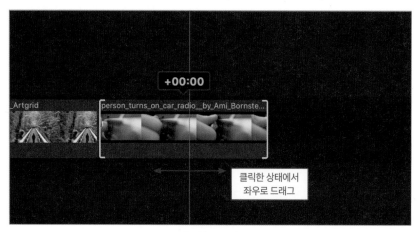

[그림 2-34]

이제 TRIM 하고 싶은 영상을 클릭한 상태에서 마우스를 좌우로 움직이면서 원하는 구간이 나타날 때까지 맞춰 줍니다.

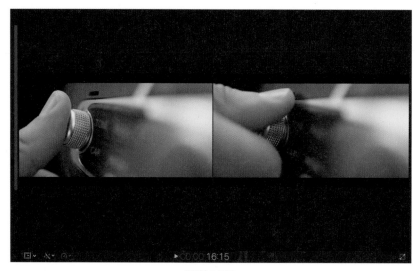

[그림 2-35]

TRIM을 선택하고 마우스로 움직여 보면 뷰어 화면이 두 개로 나뉘어 나타나는 걸 볼 수 있습니다. 이때의 뷰어에서는 TRIM 했을 때, 해당 영상 클립의 첫 부분과 끝부분이 어떻게 보이는지를 미리 보여 주는 역할을 합니다. 따라서 TRIM을 할 때, 뷰어 창을 보면서 작업하면 좀 더 정확한 결과를 얻을 수 있습니다.

TRIM 기능은 영상 편집 시간을 단축하고 영상 편집의 효율을 극대화할 때 반드시 필요한 기능입니다. 자유롭게 사용할 수 있도록 충분히 연습해 봅니다. 이런 TRIM 작업을 '트리밍'이라고 부르기도 합니다.

[그림 2-36]

마우스가 아닌 키보드를 활용해 더 세밀한 TRIM을 하고 싶다면 TRIM 하고 싶은 끝부분을 클릭한 후 키보드 단축키 ,(콤마) 또는 .(마침표)를 이용합니다. 1프레임 단위로 TRIM을 할 수 있습니다. ,(콤마)는 왼쪽으로 1프레임 TRIM 합니다. .(마침표)는 오른쪽으로 1프레임 TRIM 합니다.

[그림 2-37]

만약, 10프레임씩 움직이고 싶다면, Shift 키를 추가로 누릅니다.

타임 코드를 이용하여
영상 클립 길이 조절하기

파이널 컷 프로 X 뷰어 창 아래에는 타임 코드라고 부르는 시간이 표시된 공간이 있습니다. 영상에서 시간은 대단히 중요한 요소이므로 이 타임라인을 활용하는 방법에 대해 알아봅니다.

▶ 타임 코드란?

[그림 2-38] 파이널 컷 프로 X의 타임 코드

타임 코드란 파이널 컷 프로 X 뷰어 창 아래에 배치된 시간을 나타내는 코드 형태의 수치입니다. 이 타임 코드는 동영상의 전체 시간을 검토하거나 각 영상 클립의 시간을 확인할 때 사용할 수 있어서 유용합니다. 타임 코드는 다음과 같은 형태로 나타납니다.

시간 분 초 프레임

0:00:00:00

[그림 2-39]

제일 앞부분은 '시간'을 나타냅니다. 두 번째는 '분'을 나타내고 세 번째는 '초'를 나타냅니다. 마지막 부분은 바로 영상의 '프레임'을 나타냅니다. 이 타임 코드는 재생 헤드의 위치를 기준으로 표시됩니다.

[그림 2-40]

예를 들어, [그림 2-40]처럼 타임 코드에 9:09라고 표시되어 있다면, 현재 재생 헤드의 위치가 영상의 9초 9번째 프레임에 있다는 뜻입니다. 파이널 컷 프로 X에서 영상을 재생해 보면 재생 헤드가 움직이면서 아래의 타임 코드가 같이 변화하는 걸 볼 수 있습니다.

[그림 2-41]

이 타임 코드를 클릭한 후 원하는 수치를 입력하면 재생 헤드를 입력한 부분으로 이동시킬 수 있습니다. 예를 들어 타임 코드 부분을 마우스로 클릭한 후 '510'이라고 입력한 후 엔터글 누르면, 5초 10번째 프레임으로 재생 헤드가 이동합니다.

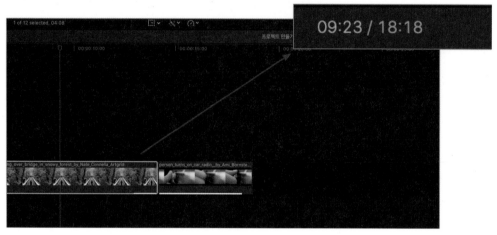

꿀팁

타임 코드에서 1초는 프로젝트의 프레임 레이트 설정에 따라 달라집니다. 가령, 30프레임으로 프로젝트를 설정했다면, 30프레임째에 1초가 됩니다. 60프레임으로 설정하면 60프레임째에 1초가 되며, 24프레임은 24번째 프레임마다 1초씩 늘어납니다.

뷰어 창 아래에 표시되는 타임 코드는 재생 헤드의 위치입니다. 내가 선택한 영상 클립의 길이를 보고 싶다면 어떻게 해야 하는지 알아봅니다.

[그림 2-42]

영상 클립을 클릭하면 타임 코드 아래에 또 다른 타임 코드가 나옵니다. 노란색 부분이 현재 선택된 영상의 총 길이를 보여 줍니다. [그림 2-42]에선 선택한 영상의 총 길이가 9초 23프레임입니다. (24프레임 편집 기준) 슬래시 뒤에 나오는 시간은 타임라인에 올려진 영상의 총 길이를 표시합니다. [그림 2-42]에선 영상의 총 길이가 18초 18프레임이라는 사실을 알 수 있습니다.

영상을 선택 후 나타나는 타임 코드는 아래와 같은 형태로 나타납니다.

선택한 영상 클립의 길이   전체 영상의 길이

0:00:00:00   /   0:00:00:00

[그림 2-43]

◗ 타임 코드를 이용해 영상 클립 길이 조절하기

이제 타임 코드를 이해했으니 타임 코드를 활용하여 영상의 길이를 조절해 봅니다.

[그림 2-44]

먼저 길이를 조절하고 싶은 영상 클립을 선택한 후 메뉴에서 2 [Modify]를 클릭하고 3 [Change Duration…]을 누릅니다. 여기서 Duration이란 '구간' 또는 '길이'를 뜻합니다.

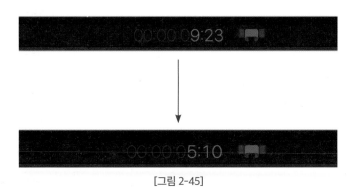

[그림 2-45]

타임 코드가 파란색으로 바뀌면서 입력할 수 있는 모드로 변경되면 원하는 시간대를 입력합니다. 선택한 영상의 최대 길이만큼만 입력할 수 있으며 더 높은 숫자를 넣으면 최대 길이만큼만 적용됩니다. 타임 코드를 입력할 때는 반드시 뒤에서부터 입력된다는 걸 기억합니다. 즉, 15초짜리 영상 클립을 10초로 만들고 싶다면, 타임 코드에는 '1000'을 입력해야 합니다. 앞의 10은 초, 뒤의 00은 프레임입니다.

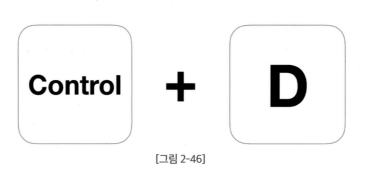

[그림 2-46]

Change Duration의 단축키는 컨트롤 + D입니다. 종종 필요할 때가 있으니 이 단축키도 시간이 된다면 기억해 두도록 합니다.

 궁금해요 타임 코드 영상 길이 조절은 언제 사용하나요?

보통은 정확하게 시간에 맞춰 편집해야 할 때 사용합니다. 예를 들어 인트로 부분을 정확하게 9초 동안만 넣어야 한다면, TRIM이나 컷 편집으로 9초로 만들기보다는 타임 코드로 9초를 입력하는 방식이 더 편합니다. 음악에 맞춰서 편집할 때 그리고 시간제한이 있는 영상을 만들 때 특히 유용합니다.

또한 영상을 수정할 때도 사용할 수 있습니다. 11초 부분에 이상한 점이 발견되었다면 타임 코드에서 1100을 입력 후 재생 헤드를 이동시키고 영상을 확인할 수 있습니다.

편리한 영상 편집을 도와주는 타임라인 확대·축소

동영상을 편집할 땐 원하는 부분에서 정확하게 잘라 내고 붙이는 스킬이 매우 중요합니다. 이 스킬은 영상 편집에서 기본 중에서도 기본이라고 할 수 있습니다. 기본이지만, 정확한 부분에서 잘라 내고 붙이는 방식의 중요성은 아무리 강조해도 지나치지 않습니다. 내가 원하는 부분에서 정확하게 자르고 붙이려면 타임라인을 자유자재로 확대하고 축소할 수 있어야 합니다. 편집되고 있는 영상의 전체적인 흐름을 보려면 타임라인을 축소해서 한눈에 살펴보고, 정확한 부분에 다른 객체를 삽입하거나 원하는 구간에서 정밀하게 자르고 싶다면 타임라인을 확대해서 봐야 합니다. 상황에 따라 숲도 보고 나무도 보면서 작업을 이어 가야 합니다. 타임라인을 확대하고 축소하는 방법은 마우스로 할 수도 있고 단축키를 활용할 수도 있는데, 두 가지 방법 모두 알아봅니다.

메뉴에서 타임라인 확대·축소하기

[그림 2-47]

먼저 메뉴를 활용하는 방법입니다. 메뉴에서 [View]로 들어가면 아래쪽에 Zoom과 관련된 메뉴들이 있습니다.

1. Zoom In: 타임라인을 확대합니다.

2. Zoom Out: 타임라인을 축소합니다.

3. Zoom to Fit: 전체 영상을 볼 수 있도록 타임라인에 모든 영상 클립을 표시합니다.

4. Zoom to Samples: 오디오 레벨에 따른 줌을 맞추는 기능으로 평소에는 사용할 일이 거의 없습니다.

이렇게 메뉴를 활용하여 타임라인을 확대하거나 축소할 수 있습니다.

돋보기 버튼으로 타임라인 확대·축소하기

[그림 2-48]

마우스 모양을 변경할 수 있는 버튼을 클릭하면 아래쪽에 Zoom이라고 된 돋보기 모양이 나옵니다. 단축키는 Z입니다. 마우스가 돋보기 모양으로 바뀌는 걸 볼 수 있습니다. 이 상태에서 타임라인을 클릭하면 타임라인이 확대됩니다.

[그림 2-49]

이때 마우스 모양을 자세히 보면 돋보기 안에 +라고 표시되어 있습니다. +는 타임라인을 확대한다는 뜻입니다. 만약 축소하고 싶다면 옵션 키를 누릅니다. 옵션 키를 누르면 돋보기 안에 −라고 표시됩니다. 이건 타임라인을 축소한다는 뜻입니다. 이 상태에서 타임라인을 클릭하면 타임라인이 축소됩니다.

▶ 단축키를 이용하여 타임라인 확대·축소하기

마우스를 활용하는 일이 더 편할 때도 있겠지만, 타임라인의 확대·축소는 영상 편집 과정에서 매우 자주 일어나는 상황이므로 단축키를 활용하면 효율을 올릴 수 있습니다. 따라서 처음 배울 때부터 단축키에 익숙해지는 걸 추천합니다.

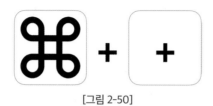

[그림 2-50]

타임라인을 확대하는 단축키입니다. 커맨드 + 더하기 버튼을 누릅니다. 여러 번 누르면 여러 번 확대됩니다.

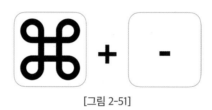

[그림 2-51]

타임라인을 축소하는 단축키입니다. 커맨드 + 빼기 버튼입니다. 더하기는 확대, 빼기는 축소인 직관적인 단축키입니다.

[그림 2-52]

시프트 + Z 단축키는 메뉴에서 Zoom to Fit을 했을 때와 같은 기능입니다. 즉, 타임라인의 모든 영상을 한눈에 볼 수 있도록 모두 표시해 줍니다.

파이널 컷 프로 X의
연결 포인트 개념

▶ **유튜브 동영상 강좌**

파이널 컷 프로 X 연결 포인트 활용하기
https://youtu.be/wdA4PQxtsOE

파이널 컷 프로 X은 하나의 스토리 라인을 사용한다고 이야기했습니다. 따라서 파이널 컷 프로 X 에서는 기본적으로 영상의 흐름이 하나로 진행되는 방향이 있어 영상을 겹치게 넣을 일이 빈번하게 일어나진 않습니다. 하지만 때에 따라선 영상을 겹치도록 배치해야 할 때도 있습니다. 예를 들어 한 화면에 여러 개의 서로 다른 영상을 보여 줄 때(2분할 또는 4분할 화면처럼) 또는 중첩된 영상을 이용해 여러 가지 효과를 넣어야 할 때 등이 있습니다. 분할 화면과 다양한 효과에 대해서는 앞으로 차근차근 설명할 예정입니다. 여기에서는 영상을 겹치게 넣었을 때 생기는 연결 포인트에 대해서 먼저 짚고 넘어가겠습니다.

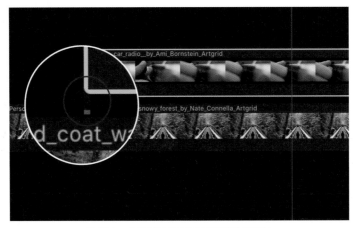

[그림 2-53] 파이널 컷 프로 X의 연결 포인트

파이널 컷 프로 X에서 영상을 겹치게 넣는 방법은 일단은 '영상 클립 순서를 내 마음대로 바꾸기'에서 알아본 '다른 영상에 연결하기' 방법과 똑같습니다. 이렇게 영상 또는 다른 객체를 영상 위에 올려 두게 되면, 얇은 선을 하나 볼 수 있습니다. 이 선이 바로 연결 포인트입니다.

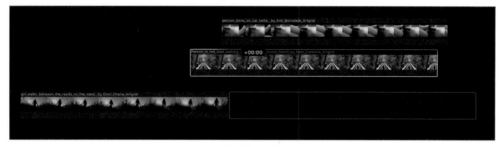

[그림 2-54]

이렇게 연결된 객체들은 묶인 형태가 되어서 위치를 바꾸는 것처럼 움직이게 되면 연결된 객체들이 함께 움직입니다.

이 연결 포인트는 기준점이 되는 영상에 연결된 모든 객체에 공통으로 적용됩니다. 배경 음악, 자막, 효과음 등에도 모두 연결 포인트가 생깁니다. 이런 연결 포인트는 하나의 스토리 라인만을 사용하는 파이널 컷 프로 X의 특징적인 방식입니다. 멀티 트랙 방식을 사용하는 다른 영상 편집 프로그램에서는 연결 포인트라는 개념 자체가 필요 없습니다. 하지만, 하나의 이야기에 여러 가지 것을 붙여 가면서 편집해야 하는 파이널 컷 프로 X에서는 연결 포인트가 필요합니다.

 궁금해요   *연결 포인트를 왜 알아야 하나요?*

파이널 컷 프로 X을 처음 사용하는 분들은 이 연결 포인트를 해결하지 못해서 불편한 방식으로 영상을 편집할 때가 많습니다. 예를 들어 기준이 되는 영상을 지워 버리면, 여기에 연결된 모든 객체가 같이 지워집니다. 그러면 똑같은 작업을 여러 번 반복해야 하므로 비효율적이라고 할 수 있습니다. 결국 파이널 컷 프로 X에서 불필요한 반복 작업을 줄이려면, 연결 포인트를 잘 활용할 수 있어야 합니다.

이 연결 포인트에는 장단점이 있습니다.

<연결 포인트의 장점>	<연결 포인트의 단점>
영상과 객체들의 싱크를 맞출 때 특히 유용하며 새로운 객체를 추가/삭제/수정할 때도 편리하게 사용할 수 있습니다.	연결 포인트를 능숙하게 다루지 못할 때 영상 편집이 복잡하고 불편해집니다.

[표 2-1]

영상 편집에서는 비디오와 오디오의 싱크를 맞추는 게 대단히 중요합니다. 이런 싱크를 맞출 때 또는 싱크가 어긋나지 않도록 하면서 편집할 때 유용한 개념이 바로 연결 포인트라고 할 수 있습니다. 필요한 객체들을 한쪽에 붙여 놓으면 그다음부터는 다른 쪽을 작업해도 싱크가 어긋나지 않습니다. 연결 포인트의 이해를 돕기 위해 그림으로 살펴봅니다.

[그림 2-55]

연결 포인트는 반드시 기준이 되는 영상 또는 객체(스토리 라인)에만 붙습니다. [그림 2-55]에선 동영상 2와 자막, 배경 음악이 동영상 1에 연결된 형태입니다. 이 상태에서 동영상 1을 지워 버리면 연결된 동영상 2, 자막, 배경 음악이 모두 같이 지워집니다. 이동시킬 때도 마찬가지로 함께 이동합니다.

🔸 연결 포인트 변경하기

단축키를 활용하여 연결 포인트를 자유자재로 변경할 수 있습니다.

[그림 2-56]

연결 포인트를 변경하는 단축키는 옵션 + 커맨드 + 클릭입니다.

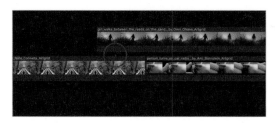

[그림 2-57]

클릭할 때 연결 포인트 변경을 원하는 위치를 클릭해 주면 손쉽게 연결 포인트를 변경할 수 있습니다. 클릭해야 하는 공간은 연결 포인트가 위치한 객체와 객체 사이 부분입니다.

연결 포인트 무시하기

파이널 컷 프로 X에서는 기본적으로 연결 포인트를 사용하게 되어 있습니다. 하지만 사용자 입맛에 맞게 특정한 순간에 연결 포인트를 무시하도록 할 수 있습니다. 이때는 키보드 단 하나의 버튼만 눌러 줍니다.

[그림 2-58] 연결 포인트를 무시하는 딘축키

`(악센트)는 연결 포인트를 무시하도록 합니다. 이 버튼을 계속 눌러 보면 마우스의 모양이 다음과 같이 바뀌는 걸 볼 수 있습니다.

[그림 2-59] `(악센트)를 눌렀을 때 마우스의 모양 변화

[그림 2-59] 상태에서 클립을 움직이면 연결 포인트와 무관하게 선택한 객체만 옮길 수 있어서 유용합니다. 저 마우스 옆 그림이 연결 포인트를 무시한다는 뜻이라고 보면 됩니다. `(악센트) 단축키를 떼지 말고 꾹 누른 상태에서 영상 클립을 움직여야 합니다.

[그림 2-60] 일반적인 방법으로 영상 클립의 위치를 변경할 때

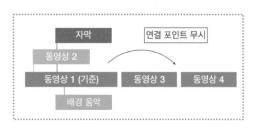

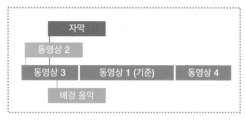

[그림 2-61] 연결 포인트를 무시한 상태에서 영상 클립의 위치를 변경할 때

[그림 2-61]의 비교가 연결 포인트의 개념과 연결 포인트를 무시했을 때 나타나는 결과를 잘 보여줍니다. 따라서 파이널 컷 프로 X을 사용하는 영상 편집자는 연결 포인트가 필요할 땐 연결 포인트를 사용하고, 연결 포인트가 불필요할 땐 무시하는 버튼을 통해 연결 포인트와 무관하게 편집할 수

있습니다. 이런 방식을 활용하면, 연결 포인트의 장점(특히 싱크가 어긋나지 않도록 편집할 수 있다는 점)을 그대로 가져가면서도 편집의 자유를 방해하지 않습니다.

 궁금해요 `(악센트) 버튼이 어디에 있나요?

[그림 2-62]

`(악센트) 버튼은 키보드에서 ESC 밑, 숫자 1 왼쪽에 있는 버튼입니다. 맥북 터치 바 모델은 키보드에 `(악센트)가 없을 수 있습니다. 이때는 파이널 컷 프로 X 실행 후 터치 바에 나오는 스피커 모양 옆 사각형이 해당 기능을 담당합니다.

영상이 중첩되어 있거나 영상과 자막, 배경 음악 등이 연결되어 여러 층으로 만들어졌을 때, 특정 구간을 잘라 내고(컷) 싶다면 위에서부터 차례대로 블레이드 툴로 하나씩 잘라 냅니다. 하지만 이렇게 하면 클릭하는 과정에서 실수가 발생할 수 있고 여러 번 클릭해야 해서 썩 좋은 방법은 아닙니다. 겹친 객체를 한꺼번에 자르는 방법이 있습니다.

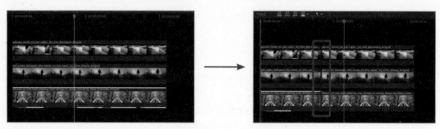

[그림 2-63]

겹쳐진 상태에서 자르고 싶은 위치에 스키머 혹은 재생 헤드를 위치시킵니다. 그런 다음 단축 키 커맨드 + 시프트 + B를 누릅니다.

[그림 2-64]

손쉽게 스키머의 위치에서 모든 객체가 컷 됩니다.

꿀팁

스키머를 기준으로 잘라 냅니다.

다양하게 활용할 수 있는
동영상 반대로 재생하기

동영상을 반대로 재생한다는 건 영상을 처음부터 재생하는 게 아니라 뒤에서부터 재생되도록 한다는 뜻입니다. 영상을 반대로 재생할 수 있다면, 사람이 뒤로 걸어간다거나 물이 위로 다시 올라가거나 비가 하늘로 다시 올라가는 것처럼 재미있는 연출을 할 수 있습니다. 파이널 컷 프로 X에서는 영상을 반대로 재생하는 게 무척 쉽습니다.

[그림 2-65]

제일 먼저 반대로 재생하고 싶은 영상 클립을 선택합니다. 그런 다음 메뉴에서 2 [Modify]를 클릭하고 3 [Retime]으로 들어간 다음 4 [Reverse Clip]을 선택합니다.

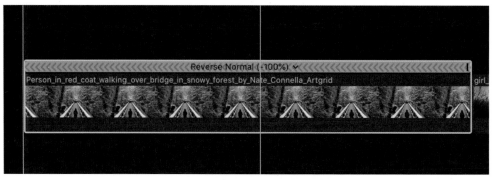

[그림 2-66] 반대로 재생이 적용된 영상 클립

적용하면, 영상 위에 Reverse라는 단어와 함께 뒤로 이동하는 화살표가 보입니다. 이제 재생해 보면 영상이 반대로 재생됩니다.

 궁금해요 반대로 재생했던 영상을 다시 원래대로 되돌리고 싶으면 어떻게 하나요?

두 가지 방법이 있습니다. 첫 번째는 리버스 클립을 한 번 더 적용하는 방법입니다. 두 번째는 방금 실행한 것을 취소하는 작업(Undo), 단축키는 커맨드 + Z를 눌러 적용했던 리버스 클립을 해제하는 방법이 있습니다.

[그림 2-67]

조금 더 쉬운 접근으로는 뷰어 창 아래에 있는 시계 모양의 아이콘을 클릭하여 바로 [Reverse Clip]을 선택합니다. 메뉴에서 찾기보다는 뷰어 창 아래에서 찾는 방법이 클릭 횟수를 줄일 수 있어 추천합니다.

원하는 만큼 보여 주는 영상 크기 조절

●● 결과 미리보기

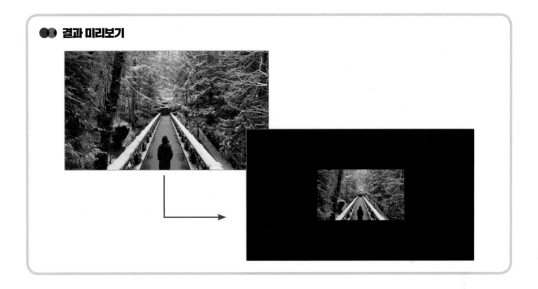

동영상의 크기를 마음대로 조절할 수 있으면 편집의 자유도가 늘어납니다. 특히 요즘 유튜브 영상에서는 영상의 크기를 작게 만들고 그 밑에 자막을 넣어 재미있게 표현하는 방식을 많이 볼 수 있습니다. 영상의 크기는 더 늘릴 수도 있고 더 작게 만들 수도 있습니다.

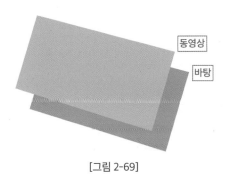

[그림 2-69]

이해를 돕기 위해 기본 바탕과 동영상의 관계부터 살펴봅니다. 동영상은 바로 편집되는 게 아니라 바탕을 깔아 두고 그 위에서 편집하는 형태입니다. 쌓여 있는 책이나 접시처럼 객체들이 쌓여 있다고 생각하면 쉽게 기억할 수 있습니다. 바탕의 기본색은 검은색입니다. 평범한 영상 편집에선 영상이 배경을 꽉 채우고 있으므로 뒤에 바탕색을 볼 일이 없지만, 영상 크기를 줄이면 바탕이 드러납니다.

 꿀팁

> 파이널 컷 프로 X에서는 이 기본 바탕색을 흰색 등으로 변경할 수 있지만 잘 사용되지 않습니다. 바탕을 흰색으로 만드는 더 간편한 방법이 있기 때문입니다. 흰색 배경을 밑에다가 깔아 줍니다.

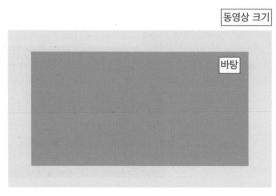

[그림 2-70]

영상을 더 크게 만들 때는 영상이 커지면서 바탕은 보이지 않지만, 화질이 저하될 가능성이 높습니다.

[그림 2-71]

더 작게 만들 때는 바탕보다 영상의 크기가 작으므로 공간이 생기면서 바탕이 드러납니다.

▶ 마우스로 자유롭게 영상 크기 조절하기

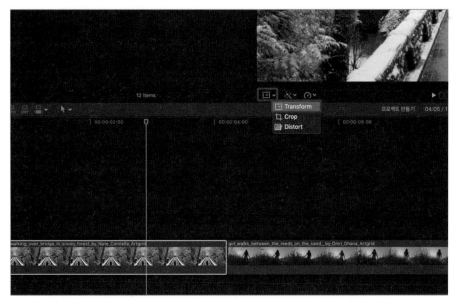

[그림 2-72]

뷰어 창 하단 왼쪽에 있는 네모 모양의 아이콘을 누른 뒤 [Transform]을 클릭합니다. Transform은 영상의 크기 등을 변경할 때 사용하는 기능입니다.

[그림 2-73]

영상 테두리와 가장자리에 마우스로 잡을 수 있는 동그란 버튼이 나타납니다. 총 8개가 있습니다.

[그림 2-74]

점이 잘 보이지 않거나 클릭하기 어렵다면 영상의 크기를 조절해 봅니다. 뷰어 창 우측 상단에 있는 100% 또는 Fit이라고 된 버튼을 클릭하여 원하는 크기로 조절한 후에 변경하면 수월하게 작업할 수 있습니다.

[그림 2-75]

영상 크기를 더 작게 만들어 봅니다.

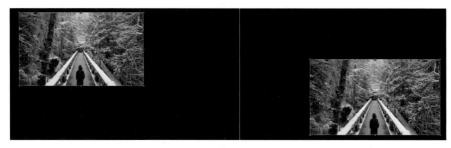

[그림 2-76]

Transform 모드에서는 마우스를 이용해 영상의 위치도 자유롭게 움직일 수 있습니다.

▶ 인스펙터 숫자 값으로 정확하게 크기 조절하기

마우스로 영상의 크기를 조절하는 방법은 자유롭고 쉽지만 정확도는 다소 떨어집니다. 예를 들어 딱 절반 사이즈로 줄이고 싶다고 할지라도 마우스만으로는 정확하게 절반 사이즈로 만들기가 어렵습니다. 정확하고 딱 맞는 영상 편집을 원한다면, 수치를 입력하여 숫자 값을 통해 크기를 조절해야 합니다. 인스펙터를 통해 작업할 수 있습니다.

[그림 2-77]

영상을 클릭해 보면 오른쪽 인스펙터 창에 Transform 항목이 있습니다. 이 부분을 수정하면 원하는 결과를 만들 수 있습니다. 항목별로 하나씩 살펴봅니다.

1. Positon(포지션): 영상의 위치를 표시합니다. 기준은 x값 0, y값 0입니다. x는 가로, y는 세로를 의미합니다.

2. Rotation(로테이션): 영상의 회전율을 표시합니다. 기준은 0이며 각도를 조절하면 영상 화면을 회전시킬 수 있습니다.

3. Scale(스케일): 영상의 크기입니다. 기준은 100%이며 (All)을 수정할 때 영상이 전체적으로 크기가 조절됩니다. x값 또는 y값을 별도로 설정할 수 있습니다.

4. Anchor(앵커): 영상의 정중앙 부분을 앵커라고 부릅니다. 이 앵커의 값입니다. 기준은 x값 0, y값 0입니다.

이제 영상의 크기를 값을 입력하여 조절합니다. 가령, 딱 절반 사이즈로 영상 크기를 축소하고 싶다면 어떤 부분을 만져 주면 되는지 알아봅니다. 위치 이동이 필요 없다면, Scale(All) 값을 50%(절반)로 입력하면 끝입니다. 그러면 영상이 정확하게 절반 사이즈로 만들어집니다. 2배 크기로 키우고 싶다면, Scale(All) 값을 200%로 만듭니다.

인스펙터의 Transform 항목은 세밀한 작업을 요구할 때가 많습니다. 따라서 마우스로 조절하기보다는 인스펙터에서 값을 이용해 조절하는 습관을 추천합니다.

Position, Rotation, Scale은 영상 편집에서 매번 사용된다고 해도 과언이 아닌 항목들로, 영상 편집자가 항상 자유자재로 사용할 수 있어야 합니다. 충분히 연습하고 각 항목의 차이점을 확실히 알아두면 도움이 됩니다.

영상 속도 조절!
시간의 흐름을
비현실적으로 표현하자

우리가 살아가는 현실 세계는 항상 1배속으로 움직이며 우리 눈에도 그렇게 보입니다. 영상 편집이 재미있는 이유 중 한 가지는 현실 세계에서는 볼 수 없는 장면도 영상으로 연출할 수 있다는 점입니다. 예를 들어 바다에서 해가 떠오르는 모습은 직접 눈으로 보려면 오래도록 기다려야 합니다. 해가 천천히 올라오는 까닭입니다. 하지만 영상에서는 속도 조절을 통해 빠르게 보여 줄 수 있습니다. TV나 유튜브 다큐멘터리 영상 등에서 꽃이 빠르게 피어나는 장면 같은 걸 본 적이 있을 겁니다. 구름이 빠르게 지나가는 장면이나 자동차들이 보이지 않을 정도로 빠르게 스쳐 가는 장면도 마찬가지입니다. 아니면 비가 매우 느리게 내리는 장면이나 맥주 거품이 아주 천천히 올라오는 멋진 화면은 무척 재미있는 연출입니다. 이런 장면은 현실세계에서는 존재하지 않지만 영상에서는 누구나 쉽게 만들 수 있는 장면입니다. 영상의 속도를 조절하면, 현실 세계에서는 볼 수 없는 비현실적인 장면을 연출할 수 있습니다.

▶ 영상을 빠르게 만들기

[그림 2-78]

영상을 빠르게 만들려면 메뉴에서 [Modify] - [Retime] - [Fast]를 클릭하고 원하는 배속을 선택합니다. 2x는 2배속, 4x는 4배속입니다.

 꿀팁

동영상의 기본 속도(1배속)는 100%입니다. 2배속은 200%, 4배속은 400%입니다.

[그림 2-79] 속도 조절이 적용된 영상 클립

속도 조절이 적용된 영상 위에 배속이 표시되어 직관적으로 알려 줍니다. Fast라고 적힌 건 빠른 속도가 적용되었다는 의미이며 그 뒤의 숫자는 배속을 알려 줍니다. 200%는 2배속입니다. 이제 영상을 재생해 보면 영상이 2배속으로 빠르게 움직이는 걸 볼 수 있습니다.

 궁금해요 　속도 조절 표시가 사라졌어요!

파이널 컷 프로 X에서 속도 조절을 적용하면 제일 처음에는 영상 클립 위에 표시가 나옵니다. 하지만 종종 해당 표시가 사라질 때가 있습니다. 이때는 표시가 다시 나타나도록 만듭니다. 또는 속도 표시를 잠시 감춰 둘 수도 있습니다. 이 속도 표시 부분을 Retime Editor(리타임 에디터)라고 부릅니다.

[그림 2-80]

메뉴에서 [Modify] – [Retime] – [Show Retime Editor]를 선택합니다. 감추려면 [Hide Retime Editor]를 선택합니다.

타임 랩스 만들기

▶ **유튜브 동영상 강좌**

파이널 컷 프로 X 타임 랩스 만드는 방법

https://youtu.be/GZFHHKR7g0k

타임 랩스는 시간의 흐름을 빠르게 보여 주는 영상 편집 기법입니다. 오래도록 촬영된 영상을 굉장히 빠른 속도로 만들면 아주 빠르게 보입니다. 딱 정의된 것은 아닙니다만, 일반적으로 타임 랩스라고 한다면 10배속 이상 또는 20배속 재생은 되어야 타임 랩스 느낌이 납니다.

[그림 2-81]

뷰어 창 아래에 있는 시계 모양 아이콘을 클릭하여 속도를 조절할 수도 있습니다. 이 방법이
속도가 빠르며 좀 더 편합니다. 영상 속도 조절에서 20배속을 선택하거나 원하는 배속을 입
력합니다. 속도를 빠르게 하면 속도만큼 영상의 길이가 짧아집니다.

영상을 느리게 만들기

영상을 빠르게 만들 수 있었다면 영상을 느리게 만들 수도 있어야 합니다. 빠르게 만들 때 눈치챈
분들도 있겠지만 영상을 느리게 만드는 방법은, [Fast] 대신 [Slow]를 넣습니다.

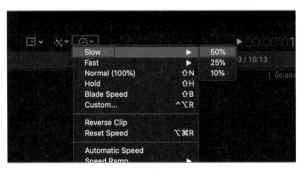

[그림 2-82]

유튜브 동영상 강좌

파이널 컷 프로 X 슬로 모션 만들기
https://youtu.be/TZuAudzF1mY

영상의 기본 속도가 100%이므로 50%는 절반 속도, 즉 2배로 느려집니다. 25%로 지정하면, 4배 느린 속도입니다.

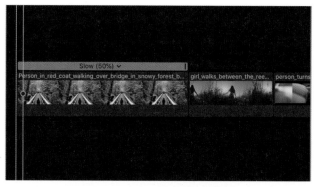

[그림 2-83] 슬로가 적용된 영상 클립

영상을 느리게 만들 때, 즉 슬로를 지정할 때는 주의가 필요합니다. 촬영된 원본 영상의 프레임 레이트와 프로젝트의 프레임 레이트에 따라 부드럽게 보이거나 뚝뚝 끊겨 보일 수 있습니다. [표 2-3]은 정상적인 프레임 레이트에서 슬로 모션을 설정할 수 있는 수치를 정리한 표입니다.

촬영 원본 프레임 레이트	편집 프레임 레이트별 슬로 값		
	60fps 편집	30fps 편집	24fps 편집
120fps 촬영	50%	25%	20%
60fps 촬영	0%	50%	40%
30fps 촬영	-	0%	80%
24fps 촬영	-	-	0%

[표 2-3]

해당 수치 이상으로 슬로를 주게 되면 영상의 프레임이 부족해서 뚝뚝 끊기는 것처럼 보입니다. 특수한 상황에서는 끊어지게 보이는 연출이 필요할 수도 있지만, 보통은 필요하지 않으므로 슬로 모션에서는 정해진 값을 꼭 기억해 주거나 [표 2-3]을 참고하여 편집하도록 합니다.

아주 느리게 보이는 영상을 연출하려면 120fps로 촬영하고 24fps로 퍼집해야 합니다. 이때는 20%까지 슬로를 줄 수 있습니다. 영화 같은 연출에서는 부드러운 슬로 모션이 자주 사용됩니다.

꿀팁

% 숫자가 낮을수록 더 느린 장면입니다. 예를 들어 50%는 2배 느린 장면이며 25%는 4배 느린 장면입니다.

영상의 속도를 원래대로 되돌리기

[그림 2-84]

영상의 속도를 원래대로 되돌리고 싶다면, 영상을 클릭 후 Normal(100%)을 선택합니다.

원하는 속도를 지정하여 세밀하게 조절하기

[그림 2-85]

정해진 속도가 아니라 내가 원하는 속도를 지정할 수 있습니다. 예를 들어 1.5배속으로 빠르게 만들고 싶을 때는 [Custom] 메뉴를 사용합니다.

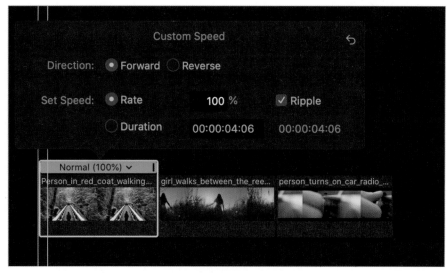

[그림 2-86]

적용될 영상 위에 Custom Speed 메뉴가 나타납니다. 하나씩 알아봅니다.

1 Direction: 방향을 결정합니다.

 - Forward: 순방향으로 속도를 조절합니다.
 - Reverse: 역방향으로 재생되는 속도를 조절합니다.

2 Set Speed: 속도를 지정합니다.

 - Rate: 숫자 값을 기준으로 속도를 조절합니다. 100%가 기준입니다.
 - Ripple: 기본값은 체크되어 있습니다. 지정한 속도에 따라 영상의 길이가 자동으로 조절됩니다. 즉, 빠르게 바꾸면 영상 길이가 줄어들고, 느리게 만들면 영상 길이가 늘어납니다. 체크를 해제하면 영상 길이를 그대로 둔 상태에서 속도만 변경됩니다.

3 Duration: 타임 코드를 이용해 시간을 지정하는 방식으로 속도를 조절합니다.

[그림 2-87]

Ripple을 체크 해제한 상태에서 영상 길이를 한참 벗어나는 속도를 입력하면, 자동으로 빈 클립인 GAP 클립을 삽입합니다. GAP 클립에 대해서는 뒤에서 자세히 설명합니다.

레벨 업 | 끊김 없는 슬로 모션 연출하기(옵티컬 플로)

▶ 유튜브 동영상 강좌

옵티컬 플로 활용하기
https://youtu.be/n821svxlevc

빠른 속도의 연출이나 타임 랩스도 유용하게 사용할 수 있는 속도 조절 기법이지만, 특히 슬로 모션은 활용도가 넓어서 자주 사용되는 기법입니다. 특정 구간을 매우 느리게 만들고 싶을 때도 생기는 법입니다. 촬영된 원본 프레임 레이트에 따라 달라지지만, 보통 60fps로 촬영한다고 했을 때 24fps 편집 기준이면 40%까지밖에 슬로 모션을 못 준다는 한계가 있습니다. 40%보다 더 느리게 만들면 프레임이 부족해서 뚝뚝 끊어지는 것처럼 보입니다. 만약, 남자 주인공과 여자 주인공이 극적으로 키스하는 장면을 편집하고 있다고 해 보겠습니다. 이런 극적인 순간에는 잔잔한 음악이 나오면서 두 사람이 천천히 다가가야 시청자들의 마음을 움직일 수 있습니다. 하지만 이때 화면이 뚝뚝 끊긴다면 아마 생각만 해도 소름이 돋을 겁니다.

이럴 때 사용할 수 있는 아주 유용한 기능인, 바로 옵티컬 플로(Optical Flow) 기능을 소개합니다.

[그림 2-88]

슬로가 적용된 영상 클립을 선택하고 [Video Quality] - [Optical Flow]를 클릭합니다. 옵티컬 플로 기능은 슬로 모션 적용 시 프레임이 부족하여 뚝뚝 끊어지는 느낌을 어느 정도 부드럽게 만들어 줄 때 사용합니다. 완벽하게 해결되진 않지만, 높은 수준으로 부드럽게 만들어 주어 슬로 모션을 사용할 때 유용하게 쓸 수 있습니다.

영상의 순간을 잡아라! 마커 활용법

▶ **유튜브 동영상 강좌**

마커 활용하기
https://youtu.be/veYQhGT_Lfs

우리가 벽에 못을 박는다고 생각해 보겠습니다. 정확한 위치에 문제없이 못을 박으려면, 먼저 못 박을 위치를 정하고, 연필 등으로 작게 표시해 두면 도움이 됩니다. 마찬가지로 영상 편집에서도 특정 지점을 표시하는 기능이 있습니다. 바로 마커(Marker)입니다. 마커는 타임라인에서 편집자가 지정하는 일종의 편집점입니다. 계속 강조하는 이야기지만, 영상 편집은 정확한 위치에서 자르고 붙여야 하므로 편집점을 정하는 일은 꽤 중요합니다. 더군다나 정확한 위치에 자막을 넣어야 하고 내가 원하는 구간부터 배경 음악이 나와야 하며 특정 구간에서 정확하게 효과음이 나와 주어야 프로페셔널한 영상처럼 보입니다. 이번 장에서는 영상의 순간을 지정하여 편집점을 만들어서 편집에 도움을 주는 마커 활용법에 대해 알아봅니다.

🔘 마커 삽입하기

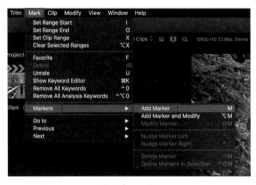

[그림 2-89]

메뉴에서 [Mark]로 들어간 다음 [Markers]에서 [Add Marker]를 클릭합니다.

마커는 스키머(스키머가 없을 때 재생 헤드)에 삽입됩니다.

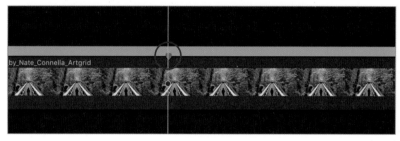

[그림 2-90]

타임라인의 영상 클립 위에 보라색으로 된 작은 표식이 추가됩니다. 이게 마커입니다. 이렇게 마커를 넣어 놓으면 해당 구간에 마우스로 이동했을 때 스키머가 자석처럼 딱 달라붙게 만들 수 있어서 정확한 지점을 선택할 수 있습니다. 마커는 여러 개를 넣을 수 있으며 꼭 영상이 아니라 배경 음악이나 자막 등 타임라인의 모든 객체에 넣을 수 있습니다.

영상을 재생하면서 마커 삽입하기

[그림 2-91]

마커를 삽입하는 단축키는 M입니다.

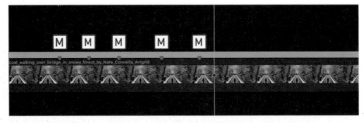

[그림 2-92]

영상을 재생시키면 재생 헤드가 움직입니다. 이 움직이는 재생 헤드 구간에서 M을 누르는 방식으로 영상을 재생하면서 마커를 삽입할 수도 있습니다.

마커 색상 변경하고 수정하기

[그림 2-93]

마커의 종류는 3개입니다. 마커의 종류는 마커 위에서 마우스 오른쪽을 클릭하면 볼 수 있고 지정할 수 있습니다.

[그림 2-94]

Standard, To Do, Chapter가 있으며 마커마다 색상이 달라서 직관적으로 구분할 수 있습니다. Standard 마커는 이름 그대로 기본형 마커이며 편집점을 잡아 주는 역할 외에는 별다른 기능은 없습니다. To Do 마커는 마커를 추가한 후 완료 체크를 할 수 있는 기능이 있지만, 1인 미디어 영상 편집에서는 잘 사용하지 않을 것으로 생각합니다. Chapter 마커도 영상의 구간을 챕터 형태로 구분할 수 있도록 하는 마커이지만, 일반적인 유튜브 영상은 엄청나게 긴 영상(예를 들어 몇 시간짜리 영상)이 아니므로 굳이 챕터를 나눌 필요가 없습니다. 따라서 기본 마커만 사용해도 편집점을 잡는 데 충분합니다. 하지만 색상별로 구분해서 마커를 넣고 싶다면 다른 종류의 마커도 활용해 보도록 합니다.

🔵 마커 삭제하기

[그림 2-95]

마커를 삭제하고 싶다면, 마커에서 마우스 오른쪽을 클릭한 후 제일 아래쪽에 있는 [Delete]를 클릭합니다.

🔵 여러 개의 마커 한꺼번에 삭제하기

[그림 2-96]

만약 마커가 여러 개 들어 있어서 하나씩 삭제하는 게 번거롭다면 한꺼번에 마커를 삭제하는 메뉴를 이용합니다. 메뉴에서 [Mark]로 들어간 다음 [Markers]에서 [Delete Markers in Selection]을 선택합니다.

 **초보탈출** | 파이널 컷 프로 X은 작업 파일을 어떻게 저장할까?

 유튜브 동영상 강좌

파이널 컷 프로 X 작업 파일 저장 방법
https://youtu.be/DMJitv8rGyQ

필자의 유튜브 채널에서 가장 많이 올라오는 댓글 중 한 가지는 파이널 컷 프로 X의 작업 파일을 어떻게 저장하느냐는 질문입니다. 편집할 영상을 저장하는 게 아니라 편집 상태를 저장하는 작업, 그러니까 프로젝트 파일을 저장하는 작업을 어떻게 하는지에 대한 물음입니다. (편집한 영상을 저장하는 방법은 PART 3에서 자세히 다룹니다.) 파이널 컷 프로 X의 메뉴 어디를 살펴봐도 프로젝트 파일을 저장하는 버튼을 찾을 수가 없습니다. 도대체 파이널 컷 프로 X에서 작업 파일은 어떻게 저장하는지 알아봅니다.

정답은 '자동으로 저장된다.'입니다. 파이널 컷 프로 X에서는 프로젝트 파일을 별도로 저장할 필요가 없습니다. 계속 자동으로 저장되기 때문입니다. 따라서 사용자는 편집 상태를 저장하는 작업은 잊고 편집 작업에만 집중합니다. 파이널 컷 프로 X이 정상적으로 종료된다면, 프로젝트 파일이 날아가는 일은 거의 없습니다. 즉, 작업했던 결과를 잃지 않는다는 뜻입니다. 사용자는 어디에 어떤 식으로 저장되는지 전혀 신경 쓰지 않고 오로지 편집 작업에만 집중하면 되는 방식입니다.

이런 자동 저장 방식은 장점이자 단점이 되기도 합니다. 장점으로는 작업물이 자동 저장되므로 실수로 저장하지 않아서 편집본을 날리는 등의 불상사가 없다는 점입니다. 단점으로는 편집된 상태가 마음에 들지 않아서 처음부터 다시 작업하고 싶을 때 되돌릴 방법이 많지 않다는 점입니다. 되돌리기 기능(Undo, 단축키 커맨드 + Z)은 파이널 컷 프로 X을 종료하기 전이라면 얼마든지 되돌아갈 수 있습니다. 그러나 파이널 컷 프로 X을 종료하고 다시 실행하면 기록이 사라져 이전 작업물로 되돌릴 수 없습니다.

파이널 컷 프로 X은 프로젝트가 자동으로 저장된다는 점을 꼭 기억하도록 합니다. 작업이 끝났다면, 마음 놓고 파이널 컷 프로 X을 종료합니다. 편집은 나중에 얼마든지 이어서 작업할 수 있습니다.

새로운 영상 편집을 위해 프로젝트 생성하는 법

하나의 영상 편집이 끝났거나 혹은 기존 작업을 어느 정도 마무리하고 다른 프로젝트 작업을 해야 한다면, 기존 프로젝트를 닫고 새로운 프로젝트를 만들어서 영상 편집을 할 차례입니다. 안타깝게 도 파이널 컷 프로 X에서는 프로젝트를 '닫는' 기능이 없습니다. 그냥 계속 열 수만 있습니다. 여기 가 바로 파이널 컷 프로 X 초보자분들이 굉장히 낯설어하고 당황하는 부분입니다.

새로운 영상을 편집하려고 할 때 기존의 프로젝트를 닫을 필요가 없습니다. 닫는 버튼도 없습니다. 그냥 새로운 프로젝트를 만들어 버립니다. (프로젝트를 생성하는 방법은 PART 1을 참고하도 록 합니다.)

기존 편집 화면에서도

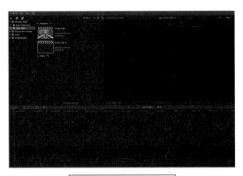

새로운 프로젝트를 만들고
새로운 영상 편집을 시작

[그림 2-97]

타임라인에 영상이 있는지와 관계없이 프로젝트를 새로 만들어서 오픈하면 새로운 타임라인이 열 립니다. 언제든지 새로운 프로젝트를 만들어서 새로운 영상 편집을 시작할 수 있습니다.

궁금해요 기존 프로젝트를 다시 열고 싶어요!

[그림 2-98]

열고 싶은 프로젝트를 브라우저 창에서 더블 클릭합니다.

학습
목표

PART 2에서 영상을 적절하게 편집하였다면, 이제 저장하고 관리할 단계입니다. 영상에서 사진을 추출하여 다양하게 사용할 수 있도록 준비해 보고, 영상을 실제로 저장해서 유튜브에 업로드해 봅니다. 유튜브 업로드에 최적화된 설정과 영상의 특정 부분이 필요할 때를 대비해서 특정 부분만 출력하는 방법도 알아봅니다. 이번 장에서는 특히 중요한 파이널 컷 프로 X 용량 관리 방법도 소개합니다.

유튜브 업로드에
필요한 동영상
저장 관리

사진이 필요하다면?
영상에서 사진 추출하기!

▶ 유튜브 동영상 강좌

사진 추출하는 방법

https://youtu.be/uWjcrGdM16A

영상은 사진의 연속으로 만들어져 있다고 이야기했습니다. 그렇다면 동영상의 특정 시점이 사진이라는 뜻이니까 그 사진을 따로 저장할 수 있을까요? 네, 가능합니다. 단, 별도의 추출 기능을 이용해야 합니다. 그냥 캡처해서 사용할 수도 있지만, 이렇게 하면 화질 저하 혹은 비율이 깨지는 등의 문제가 발생할 수 있습니다. 따라서 영상에서 사진을 추출하려면 추출 기능을 이용해야 합니다. 이해를 돕기 위해 '추출'이라는 단어를 사용했지만, 실제로는 동영상의 특정 부분인 사진을 단순히 사진 파일로 저장하는 기능에 가깝습니다. 이렇게 저장한 사진은 유튜브 섬네일 이미지 등에 다양하게 활용할 수 있습니다. 사용법도 알고 나면 아주 쉽습니다.

[그림 3-1]

먼저 재생 헤드를 원하는 위치로 옮겨 놓습니다. 이때 뷰어 창을 보면서 원하는 구간을 찾으면 더 편합니다. 현재 보이는 뷰어 창의 이미지가 그대로 사진으로 저장됩니다.

 꿀팁

반드시 재생 헤드를 미리 옮겨 놓고 사진으로 추출합니다. 재생 헤드 부분의 이미지가 저장되는 것이므로 영상을 재생하면서 원하는 부분을 찾거나 마우스로 이동하면서 원하는 부분을 찾은 다음 진행합니다.

[그림 3-2]

[File] 메뉴에서 [Share]로 들어간 다음 [Save Current Frame...]을 클릭합니다.

 궁금해요 Current Frame이 뭔가요?

Current Frame을 우리말로 표현하면 '현재 프레임' 정도로 만할 수 있습니다. 하나의 프레임은 하나의 사진이므로 재생 헤드의 현재 프레임을 저장한다는 의미로 보면 됩니다.

[그림 3-3]

화면에 나타난 이미지가 저장할 이미지인지 확인한 후 [Next] 버튼을 클릭하여 저장합니다.

[그림 3-4]

저장할 파일의 이미지를 다른 확장자로 바꾸고 싶다면, 상단에 있는 [Settings] 탭을 클릭하고 원하는 확장자로 변경합니다. 파이널 컷 프로 X에서는 DPX, JPEG, Photoshop File, PNG Image, TIFF File 등의 확장자를 지원합니다. 평소에는 JPEG 또는 PNG로 저장합니다.

[그림 3-5]

저장이 완료되면 우측 상단에서 알림을 볼 수 있습니다.

[그림 3-6]

저장한 장소(바탕 화면 등)에서 사진 파일을 찾을 수 있습니다. 이제 이 파일을 자유롭게 활용합니다.

영상 저장을 위해 꼭 알아야 할 코덱과 컨테이너

이제 영상을 저장할 시간입니다. 그런데 영상을 저장하기 전에 꼭 알아 두어야 할 내용이 있습니다. 바로 코덱과 컨테이너라는 개념입니다. 코덱은 영상을 압축하는 방식을 의미합니다. 컨테이너는 압축된 영상을 담는 그릇이라고 할 수 있습니다. 두 가지 내용이 모두 중요하므로 하나씩 알아봅니다.

▶ 영상을 압축해 주는 코덱(Codec)

코덱이라는 단어를 들어 보았을 겁니다. 코덱은 영상을 압축해 주는 기술적 방법을 의미합니다. 우리가 일반적으로 생각하는 압축은 단순히 여러 개의 파일을 하나로 통합하는 작업입니다. ZIP 파일이 대표적입니다. 영상 편집에서 코덱의 압축은 용량을 줄이는 작업이라고 할 수 있습니다. 동영상이라는 콘텐츠는 용량이 무지막지하게 큰 파일입니다. 만약 압축하지 않고 그대로 사용한다면, 용량이 너무 큰 까닭에 온라인상에서 전송하기가 힘들고 영상 한 편을 보려면 아주 오래도록 기다려야 합니다. 스마트폰에서 본다면 데이터 요금도 많이 필요할 겁니다. 용량 관리도 어려워질 수 있습니다. 이럴 때 코덱을 활용해서 영상을 압축하면 용량을 대폭 줄일 수 있어 더 빠르게 전송하고 더 빠르게 다운로드하여 영상을 볼 수가 있습니다.

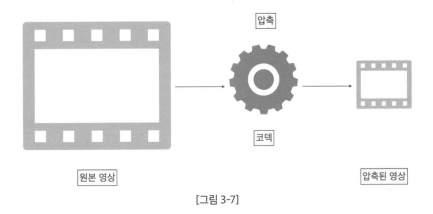

[그림 3-7]

코덱은 쉽게 설명해서 편지를 접어서 상대방에게 좀 더 쉽게 전달하기 위한 방식과 비슷합니다. 이렇게 압축하는 작업을 인코딩(Encoding)이라고 부르며 이런 일을 하는 프로그램을 인코더 혹은 코더(Coder)라고 부릅니다. 여러 번 접힌 편지는 상대방이 다시 펼쳐서 읽어 봐야 합니다. 압축된 영상을 압축 해제하는 작업을 디코딩(Decoding)이라고 부르며 이런 일을 하는 프로그램은 디코더입니다. 인코더와 디코더를 합한 용어가 바로 코덱(Codec)입니다.

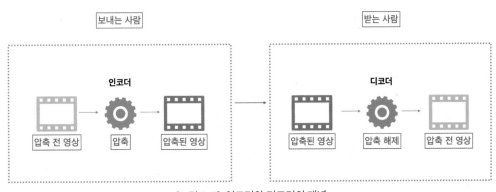

[그림 3-8] 인코더와 디코더의 개념

동영상은 보내면서 전송하기 쉽도록 저장할 때 코덱을 이용해 저장하고 보냅니다. 그러면 받는 쪽에서는 디코더를 이용해 압축된 영상을 압축 해제하여 다시 원상태로 되돌려서 감상할 수 있도록 합니다. 편지를 보내는 사람이 편지를 접어서 주면, 받는 사람이 편지를 다시 펼쳐서 읽는 것과 같습니다. 여기에서 중요한 사실 한 가지가 있습니다. 보내는 사람이 편지를 접어서 보냈는데, 받는 사람이 접은 걸 펴는 방법을 모르면 편지를 읽을 수 없습니다. 코덱도 마찬가지도 보내는 쪽과 받는 쪽에서 같은 코덱이어야 서로 압축과 압축 해제를 할 수 있습니다.

코덱이 영상을 압축하는 방식

코덱은 매우 복잡한 방식으로 압축을 진행합니다. 일반 사용자가 코덱이 구체적으로 어떤 방식으로 압축하는지 알 필요는 없습니다. 단지 코덱을 통해서 영상이 압축된다는 사실만 알면 됩니다. 코덱의 목표는 영상의 화질을 최대한 해치지 않으면서 용량을 최대한 줄이는 겁니다. 실제로 장면이나 색깔이 삭제되든 말든 사람 눈에만 그대로 보이면 되는 것이므로, 보통은 유사한 장면들을 겹치거나 삭제하고 사람이 알아보기 어려울 정도의 세밀한 색감들을 제거하는 방식으로 압축합니다. 따라서 코덱으로 영상이 압축된다고 해서 화질이 급격하게 저하되거나 원본과 너무 다른 결과물이 저장되는 건 아닙니다. 이런 코덱은 사용할 수 없습니다. 최대한 원본과 비슷하게 보이면서도 용량을 줄이는 방식으로 압축되니 굉장히 효율적입니다.

 꿀팁

코덱을 통해 영상을 압축할 때, 용량을 줄여야 하므로 불가피하게 일부 값들은 지워집니다. 예를 들어 사람 눈으로 확인하기 어려운 색상들이 제거됩니다. 이런 코덱 압축, 즉 영상 저장을 여러 차례 반복하게 되면, 압축된 걸 다시 또 압축하는 걸 반복하는 셈이 되고, 결국에는 화질이 나빠질 수 있습니다.

유튜브 업로드용 권장 코덱

권장 업로드 인코딩 설정

다음은 YouTube의 동영상 업로드 인코딩 설정에 대한 권장사항입니다.

컨테이너: MP4

오디오 코덱: AAC-LC

동영상 코덱: H.264

- 프로그레시브 스캔(인터레이스 없음)
- 고화질
- 2개의 연속 B 프레임
- 폐쇄 GOP. 프레임 속도의 절반에 해당하는 GOP
- CABAC
- 가변 전송률: 기준보다 낮은 전송률을 추천하지만 전송률에 한도는 없습니다.
- 크로마 서브샘플링: 4:2:0

[그림 3-9] 유튜브 권장 업로드 코덱

유튜브에서 권장하는 업로드 코덱은 H.264라는 이름의 코덱입니다. 굉장히 유명한 코덱이며 가장 보편적으로 사용되는 코덱이기도 합니다. 압축률이 높고 결과물이 훌륭해서 유튜브뿐만 아니라 페이스북, 비메오 등 다양한 플랫폼에서 채택하고 있으며 DSLR 카메라의 영상 촬영에도 같은 코덱이 많이 사용됩니다. H.264 코덱을 꼭 기억해 두도록 합니다. 앞으로 파이널 컷 프로 X에서 영상을 저장할 때 H.264 코덱을 사용할 겁니다.

 꿀팁

최근에는 H.264의 다음 버전인 H.265가 출시되어 사용 범위를 넓히는 중입니다. H.265 코덱은 높은 화질의 영상을 압축하는 용도(8K 등)이며 H.264보다 처리 시간이 오래 걸립니다. 따라서 평범한 유튜브 영상에서는 여전히 H.264만으로 충분합니다.

▶ 압축한 영상을 담는 그릇! 컨테이너

mov, mp4, avi, wmv 등의 확장자를 들어 보았을 겁니다. 도대체 mp4는 뭐고 mov는 또 뭔지 궁금할 겁니다. 코덱을 설명하면서 영상을 압축하는 방식이라고 했습니다. 이렇게 압축된 영상을 담는 그릇이 바로 컨테이너입니다. 쉽게 생각해서 확장자라고 할 수 있습니다. 다시 편지를 예로 들어 보면, 편지를 단순히 접어서만 주는 게 아니라 편지 봉투에 담아서 주는 게 낫습니다. 여기에서 편지 봉투가 바로 컨테이너입니다.

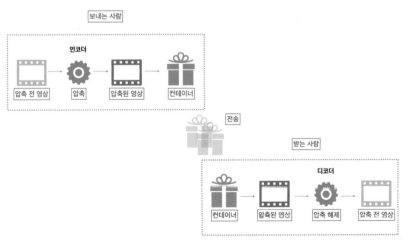

[그림 3-10] 코덱과 컨테이너

인코딩으로 압축한 영상을 컨테이너에 담아서 줍니다. 받는 쪽에서는 컨테이너로 받고 그걸 코덱을 통해 다시 디코딩하여 재생합니다. 보편적으로 많이 사용되는 컨테이너로는 mov, mp4 등이 있습니다. mov와 mp4 정도만 알고 있으면 동영상을 저장하고 유튜브에 업로드하는 데 아무런 문제가 없습니다.

유튜브 업로드 권장용 컨테이너

[그림 3-11]

유튜브에서는 권장 업로드 설정으로 mp4를 컨테이너로 사용하고 있습니다. 따라서 앞으로 mp4 파일로 저장할 예정입니다. 하지만 mov로 저장 후 업로드해도 관계없습니다.

[그림 3-12]

화질 차이가 없습니다. 이런 생각은 편지를 빨간색 봉투에 담아야 하는지, 아니면 파란색 봉투에 담아야 하는지를 묻는 것과 비슷합니다. 컨테이너는 단순히 압축된 영상을 담는 형태이므로 영상 자체에는 영향이 없습니다. 화질에 영향을 주는 건 코덱입니다. 하지만 받는 쪽에서 선호하는 컨테이너는 있습니다. 예를 들어 받는 사람이 빨간색을 좋아한다면, 편지 봉투도 빨간색이 좋을 겁니다.

mov는 애플 퀵타임(Quicktime)용 컨데이너입니다. 아이폰으로 촬영한 동영상도 mov 파일로 저장됩니다. MAC에서는 mov를 기본 확장자로 채택하고 있지만, 윈도우 운영체제에서도 무리 없이 재생이 가능한 mp4가 범용성이 더 좋은 편입니다. MAC에서도 mp4는 잘 재생되기 때문입니다. mp4는 가장 많이 사용되는 동영상 파일 형식입니다.

따라서 유튜브에 업로드하는 영상을 포함한 대부분의 영상에 mp4 확장자를 추천합니다. 유튜브 업로드 권장 사항이기도 하지만, 보편적으로 많이 사용되는 확장자라서 받는 쪽에서 재생이 되지 않는 상황 등을 미연에 방지할 수 있습니다. 예를 들어 공모전 제출용 동영상은 받는 쪽에서 재생이 잘되어야 하므로 mp4로 출력합니다.

mov와 mp4의 차이는 크지 않습니다. 하지만 용량은 아주 조금 차이가 있을 수 있습니다. 컨테이너에 담는 과정에서 여러 가지 추가 작업이 이뤄지는 까닭입니다. 그러나 용량 차이도 유의미하다고 보기는 어렵습니다.

유튜브 업로드 준비!
동영상 저장하기(내보내기)

▶ **유튜브 동영상 강좌**

파이널 컷 프로 X 동영상 저장하기

https://youtu.be/pO-gkkX_5dg

드디어 편집한 동영상을 저장할 차례입니다. 파이널 컷 프로 X에서는 영상을 저장할 때 '저장'이라는 용어를 사용하지 않고 '내보내기' 또는 '공유'라는 용어를 사용합니다. 똑같은 기능이니 헷갈릴 필요는 없습니다. 메뉴를 이용하는 방법과 공유 버튼을 이용하는 방법 모두 알아봅니다.

▶ 메뉴를 이용해 영상 저장하기

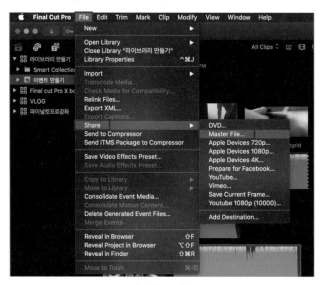

[그림 3-13]

파이널 컷 프로 X에서 기본적인 영상 저장 방법은 [File]에서 [Share]로 들어간 후 [master File...]을 클릭하는 겁니다.

[그림 3-14]

그러나 이렇게 하면 확장자(컨테이너)가 mov로 저장됩니다. 이 설정을 바꿔 주어야 합니다.

[그림 3-15]

mov로 출력하고 싶다면 변경 없이 출력하면 되지만, mp4로 출력하고 싶다면 상단에 있는 [Settings] 탭을 클릭한 후 Format 항목을 클릭하여 [Computer]로 변경합니다.

[그림 3-16]

설정을 변경하면, Video Codec 항목에 H.264 코덱과 관련된 두 가지 종류의 코덱을 선택할 수 있습니다.

1 H.264 Faster Encode: 빠른 속도를 자랑하는 인코딩 방법입니다.

2 H.264 Better Quality: 속도보다 화질에 중점을 둔 인코딩 방법입니다.

필자는 보통 H.264 Faster Encode를 자주 사용합니다. 영상이 저장되는 시간을 단축하고 싶기 때문입니다. Faster Encode는 빠르게 영상을 저장해 주며 화질이 떨어질 염려는 거의 없습니다. 그러나 영상이 저장되는 시간보다 화질에 좀 더 중점을 두고 더 좋은 화질로 저장하고 싶다면 H.264 Better Quality를 선택합니다.

 꿀팁

Faster Encode와 Better Quality의 화질 차이 비교

Faster Encode   Better Quality

[그림 3-17]

Faster Encode와 Better Quality의 화질 차이를 비교하는 이미지입니다. 여러 차례 확대해서 보면 아주 미세한 차이점을 발견할 수 있습니다. Better Quality 쪽이 미세하게 화질이 좀 더 좋은 편입니다. 그러나 화질 차이는 구별하기 힘들며 눈에 띄게 차이가 나지 않습니다.

[그림 3-18]

이제 마지막으로 동영상의 크기(해상도)와 프레임 레이트, 동영상의 총 재생 시간 등을 점검해 본 후 [Next…] 버튼을 눌러 영상을 저장합니다.

간편하게 공유 버튼으로 영상 저장하기

[그림 3-19]

메뉴를 하나씩 클릭하는 게 번거롭다면 간편하게 공유 버튼을 이용합니다. 파이널 컷 프로 X 화면의 우측 상단에 보면 공유 버튼이 있습니다. 이 공유 버튼을 클릭한 후 [Master File…]을 클릭합니다. 이후에 나오는 저장 화면은 이전과 똑같습니다.

▶ 저장 설정값을 지정해서 한 번에 끝내기

파이널 컷 프로 X에서 저장할 때마다 setting으로 들어가서 mp4로 바꿔 주고 코덱을 매번 정한다면 비효율적일 겁니다. 다행스럽게도 파이널 컷 프로 X에는 사용자가 원하는 설정값을 저장해 두고 빠르게 저장하는 방법이 있습니다.

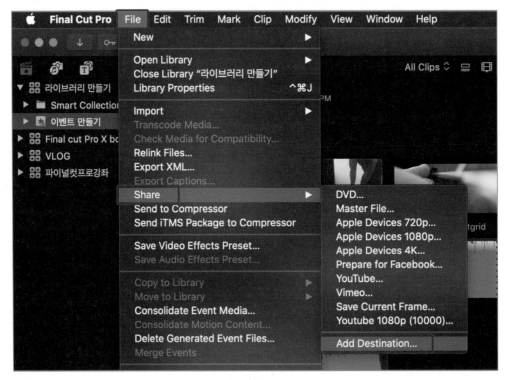

[그림 3-20]

[File] - [Share] - [Add Destination…]을 클릭합니다.

[그림 3-21]

왼쪽 항목이 Add Destination인지 확인한 후 오른쪽 화면에서 [Export File]을 찾아 더블 클릭합니다.

[그림 3-22]

위쪽에 Export File이 추가됩니다. 이제 오른쪽 설정에서 자신이 원하는 설정으로 맞춰 줍니다. 가령, mp4로 출력, H.264 Faster Encode 사용을 원한다면, Format은 Computer로 설정하고 코덱을 [그림 3-22]처럼 설정합니다.

[그림 3-23]

설정을 마친 후 나중에 알아보기 쉽도록 이름을 변경해 줍니다. 이름 변경법은 이름을 한 번 클릭한 후 잠시 기다리면 커서가 나옵니다. 원하는 이름으로 지어 줍니다.

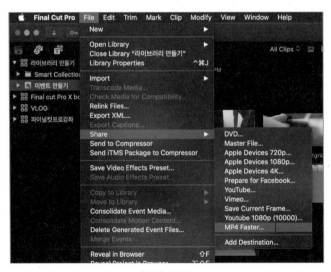

[그림 3-24]

이제 [File]에서 [Share]로 들어가거나 공유 버튼을 클릭하면 내가 지정한 이름을 가진 저장 옵션을 볼 수 있습니다. 클릭해 봅니다.

[그림 3-25]

조금 전에 설정한 값을 잘 간직하고 있는 모습입니다. 이런 저장 값을 여러 개 만들어 두고 필요할 때마다, 상황에 맞게 활용할 수도 있습니다.

 궁금해요   *설정한 저장 값을 지우고 싶어요!*

[그림 3-26]

[File] – [Share] – [Add Destination...]으로 들어간 다음 삭제하고 싶은 항목 위에서 마우스를 오른쪽 클릭한 후 Delete를 누르면 삭제됩니다.

동영상의 특정 부분만 출력하기

▶ 유튜브 동영상 강좌

파이널 컷 프로 X 특정 부분 출력
https://youtu.be/n004sWrwunY

동영상을 처음부터 끝까지 전부 저장하지 않고 특정 구간만 저장할 수 있는지 알아봅니다. 예를 들어 1분부터 2분대 구간만 저장하고 싶다면 어떻게 해야 하는지 알아봅니다. 인스타그램에는 최대 60초로 제한된 동영상을 올려야 해서 2분짜리는 2개로 분리해서 저장해야 합니다. 친구에게 동영상을 미리 보여 주고 싶을 때, 앞부분만 저장해서 보내야 할 수도 있습니다. 평범한 저장 방법은 동영상을 처음부터 끝까지 다 저장합니다. 이번 장에서는 Range Selection이라는 기능을 이용해 파이널 컷 프로 X에서 특정 부분만 저장하는 방법을 알아봅니다.

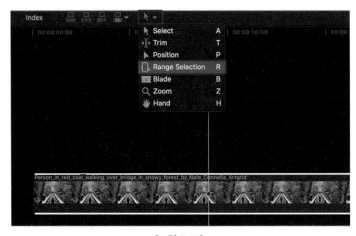

[그림 3-27]

타임라인 좌측에 있는 버튼을 클릭하여 마우스 모양을 Range Selection(레인지 셀렉션)으로 변경해 줍니다. 단축키는 R입니다.

[그림 3-28] Range Selection의 단축키

해당 기능은 여러 곳에서 매우 자주 사용될 기능이므로 단축키를 꼭 외워 두도록 합니다.

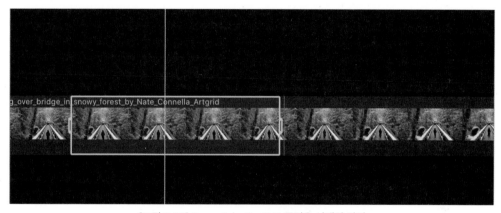

[그림 3-29] Range Selection으로 클립을 선택한 화면

마우스 모양이 변경된 걸 확인합니다. 이제부터는 마우스로 영상의 특정 부분만 선택할 수 있습니다. 저장하고 싶은 구간을 드래그 & 드롭으로 지정합니다.

[그림 3-30]

구간을 지정한 상태에서 영상을 저장합니다. 이렇게 하면 선택한 부분의 영상만 저장됩니다.

쾌적한 영상 편집을 도와주는 렌더링 기능

파이널 컷 프로 X은 영상을 편집할 때 원본을 복사하여 라이브러리에 저장한 뒤 알맞게 변환합니다. 그러곤 저장한 영상을 활용해 편집을 이어 갑니다. 원본을 삭제하거나 위치를 이동시켜도 편집에는 아무런 문제가 없도록 하기 위함입니다. 이때 한 가지 문제가 발생하는데, 파이널 컷 프로 X으로 가져온 영상이 알맞게 변환되는 데 시간이 다소 소요된다는 점입니다. 이렇게 변환하는 작업을 렌더링(Rendering)이라고 부릅니다. 파이널 컷 프로 X에서는 백그라운드에서 자동으로 렌더링이 이뤄지는 구조입니다.

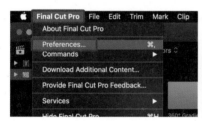
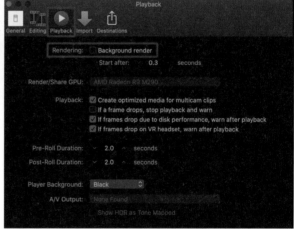

[그림 3-31]

파이널 컷 프로 X 메뉴에서 [Final Cut Pro]로 들어간 후 [Preferences...]를 클릭해 봅니다. 그런 다음 상단 탭에서 [Playback] 메뉴로 들어가 보면, Rendering 항목의 Background render가 체크되어 있습니다. 이 메뉴가 체크되어 있으면 백그라운드 렌더링이 활성화된 상태이며 체크를 해제하면 백그라운드 렌더링이 비활성화됩니다. 용량을 절약하고 싶다면 백그라운드 랜더링을 체크 해제합니다. 하지만 수월한 편집을 위해서라면 체크된 상태로 활성화해야 합니다.

[그림 3-32]

렌더링 현황은 파이널 컷 프로 X 화면 좌측에서 확인할 수 있습니다. 클릭해서 %로 볼 수도 있습니다.

백그라운드 렌더링을 체크 해제하면, 사용자가 별도로 추가 작업을 해 주지 않는 이상 렌더링이 진행되지 않습니다.

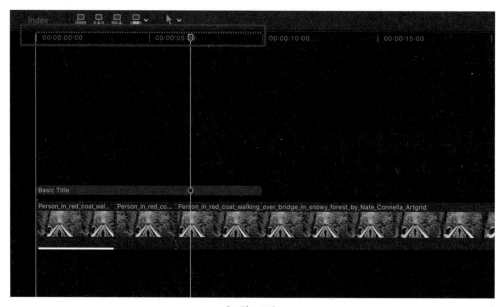

[그림 3-33]

파이널 컷 프로 X에는 어떤 작업으로 인해 변경 사항이 적용되면 렌더링이 필요합니다. 타임라인 상단을 자세히 살펴보면 점들이 있는 걸 볼 수 있습니다. 또 어떤 구간에는 점이 없습니다. 이 점은 렌더링이 되지 않았다는 걸 알려 주는 표시입니다. 따라서 점선이 있는 구간은 렌더링되기 전이며, 점이 없는 구간은 렌더링이 완료된 상태입니다. 백그라운드 렌더링을 활성화해 둔 상태라면, 조금 기다려 주면 렌더링이 완료됩니다. 백그라운드 렌더링을 비활성화해 두었다면 사용자가 직접 렌더링을 걸어 주어야 합니다.

[그림 3-34]

메뉴에서 [Modify] - [Render All] 메뉴가 렌더링을 시작하는 메뉴입니다.

[그림 3-35]

단축키는 컨트롤 + 시프트 + R입니다. 매우 중요한 단축키이므로 꼭 손에 익혀 두도록 합니다.

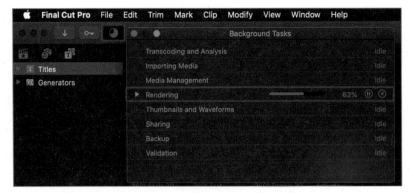

[그림 3-36]

이제 단축키 또는 메뉴의 [Render All]을 눌러 봅니다. 파이널 컷 프로 X에서 렌더링이 진행됩니다. 진행 바를 클릭하면 %로 진행 상황을 확인할 수 있습니다. 렌더링 속도는 처리할 데이터의 양과 MAC 사양에 따라 달라질 수 있습니다. 여유롭게 기다립니다. 파이널 컷 프로 X은 상대적으로 렌더링 속도가 빠른 편에 속하는 프로그램입니다.

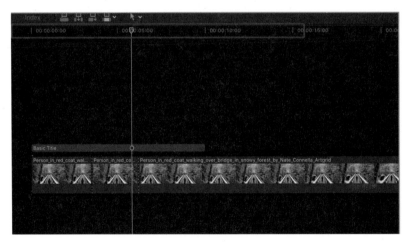

[그림 3-37]

렌더링이 완료되면 다시 타임라인 위쪽을 살펴봅니다. 점선이 사라진 걸 볼 수 있습니다. 점선이 없다면 렌더링이 완료되었다는 뜻입니다.

초보탈출 | 미리보기 화면에서 동영상이 끊겨 보여요!

 유튜브 동영상 강좌

파이널 컷 프로 X 렌더링
https://youtu.be/2fz1HLaaSB0

파이널 컷 프로 X에서 영상을 편집할 때 화면이 뚝뚝 끊겨 보이거나 자막과 화면이 흐리게 보이는 현상이 발생할 수 있습니다. 이것은 MAC의 사양 문제일 때도 있지만, 높은 수준의 영상 편집이 아니라면 보통은 렌더링 문제입니다.

[그림 3-38]

앞서 이야기한 대로 파이널 컷 프로 X에서는 영상을 새로 가져오거나 영상 구간에 어떠한 변경 작업이 적용되었을 때 자동으로 렌더링해야 합니다. 그런데 이 렌더링은 계속 진행되는 것이 아니라 사용자가 잠깐 쉴 때 이뤄집니다. 즉, 파이널 컷 프로 X에서 편집 작업이 이뤄지지 않을 때 자동으로 진행됩니다. 따라서 계속 편집하고 있다면 렌더링은 잠시 중지된 상태입니다. 이렇게 빠르게 편집하다가 재생해 보면 렌더링이 되어 있지 않은 상태에서 재생이 되는 까닭에 자막이 흐리게 보이거나 영상이 뚝뚝 끊기는 것처럼 보일 수 있습니다.

이때 타임라인 위쪽을 찾아보면 대부분 점선이 남아 있을 겁니다. 이때도 렌더링되도록 기다려 주거나 강제로 렌더링을 시작해 줍니다. 렌더링이 끝난 후 재생해 보면 자막이 선명하게 보이고 화면이 끊어지지 않는 모습을 볼 수 있습니다.

효과적으로 영상을 관리하는 방법! 라이브러리 관리 노하우

▶ 유튜브 동영상 강좌

라이브러리 관리 방법
https://youtu.be/G61SAb5wPpc

파이널 컷 프로 X은 라이브러리라는 독특한 개념을 사용하므로 영상 제작 횟수가 많아지면 많아질수록 라이브러리 관리가 어려워지는 경향이 있습니다. 더군다나 라이브러리 안에는 여러 개의 이벤트와 프로젝트가 있고, 이 이벤트들 안에는 영상의 원본 소스가 다수 포함되어 있으므로 용량도 만만치 않습니다. 결국 라이브러리를 어떻게 관리하느냐에 따라 용량을 절약하면서도 효과적으로 원하는 편집을 할 수 있다는 의미입니다. 이번 장에는 파이널 컷 프로 X에서 라이브러리를 관리하는 일반적인 방법을 소개합니다. 이 방법은 필자가 오래도록 활용해 온 방식이지만, 정답은 아닙니다. 사용자마다 활용하는 주기와 선호하는 방향이 다를 수 있습니다. 따라서 라이브러리 관리법은 사용자의 성향에 따라 달라질 수 있다는 점을 꼭 기억해 두도록 합니다. 소개하는 방법을 참고하여 자신만의 방법을 만들어 보는 것도 좋습니다.

▶ 제1 원칙: 하나의 영상이 서로 다른 라이브러리에 포함되지 않도록 할 것

파이널 컷 프로 X에서 라이브러리를 관리할 때 제1 원칙은 하나의 영상 소스가 여러 개의 라이브러리에 들어가지지 않는 겁니다.

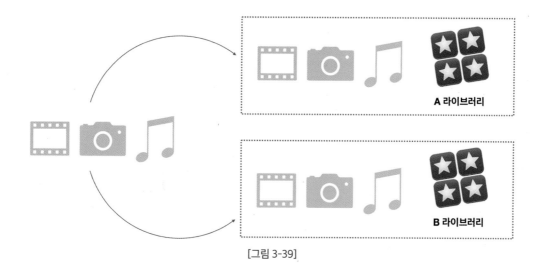

[그림 3-39]

원본 영상을 파이널 컷 프로 X에 추가하면, 라이브러리에 복사되어 들어간다고 했습니다. 따라서 하나의 영상을 A 라이브러리와 B 라이브러리 모두에 추가해 버리면, 중복되어 용량을 두 배로 차지합니다. 사진과 음악 파일 모두 중복하지 않는 게 좋지만, 음악 파일은 영상보다 용량 차지가 많지 않으므로 영상만 중복되지 않도록 관리해도 용량을 상당수 절약할 수 있습니다.

제2 원칙: 관리하려면 라이브러리 개수를 제한하자

라이브러리 개수는 관리를 잘 할 수만 있다면 아무리 많아도 관계없습니다. 하지만 관리해야 하는 라이브러리가 많아지면, 관리하기가 어려워지고 영상 소스가 중복될 가능성도 같이 커지므로 되도록 라이브러리 개수를 적당하게 유지하는 게 좋습니다. 가령, '여행' 라이브러리와 'VLOG' 라이브러리는 분리해도 되지만, 어느 정도 연관성도 있으므로 '여행-VLOG'라는 라이브러리로 통합하는 것도 좋습니다.

제3 원칙: 라이브러리를 적절하게 분류할 것

라이브러리를 자꾸 만들게 되면 관리가 어려워집니다. 따라서 난발성 프로젝트는, 그러니까 나중에 수정할 필요가 없는 가볍게 민드는 영상 또는 유튜브에 업로드 후 삭제해도 무방한 프로젝트라면 기존의 라이브러리를 적극적으로 활용하는 게 낫습니다. 어차피 수정할 필요가 없다면 라이브러리가 남아 있을 이유가 없습니다. 따라서 기존 라이브러리(예를 들어 '여행-VLOG'라는 라이브러리)에서 프로젝트만 생성하거나 이벤트만 새로 만들어서 편집하는 방향을 추천합니다. 하지만 대형 프로젝트나 여러 번 수정을 거쳐야 할 때(예를 들어 뮤직비디오나 납품해야 하는 외주 제작 영상 등) 그리고 대량의 영상 소스가 편집에 사용되는 때는 라이브러리를 별도로 만드는 게 낫습니다.

▶ 제4 원칙: 작은 단위를 만들어서 관리하자

라이브러리 개념에서 가장 큰 단위는 라이브러리입니다. 그다음이 이벤트이고 가장 작은 단위는 프로젝트입니다. 따라서 프로젝트는 얼마든지 새로 만들어도 관계없습니다. 이벤트는 실제 영상 복사본이 포함되는 폴더 같은 개념이므로 만들 때 신중한 편이 좋지만 라이브러리를 새로 만들기보다는 차라리 이벤트를 만드는 게 낫습니다. 가능하면 작은 단위들을 여러 개 만들어서 활용하는 방법을 추천합니다.

유튜브 라이브러리 　　　2020년 이벤트

[그림 3-40]

예를 들어 유튜브용 라이브러리를 만든다고 해 봅니다. 이때 '유튜브'라는 가장 큰 틀의 라이브러리를 먼저 만듭니다. 그런 다음 '2020년'이라는 이벤트를 만듭니다. 2020년에 촬영하고 편집하는 유튜브 영상은 모두 이 이벤트 안에 포함될 겁니다. 만약 영상 제작 횟수가 많다면, 조금 더 세분화하여 라이브러리를 '2020년 유튜브'로 잡고 이벤트를 '1월 유튜브 이벤트'처럼 나누어도 좋습니다.

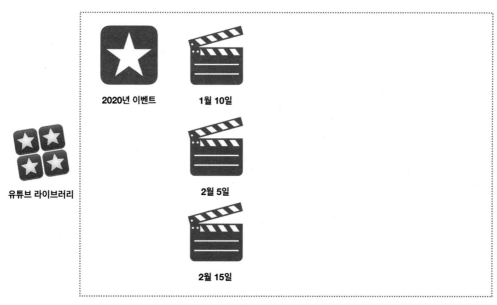

[그림 3-41]

그런 다음 이벤트 안에서 프로젝트를 만듭니다. 날짜별로 구분해도 좋고 주제별로 구분하는 것도 좋습니다.

[그림 3-42]

주제별로 만들 때, 이벤트가 여러 개 있어야 합니다. '유튜브' 라이브러리에 '여행 영상' 이벤트와 'VLOG 영상' 이벤트가 나뉘어 있는 게 좀 더 관리가 편합니다.

제5 원칙: 현 상태를 유지하면서 수정하고 싶다면 프로젝트를 추가 생성하자

[그림 3-43]

만약 현재 편집한 상태를 그대로 유지해 놓고 새로운 편집 작업, 그러니까 수정 작업을 하고 싶다면 프로젝트를 추가로 생성하는 방법을 추천합니다. 파이널 컷 프로 X은 프로젝트가 자동으로 저장되므로 사용자가 '다른 이름으로 저장'처럼 할 수 있는 방법이 새로운 프로젝트를 생성하는 방법 외에는 없습니다. 따라서 한 번 변경 작업이 진행되면 이전으로 되돌아가는 게 어렵습니다. 프로젝트 개수는 구분만 가능하면 많아도 관계없으므로, 수정 작업을 할 때는 프로젝트를 추가로 생성하는 방법을 추천합니다.

[그림 3-44]

프로젝트를 복사하려면 복사하려는 프로젝트에서 우클릭한 후 [Duplicate Project]를 클릭합니다.
단축키는 커맨드 + D입니다.

초보탈출 | 파이널 컷 프로 X 용량을 절약하는 기술

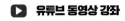

▶ **유튜브 동영상 강좌**

필수 팁! 라이브러리 용량 관리

https://youtu.be/Sa5JUilNi2A

파이널 컷 프로 X은 라이브러리에 원본 영상이 복사되어 저장됩니다. 이 작업을 여러 차례 반복하게 되면 라이브러리의 용량이 무지막지하게 늘어납니다.

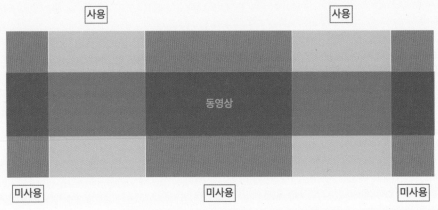

[그림 3-45] 동영상 원본을 편집에 사용하는 예시

그런데 우리가 영상을 편집할 때 영상 원본을 100% 모두 사용하는 건 아닙니다. 대부분 일부분만 사용합니다. 따라서 영상에 사용된 부분만 남기고 나머지는 모두 지워도 당장은 무방하다는 뜻입니다.

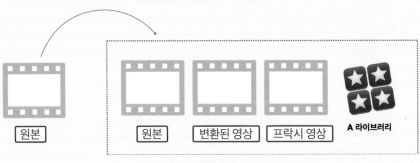

[그림 3-46]

더불어 라이브러리에 원본 영상이 복사될 때 원본만 복사되는 게 아니라 편집의 유연함을 위해 프락시 미디어(고화질의 영상을 좀 더 수월하게 편집할 수 있는 저화질, 저용량의 복사본 미디어) 등이 함께 추가로 만들어집니다. 이렇게 되면 시간이 갈수록 용량이 기하급수적으로 늘어납니다. 이런 현상을 해결하기 위해 파이널 컷 프로 X에는 렌더링된 파일을 삭제하는 기능이 있습니다.

[그림 3-47]

파이널 컷 프로 X 화면에서 라이브러리를 클릭하면 우측 화면에서 용량을 확인할 수 있습니다. 현재 샘플로 활용하고 있는 라이브러리의 용량은 690MB가량입니다.

[그림 3-48]

라이브러리를 클릭한 후 메뉴에서 [File]로 들어간 후 [Delete Generated Library Files...]를 클릭합니다.

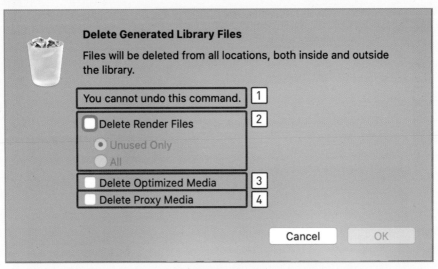

[그림 3-49]

렌더링 파일을 정리할 수 있는 메뉴가 나타납니다. 하나씩 알아봅니다.

1 "이 작업은 취소할 수 없습니다."라는 안내 메시지입니다.

2 렌더링 파일을 삭제할 때 체크합니다. Unused Only는 사용되지 않은 파일만 삭제합니다. All은 모든 렌더링 파일을 삭제합니다.

3 파이널 컷 프로 X에서 편집하기 유용한 용도로 생성하는 변환 파일을 삭제합니다.

4 4K 편집 등 높은 사양을 요구하는 편집을 할 때 필요한 저용량 파일인 프락시 미디어를 삭제합니다.

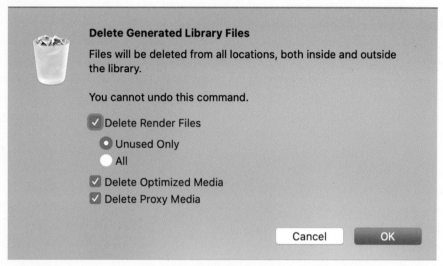

[그림 3-50]

[그림 3-50]과 같이 체크하고 진행합니다. 렌더링 파일을 삭제해도 나중에 해당 구간이 필요하면 파이널 컷 프로 X에서 알아서 다시 생성하므로 크게 걱정할 필요는 없습니다.

[그림 3-51]

다시 용량을 체크해 보면, 용량이 줄어든 걸 확인할 수 있습니다. 샘플 라이브러리는 영상 자체가 많지 않으므로 줄어든 폭이 크지 않지만, 여러분들의 실제 라이브러리는 큰 폭으로 줄어들 겁니다. 원본이 있다면 다시 해당 미디어들을 생성할 수 있으므로 용량이 부족하다면, 주기적으로 정리해 줍니다.

학습
목표

영상에 자막은 꼭 필요합니다. 영상을 더욱 다채롭
게 해 주고 특정 부분에 집중할 수 있도록 만들어 주
기 때문입니다. 영상을 꾸미는 데 효자 노릇을 하는
데다 재미있는 자막은 영상의 분위기를 더욱 업시
켜 줍니다. 이번 장에서는 파이널 컷 프로 X에서 영
상을 편집할 때 자막을 활용하는 방법에 대해 기초
부터 차근차근 알아봅니다. 자막의 다양한 속성을
살펴보고 3D 자막도 넣어 봅니다. 유튜브 영상에서
많이 보이는 자막 스타일을 직접 만들어 보고 따라
다니는 자막도 적용해 봅니다.

유튜브 영상에
없어서는 안 될
자막 활용하기

영상을 다채롭게 만드는
자막 넣기

● 결과 미리보기

겨울을 걷다

유튜브에서 볼 수 있는 영상 중 대부분은 자막이 포함된 영상들입니다. 자막은 영상을 살려 주는 역할도 하지만 다양한 정보를 가지고 있으므로 중요한 요소라고 할 수 있습니다. 영상에 글자가 나오는 건 아주 독특한 개념이며 사람들의 이목을 집중시키는 데 필요합니다. 파이널 컷 프로 X에서 영상을 편집할 때 자막을 어떻게 넣는지 알아봅니다.

자막 추가하기

[그림 4-2]

파이널 컷 프로 X 사이드바 상단에서 세 번째에 있는 아이콘 1 '타이틀 앤드 제너레이터(Titles and Generators) 아이콘을 클릭한 후 아래에 있는 2 [Titles]를 누릅니다. 오른쪽 브라우저 화면에 다양한 자막이 표시됩니다.

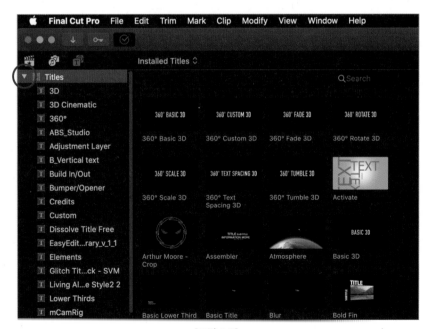

[그림 4-3]

[Titles] 왼쪽에 있는 꺾쇠를 누르면, 카테고리 목록을 볼 수 있습니다. 여러 개의 자막 스타일이 카

테고리별로 분류되어 있습니다. 빠르게 원하는 자막을 찾고 싶을 때 활용합니다.

[그림 4-4]

파이널 컷 프로 X에는 설치할 때 기본으로 주어지는 다양한 자막 스타일이 있습니다. 마우스를 올리면 뷰어 창에서 볼 수 있습니다.

[그림 4-5] 요즘에는 잘 사용되지 않는 자막 스타일들

그런데 파이널 컷 프로 X이 나름 오래된 프로그램이라서 기본으로 주어지는 스타일 중 일부 스타일이 요즘에는 잘 사용되지 않는, 말하자면 오래되고 낡은 스타일을 가지고 있습니다. 물론 몇 개 정도는 쓸 만하지만, 뮤직비디오처럼 고의로 옛날 TV 스타일을 만드는 게 아니라면 원하는 자막 스타일을 찾기가 어려운 게 사실입니다. 많은 파이널 컷 프로 X 사용자들이 직접 만든 자막 스타

일을 사용하거나 자막 템플릿을 추가로 다운로드하여 사용하고 있습니다. 그렇다고 하더라도 엄청 화려한 자막이 아닌, 간단한 자막이라면 파이널 컷 프로 X에서 직접 만들어 사용할 수 있습니다.

[그림 4-6]

파이널 컷 프로 X에서 가장 기본이면서도 많이 사용되는 자막은 Basic Title입니다. 사이드바 카테고리 [Bumper/Opener]에서 찾을 수 있으며 찾기가 어렵다면 우측에 있는 검색창을 이용하여 찾습니다.

 꿀팁

가장 기본적인 자막 스타일인 Basic Title을 넣고 이 자막을 조금씩 꾸며 가면서 자신의 영상에 맞도록 디자인하면 예쁜 자막을 만들 수 있습니다.

[그림 4-7]

이제 원하는 자막을 마우스로 잡고 드래그 & 드롭으로 타임라인 위에 배치합니다. 타임라인 영상 위에 보라색으로 된 자막이 추가되며 뷰어 창에서도 자막이 나타나는 걸 볼 수 있습니다. 자막 추가는 이게 끝입니다. 직관적이고 간단합니다.

▶ 자막 위치와 길이 조정하기

자막을 추가했으니 이제 자막의 위치와 길이를 바꾸는 방법을 살펴봅니다.

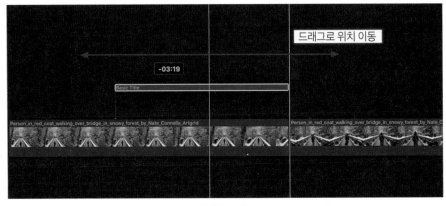

[그림 4-8]

자막의 위치 이동은 영상 클립의 위치 이동과 방법이 똑같습니다. 마우스로 자막 클립을 잡고 드래그하여 원하는 위치로 움직여 줍니다.

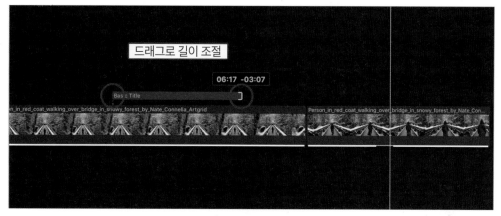

[그림 4-9]

자막의 앞뒤를 마우스로 잡을 수 있습니다. 이 부분을 잡고 원하는 길이만큼 조절해 줍니다. 앞부분을 늘리거나 줄이고, 뒷부분을 늘리거나 줄여도 됩니다. 편한 방법을 이용합니다.

[그림 4-10]

자막 길이를 조정할 때 마우스가 있는 곳에 시간 표시가 나타납니다. 이건 무슨 뜻인지 알아봅니다.

[그림 4-11]

앞의 타임 코드는 현재 자막의 길이(시간)를 표시합니다. 뒤 타임 코드는 자막이 길어지면 +로, 짧아지면 -로 나타나며 변경되는 길이를 표시합니다.

현재 자막의 길이(시간)		변경되는 길이(시간)
06:17	**-**	**03:07**

[그림 4-12]

예를 들어 [그림 4-12]처럼 나온다면, 어떻게 해석하면 되는지 알아봅니다. 현재 자막의 길이가 6초 17프레임이며 줄어든 크기는 3초 7프레임이라는 뜻입니다.

▶ 자막 글자 수정하기

파이널 컷 프로 X에서 자막을 추가하면 원래 이름(보통 Title이라는 글자)으로 삽입됩니다. 이 글자를 그대로 사용할 순 없습니다. 글자를 원하는 대로 변경해 봅니다. 두 가지 방법이 있습니다.

[그림 4-13]

먼저 뷰어 창에 있는 자막을 더블 클릭하여 자막을 수정하는 방법이 있습니다. 더블 클릭한 후 원하는 글자를 입력합니다.

더블 클릭하는 과정에서 자막의 위치가 살짝 이동되기도 합니다. 따라서 뷰어 창에서 더블 클릭하여 수정하고 싶을 땐, 위치가 이동되지 않도록 신경 쓰면서 작업합니다.

[그림 4-14]

두 번째 방법은 인스펙터를 이용하는 겁니다. 먼저 타임라인에서 자막을 클릭한 후 오른쪽 인스펙터 화면에서 [Text] 항목에 글자를 수정할 수 있는 창이 있습니다. 여기에서 글자를 수정합니다.

[그림 4-15]

글자를 입력하면 뷰어 창에서 글자가 바뀌는 걸 볼 수 있습니다.

궁금해요 *어떤 방식이 더 좋은가요?*

좀 더 수월하고 명확한 영상 편집을 원한다면, 두 번째 방식을 추천합니다. 더블 클릭하는 과정에서 자막의 위치가 어긋나는 것을 미연에 방지할 수 있는 데다 자막 수정 후 바로 다양한 효과를 적용할 수 있습니다.

자막 폰트(글자체) 바꾸기

우리가 간직하고 있는 창의력과 감성을 보여 주려면 자막의 글자체도 중요합니다. 폰트 변경 방법은 아주 쉽습니다.

[그림 4-16]

타임라인에서 자막을 클릭한 상태에서 인스펙터의 [Font] 항목을 클릭하여 글자체를 변경해 줍니다. 여기에 나타나는 폰트들은 MAC에 설치된 폰트들입니다. 추가적인 폰트 다운로드와 설치 방법은 뒤에서 자세하게 다룹니다.

자막의 크기 변경하기

[그림 4-17]

자막 크기 변경은 두 가지 방법이 있는데 편한 방법으로 인스펙터의 [Size] 항목에서 조절합니다. 가운데 있는 슬라이더를 조정하여 크기를 조절하거나 오른쪽에 있는 숫자 값으로 크기를 조절할 수 있습니다.

 꿀팁

[그림 4-18]

숫자 부분을 클릭한 후 마우스를 위 또는 아래로 움직이면 숫자를 동적으로 조절하면서 뷰어 창을 통해 변화를 확인할 수 있습니다.

▶ 자막의 정렬 맞추기

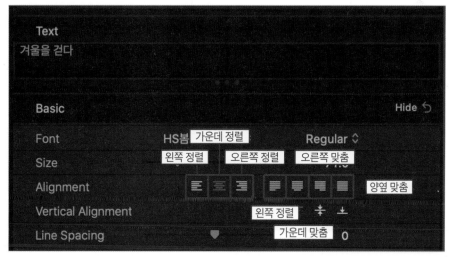

[그림 4-19]

자막 정렬은 인스펙터의 [Alignment]에서 설정합니다. 일반적으로 위치 조절이 가능한 영상의 자막이므로, 정렬 자체를 크게 신경 쓸 필요는 없습니다. 가운데 정렬을 많이 사용합니다.

줄 간격과 자간

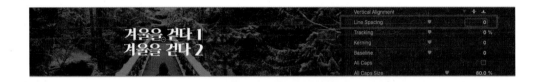

[그림 4-20]

줄 간격은 [Line Spacing]에서 조절합니다. 뷰어 창에서 글자를 더블 클릭한 뒤에 조절해야 반영됩니다.

[그림 4-21]

자간은 [Tracking]에서 조절합니다. 올리면 글자 간 간격이 늘어나고 낮게 설정하면 좁아집니다.

꿀팁

요즘 동영상 편집 분위기에선 자간을 평소보다 좁게 사용하는 게 트렌드입니다. 글자 자체가 예쁘게 보이면서도 좁은 공간에 더 많은 글자를 넣을 수 있어서 유용합니다. 폰트에 따라 자간 설정이 적용되지 않을 수 있습니다.

자막 색깔 변경하기

[그림 4-22]

자막 색상을 변경하고 싶다면, 인스펙터 아래쪽에 있는 [Face] 항목을 찾습니다. 그런 후 오른쪽에 있는 [Show] 버튼을 클릭합니다.

[그림 4-23]

글자 색깔은 [Color] 항목에서 조절합니다. 오른쪽에 있는 색상을 클릭합니다.

| 컬러 휠 | 컬러 슬라이더 | 컬러 팔레트 | 컬러 스펙트럼 | 컬러 펜슬 |

[그림 4-24]

색상 변경은 총 5가지 화면에서 원하는 방식으로 선택할 수 있습니다. 이 방식은 파이널 컷 프로 X 만의 창은 아니며 MAC에 공통된 방식입니다.

1 컬러 휠: 휠 안에서 색상을 원하는 대로 선택할 수 있는 방식입니다.

2 컬러 슬라이더: 색상 값을 조절해 가며 세밀하게 색을 정할 수 있습니다. 16진수로 된 컬러 값을 입력하고 싶을 때 사용하면 좋습니다.

3 컬러 팔레트: 지정된 색을 사용하고 싶을 때 사용합니다.

4 컬러 스펙트럼: 스펙트럼에서 원하는 색을 고를 때 사용합니다.

5 컬러 펜슬: 여러 가지 색상이 있는 펜슬에서 원하는 색을 선택합니다.

5가지 패널이 있지만 원하는 방식으로 사용합니다. 컬러 휠도 좋고 컬러 펜슬도 좋습니다. 초보자 분들이라면, 컬러 팔레트나 컬러 펜슬이 적용하기 쉬워서 추천합니다.

[그림 4-25]

색상을 변경하면 뷰어 창에서 바로 확인할 수 있습니다.

⬤ 자막에 윤곽선 설정하기

영상과 글자가 겹쳐진 상태에서 두 개의 색상이 비슷하다면, 글자가 잘 보이지 않을 때가 많습니다. 이럴 땐 글자에 윤곽선을 넣어 줍니다. 윤곽선은 디자인적으로도 예쁘게 보이고 영상과 글자 모두 선명하게 보여 줄 수 있어서 매우 선호되는 자막 디자인 방식입니다.

[그림 4-26]

인스펙터에서 [Outline] 항목을 찾습니다. 기본으로는 체크가 해제되어 있습니다. 윤곽선을 적용하려면 체크해 주고 오른쪽에서 [Show]를 클릭합니다.

[그림 4-27]

윤곽선에는 위 그림처럼 여러 개의 항목을 조절하여 다양하게 만들 수 있는 옵션을 제공합니다.

[그림 4-28]

보통은 색상을 변경하여 글자와 잘 어울리도록 만들고 [Width] 값을 조절하여 두께를 적당하게 조절하는 것만으로도 예쁜 자막이 만들어집니다.

🔵 자막에 은은한 효과 넣기

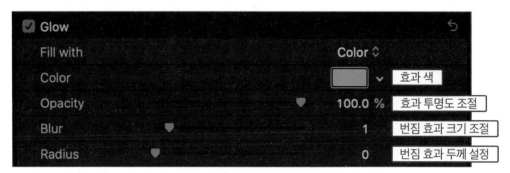

[그림 4-29]

Glow는 은은하게 번지는 효과입니다. 윤곽선의 Blur 효과와 비슷하게 보입니다. Glow 효과는 윤곽선과 따로 적용하는 게 좋습니다. 동시에 적용하면 둘 다 잘 보이지 않을 수 있습니다.

[그림 4-30]

Glow 효과를 이용하면 글자 주변이 은은하게 빛나는 것처럼 보이도록 만들 수 있습니다.

🔵 자막에 그림자 효과 넣기

그림자 적용 전

그림자 적용 후

[그림 4-31]

자막에 그림자를 적용해 봅니다. 그림자는 배경이 밝은 색상일 때는 잘 보이지만, 배경 영상이 어두운 색상이라면 잘 보이지 않습니다.

체크!

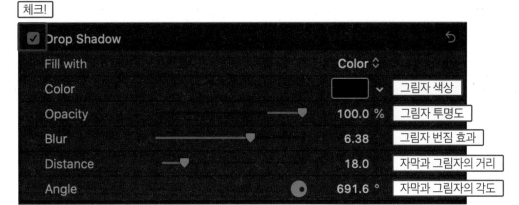

[그림 4-32]

▶ 자막 투명도 조절하기

클릭!

[그림 4-33]

자막의 투명도를 조절하고 싶다면 인스펙터 상단에 있는 [비디오 인스펙터]로 들어가야 합니다. 비디오 인스펙터 클릭 후 아래쪽에 있는 [Opacity]를 조절합니다. 100%는 불투명한 상태이며 %를 줄이면 투명해집니다.

Opacity 100%

Opacity 30%

[그림 4-34]

 꿀팁

Opaticy 값을 0%로 만들면 화면에서 보이지 않도록 만들 수 있습니다.

자막에 그러데이션 적용하기

● **결과 미리보기**

자막에 그러데이션 효과를 적용하면 하나의 글자에 여러 색을 보여 줄 수 있어서 미적으로 훌륭해집니다. 유튜브에도 다양한 그러데이션 색상을 가진 자막을 많이 볼 수 있습니다.

[그림 4-36]

자막 클릭 후 인스펙터에서 [Face]를 찾습니다. 그런 후 [Fill with] 값을 클릭하여 [Color]에서 [Gradient]로 변경합니다.

 꿀팁

그러데이션은 2개 이상의 색을 넣을 수도 있습니다.

그레이디언트 아래에 있는 삼각형 모양의 버튼을 이용해 색상을 적절하게 바꿔 줍니다. 이 삼각형 모양의 버튼을 드래그하면 그러데이션의 비율을 조절할 수 있습니다.

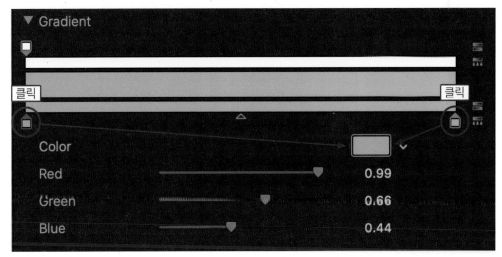

[그림 4-37]

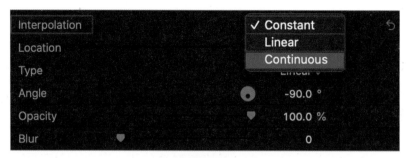

[그림 4-38]

[Interpolation]에는 총 3가지의 종류가 있습니다.

1. Constant: 왼쪽의 색상이 이어집니다.

2. Linear: 색이 선으로 나뉘듯 딱딱하게 연결됩니다.

3. Continuous: 색이 부드럽게 연속적으로 연결됩니다.

[그림 4-39]

[Location]은 그러데이션에서 색상의 위치를 결정합니다. 기본값은 왼쪽은 0%, 오른쪽은 100%입니다. 색이 가까울수록 경계가 선명해지고 멀수록 경계가 부드러워집니다.

[그림 4-40]

[Type]은 그러데이션이 표현되는 모양입니다. Linear는 선형이며 Radial은 방사형입니다. 직선 형태 또는 원형이라고 기억하면 쉽습니다.

[그림 4-41]

[Angle]은 그리데이션에서 색이 표현되는 각도입니다. 마우스로 빙글빙글 돌려서 설정할 수 있습니다.

내 영상의 차별화 포인트!
3D 자막 활용하기

▶ **유튜브 동영상 강좌**

파이널 컷 프로 X 3D 자막 활용법

https://youtu.be/H8T6ICqCGc8

●● 결과 미리보기

동영상이라는 콘텐츠는 2차원으로 구성되어 있습니다. x축(가로)과 y축(세로)으로 이루어져 있습니다. 실제로 우리가 화면을 통해 눈으로 보는 콘텐츠는 대부분 2차원으로 2D입니다. 3D 자막은 Z축으로 깊이감을 주는 자막 스타일입니다. 2D인 영상에 3D인 자막이 들어간 셈입니다. 평범한 2D 자막은 글자와 영상을 함께 보여 주면 누가 봐도 자막처럼 보입니다. 반면에 3D 자막은 깊이를 활용해서 마치 영상 안에 녹아든 것처럼 보입니다. 자막이 마치 현실 세계에 존재하는 것처럼 연

출할 수 있다는 뜻입니다. 영화나 시네마틱 스타일의 영상에서 자주 볼 수 있는 자막 스타일이지만, 유튜브 영상에 활용하기에도 좋습니다. 파이널 컷 프로 X에서는 3D 자막도 쉽게 만들 수 있습니다.

꿀팁

3D 자막은 현실 세계에 존재하는 설치된 간판 또는 설치물처럼 보이도록 디자인하면 매력적으로 만들 수 있습니다. 영상 주제와 관계없이 사용할 수 있지만, 여행 영상이나 시네마틱한 스타일(영화 스타일)의 영상에 특히 잘 어울립니다.

영상에 3D 자막 추가하기

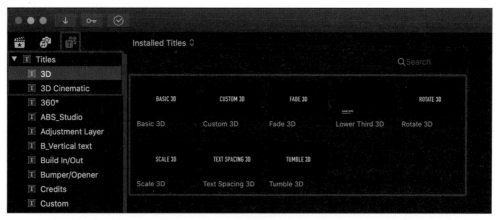

[그림 4-43]

사이드바의 [텍스트 제너레이터] 탭에서 [Titles]의 [3D] 또는 [3D Cinematic]으로 들어가면 미리 만들어진 3D 자막 스타일을 확인할 수 있습니다. 여러 가지가 있는데 Lower Third 3D를 제외하면 디자인은 동일하며, 자막이 나타나는 방식 등의 차이 정도가 있을 뿐입니다. 마우스를 올려서 미리 자막이 나타나는 장면을 볼 수 있으니 자막을 결정하기 전에 체크해 보도록 합니다.

[그림 4-44]

3D 자막을 삽입한 후 인스펙터에서 프리셋 스타일을 선택하면, [3D Styles]라는 메뉴가 나타납니다. 여기에서 3D 자막과 관련된 미리 만들어진 프리셋 자막 스타일을 선택할 수 있습니다. 과거에 자주 사용되던 스타일들이며 요즘에는 다소 투박하게 보여서 프리셋에서 쓸 만한 것을 찾기가 어렵습니다. 이 책에서는 프리셋을 이용하지 않고, 자신의 영상에 잘 어울리도록 직접 디자인할 수 있도록 Basic 3D 자막을 활용하고, 자막을 직접 디자인해서 만드는 방식으로 알려 드립니다.

[그림 4-45]

Basic 3D를 마우스로 드래그 & 드롭하여 타임라인에 추가합니다.

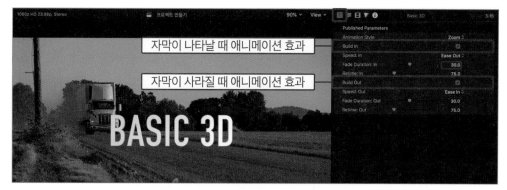

[그림 4-46]

3D 자막 추가 후 인스펙터에서 기초적인 설정을 할 수 있습니다. 기본 설정이 Build In과 Build Out 이 적용되어 있습니다. 체크되어 있으면 애니메이션 효과가 들어갑니다. 체크 해제하면 애니메이션이 사라집니다. 아래쪽에 있는 Speen In 등의 값은 자막이 나타날 때 애니메이션 효과와 자막이 사라질 때 애니메이션 효과에 대한 세부 설정입니다. 나타날 때 속도와 시간 등을 설정합니다. 직접 조정해 보면 뷰어 창에서 직관적으로 확인할 수 있습니다.

3D 자막 디자인하기

[그림 4-47]

3D 자막의 디자인은 인스펙터에서 이뤄집니다. 여러 가지 항목이 있는데 모두 알 필요는 없고 실제 자막에 적용될 항목들만 알아 둡니다.

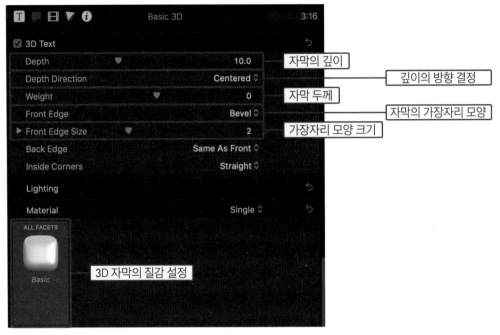

[그림 4-48]

자막의 깊이와 두께, 깊이의 방향 등을 결정할 수 있습니다. 아래쪽에 있는 ALL FACETS 부분에서 3D 자막의 질감을 설정합니다. 초보자분들에게 추천하는 기능은 질감 설정입니다. 몇 번의 클릭만으로도 아주 매력적인 3D 자막을 만들어 낼 수 있는 기능입니다. 값을 조정하면서 뷰어 창에서 자막의 변화를 눈으로 확인하도록 합니다.

[그림 4-49] 3D 자막에 있는 3가지 축

3D 자막을 클릭해 보면 뷰어 창에서 3개의 점이 나타나는 걸 볼 수 있습니다. 이 점들은 각 축(각 x 축, y축, z축)의 각도를 조정하는 기능이 있습니다. 이 부분을 드래그해서 각도를 바꾸어 영상에 적용합니다.

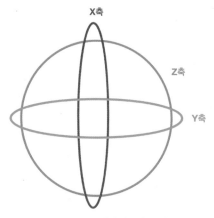

[그림 4-50] 3D 자막의 3차원 좌표계

3D 자막은 위 좌표계처럼 3가지 방향으로 움직일 수 있고 각도를 조합할 수 있습니다. 그런데 위 좌표계를 외우거나 공부할 필요는 없습니다. 그냥 3D 자막에 있는 3가지 점을 마우스로 잡고 이리저리 움직여 가면서 원하는 결과물을 만들어 냅니다.

[그림 4-51]

각도와 위치를 조정하여 이렇게 배치해 봅니다.

[그림 4-52]

이제 영상과 잘 어울리도록 자막에 질감을 지정합니다. ALL FACETS를 클릭하여 원하는 질감을 선택합니다. 추가적인 자막 디자인은 3D TEXT 항목에서 깊이를 조정하는 등으로 작업합니다.

[그림 4-53]

영상의 분위기나 색감에 잘 어울리는 질감을 찾아 설정하면 더욱 매력적인 3D 자막이 만들어집니다. 마치 글자가 영상 안에 실물로 존재하는 것처럼 만들어 봅니다.

3D 자막에 조명 효과 주기

[그림 4-54]

자막을 3D처럼 보여 주고 현실감을 나타내려면 자막이 튀어나와 있어야 하므로 그림자가 필요합
니다. 그림자를 만들어 내는 방법으로 조명 효과를 사용합니다. 인스펙터에서 [Lighting]을 찾은 다
음 [Show]를 눌러 활성화합니다. 조명 스타일을 바꾸고 조명의 강도 등을 설정할 수 있습니다.

레벨 업 | 3D 자막을 영상에 잘 어울리게 배치하는 방법

[그림 4-55] 3D 자막 활용 샘플

3D 자막을 영상에 추가하고 싶다면, 영상에 잘 어울리도록 배치해야 합니다. 영상과 동떨어지게 배치하면 3D 자막 특유의 매력이 사라지며 2D 자막을 사용했을 때보다 더 아마추어처럼 보이기도 합니다. 3D 자막은 영상 안에 실제로 존재하는 것처럼 보여 줄 때 사용하면 효과적이라고 했습니다. 따라서 영상에 배치할 때 영상의 구조를 잘 보고 판단해야 합니다.

[그림 4-56]

필자는 보통 영상 안에 있는 지평선이나 수평선을 활용하여 배치합니다. 이렇게 하면 실제로 설치물이 설치된 것처럼 보여 줄 수 있어서 영상과 잘 녹아들면서도 적절하게 어울리는 자막을 만들기 쉽습니다. 건물의 벽면에 배치하거나 하늘 등을 이용해도 좋습니다.

구멍 뚫린
투명 자막 만들기

▶ **유튜브 동영상 강좌**

구명 뚫린 투명 자막 만들기
https://youtu.be/Q48IEbfci10

●● **결과 미리보기**

유튜브 영상을 예쁘게 만들어 줄 구멍 뚫린 투명 자막을 만들어 봅니다. 파이널 컷 프로 X의 컴파운드 클립과 블렌드 모드를 조금만 만져 주면 빠르게 만들 수 있습니다.

[그림 4-58]

사이드바에서 [Generators]를 찾은 다음 [Solids]를 클릭하고 브라우저 창에서 [Custom]이라고 된 객체를 타임라인에 추가합니다. 투명 자막을 만들 때 배경이 되어 색상 역할을 하는 객체입니다.

 꿀팁

유튜브 영상 강좌에서는 Custom 대신 Shape를 사용했는데, Shape보다 Custom 객체가 좀 더 사용하기 편리해서 Custom으로 사용하는 걸 권장합니다.

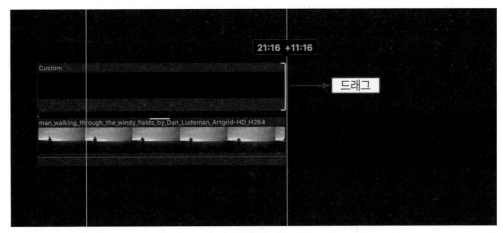

[그림 4-59]

Custom 객체를 자막이 나타나야 할 구간만큼 드래그하여 길이를 조정해 줍니다.

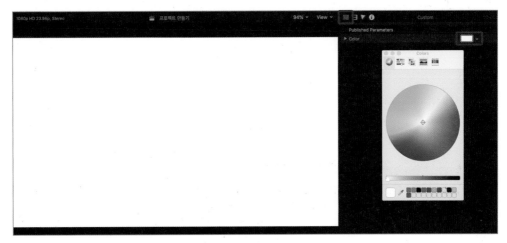

[그림 4-60]

타임라인에서 Custom 객체 클릭 후 인스펙터에서 Color 항목의 색상을 조정해 줍니다. 여기에서는 보편적으로 많이 사용되는 흰색 배경을 활용할 예정이지만 꼭 흰색이 아니어도 관계없으니 원하는 색상으로 골라 봅니다.

[그림 4-61]

이제 글자를 추가해야 합니다. 사이드바에서 [Titles] - [Bumper/Opener]에서 Basic Title을 타임라인에 드래그 & 드롭하여 추가합니다.

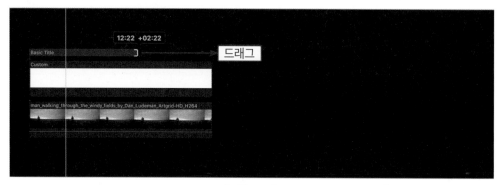

[그림 4-62]

자막도 마찬가지로 길이를 조정합니다. 아래쪽에 있는 custom 객체와 똑같이 만들어 줍니다.

[그림 4-63]

뷰어 창 아래쪽에 있는 Transform 도구를 이용해 배경색을 적당한 크기로 조절합니다.

[그림 4-64]

이제 글자를 수정합니다. 인스펙터에서 원하는 문구를 입력하고 글자색은 검은색으로 지정합니
다. 글자 크기와 폰트도 자유롭게 만들어 줍니다. 이때 반드시 흰색 배경을 벗어나지 않도록 해야
합니다.

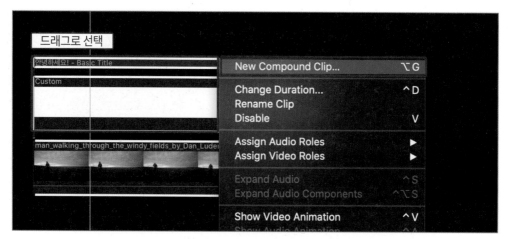

[그림 4-65]

이제 배경에 깔린 흰색 Custom과 위에 있는 자막을 함께 드래그하여 선택한 후 마우스 오른쪽을 클릭하고 [New Compound Clip]을 클릭합니다.

궁금해요 컴파운드 클립이 뭔가요?

컴파운드 클립은 여러 개의 클립을 마치 하나의 클립처럼 만들어 주는 기능으로 PART 9 에서 자세히 다룹니다.

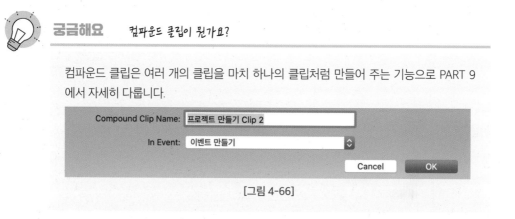

[그림 4-66]

컴파운드 클립 설정 창이 나오면, 이름을 지정해 주고 [OK]를 클릭합니다. 기존에 나타나는 이름 을 그대로 사용해도 됩니다.

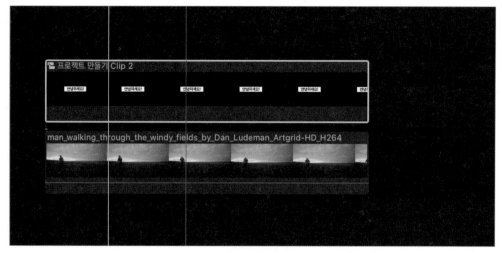

[그림 4-67]

두 개였던 클립이 컴파운드 클립으로 하나로 만들어집니다.

[그림 4-68]

컴파운드 클립을 클릭한 후 인스펙터에서 [Blend Mode]를 선택하고 [Add]로 바꿔 줍니다.

[그림 4-69]

뷰어 창 아래에 있는 Transform 기능을 이용해 원하는 위치에 배치합니다.

 궁금해요 블렌드 모드가 뭔가요?

블렌드 모드는 아래쪽에 있는 객체와 위에 있는 객체의 조합을 어떻게 할 것인지 결정하는 레이어 활용 방법입니다. 쉽게 설명하자면, 아래에 배치된 객체와 위에 배치된 객체를 조립하는 기술이라고 할 수 있습니다. 여러 가지 블렌드 모드가 있으며 이 블렌드 모드를 잘 활용하면 재미있는 연출을 많이 할 수 있습니다.

블렌드 모드는 종류가 다양하고 대동소이한 것들이 많습니다. 이 책에서는 지면상 모든 블렌드 모드를 다루지는 않으며 특정 블렌드 모드가 필요할 때만 활용합니다. 블렌드 모드에 대해 궁금하다면, 유튜브 영상에서 블렌드 모드에 대해 자세히 공부해 보도록 합니다.

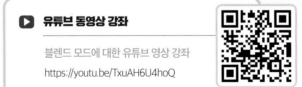

▶ **유튜브 동영상 강좌**

블렌드 모드에 대한 유튜브 영상 강좌
https://youtu.be/TxuAH6U4hoQ

외부 자막 불러오기

▶ 유튜브 동영상 강좌

외부 자막 불러오기
https://youtu.be/AZw-cNi8m00

파이널 컷 프로 X으로 영상을 편집할 때 외부에서 만들어진 자막을 가져오고 싶다면 자막을 불러와 주기만 합니다. 자막 파일의 확장자는 보통 smi, srt 등의 이름을 가집니다. 이러한 자막 파일을 파이널 컷 프로 X으로 불러오는 방법을 알아봅니다.

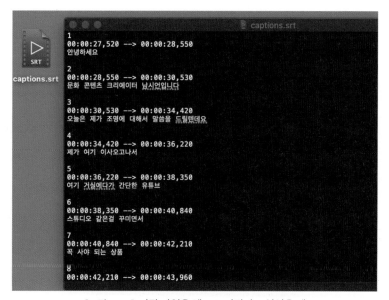

[그림 4-70] 자막 파일을 텍스트 편집기로 열었을 때

자막 파일을 텍스트 편집기로 열어 보면, 단순히 글자들이 입력된 텍스트 파일인 걸 알 수 있습니다. 여기에 자막이 나타나고 사라져야 할 타이밍을 지정하는 시간 표시와 자막에 표시될 글자인 텍스트가 들어 있습니다. 이 텍스트 편집기에서 글자를 수정하고 저장하면 자막이 수정되는 식입니다.

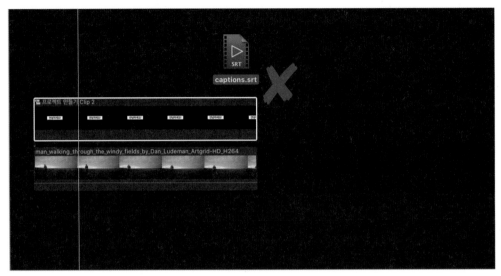

[그림 4-71]

파이널 컷 프로 X에서 영상이나 음악, 사진 등을 추가할 땐 드래그 & 드롭으로 바로 타임라인에 넣을 수 있습니다. 자막 파일은 드래그 & 드롭으로 삽입할 수 없습니다.

[그림 4-72]

자막 파일은 반드시 메뉴를 활용해서 불러와야 합니다. [File]에서 [Import]로 들어간 다음 [Captions]를 클릭합니다.

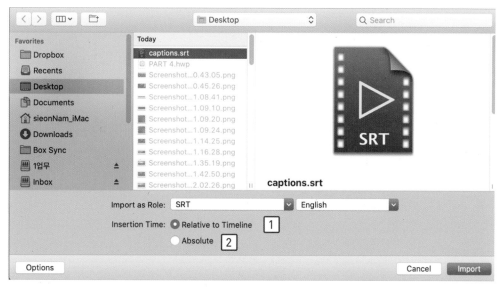

[그림 4-73]

이제 자막 파일을 선택한 후 [Import]를 클릭합니다. 이때 두 가지 옵션이 제공됩니다.

1   Relative to Timeline: 프로젝트의 시작 시간에 자막 시간을 맞춰 추가합니다.

2   Absolute: 프로젝트 시작 시간을 무시하고 자막 시간에 따라 자막을 추가합니다.

일반적인 상황에서는 Relative to Timeline을 선택하면 알맞게 들어갑니다.

[그림 4-74]

타임라인 위쪽에 자막이 추가된 걸 확인할 수 있습니다.

[그림 4-75]

영상에도 자막이 나타납니다.

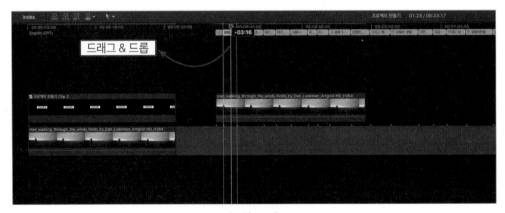

[그림 4-76]

각 자막을 드래그 & 드롭하여 위치를 이동할 수 있습니다.

불러온 외부 자막 수정하기

[그림 4-77]

불러온 외부 자막을 수정하고 싶다면, 수정하고 싶은 자막을 클릭한 후 오른쪽 인스펙터에서 글자를 바꿔 주기만 하면 끝입니다.

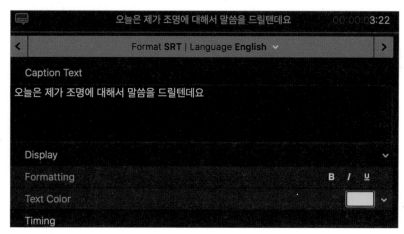

[그림 4-78]

인스펙터에서 간단하게 글자의 굵기를 조정하고 색깔을 변경하는 등의 작업을 할 수도 있습니다.

유튜브에서 많이 활용되는 자막 스타일 만들기

▶ **유튜브 동영상 강좌**

흰색 자막을 넣는 두 가지 방법

https://youtu.be/kJMTARol1hE

●● **결과 미리보기**

유튜브에서 많이 볼 수 있는 흰색 자막 스타일 두 가지를 만들어 봅니다. 누구나 쉽게 만들 수 있으면서도 예쁘게 만들어지는 스타일이라서 꼭 연습해서 자신의 영상에 활용해 보도록 합니다. 만드는 방법도 무척 간단합니다.

윤곽선만 있는 자막 스타일

[그림 4-80]

윤곽선만 있는 자막 스타일입니다. 자막의 윤곽선만 있어서 마치 뚫린 듯한 느낌을 줍니다. 처음에는 윤곽선만 나왔다가 말하는 속도에 맞춰 색을 채워 주면 매력적인 자막을 만들 수 있습니다. 먼저 글자를 입력한 후 크기와 폰트 등을 설정하고 원하는 위치에 배치해 줍니다.

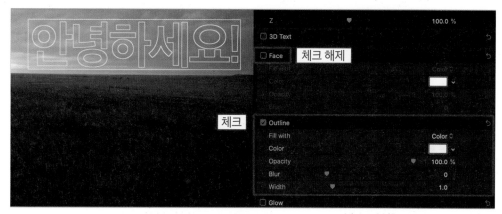

[그림 4-81]

인스펙터에서 [Face]를 찾은 다음 체크 해제를 합니다. 그런 다음 바로 아래에 있는 [Outline]을 체크하여 활성화해 줍니다. Outline은 윤곽선이라고 배웠습니다. 윤곽선의 색상과 두께 등을 만져 줍니다.

단계별로 색상이 채워지게 만들기

영상이 재생되면서 윤곽선만 나오던 자막이 색상으로 채워지도록 만들어 봅니다.

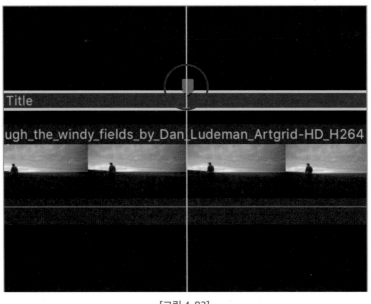

[그림 4-83]

윤곽선만 나오다가 색상이 채워지는 구간을 정하고 마커(단축키 M)를 추가합니다. (마커 없이 진행해도 됩니다.)

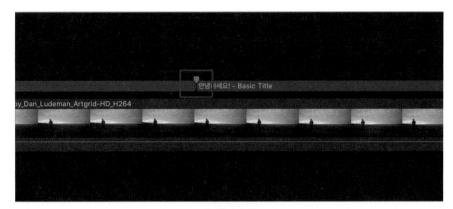

[그림 4-84]

마커 부분을 블레이드 툴(단축키 B)을 이용해 잘라 줍니다.

[그림 4-85]

이제 뒤에 있는 자막을 클릭한 후 인스펙터에서 [Face]를 활성화해 줍니다. 영상을 재생해 보면 윤곽선만 나오는 자막이 색상으로 채워지는 장면을 볼 수 있습니다.

연하게 나왔다가 진해지는 자막 스타일

이번에는 글자가 연했다가 특정 시점에 진해지는 스타일의 자막을 만들어 봅니다. 윤곽선만 나오는 글자와 함께 사용해도 좋고 따로 사용해도 좋은 기법입니다.

[그림 4-87]

타임라인에 글자를 넣고 적절하게 디자인합니다. 크기와 위치도 바꿔 줍니다.

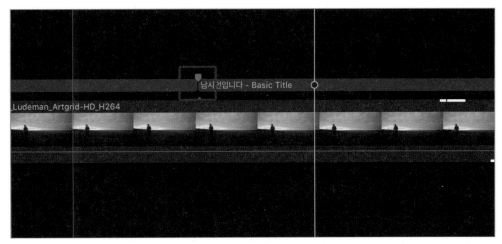

[그림 4-88]

색이 바뀌는 부분에 마커를 삽입하고 블레이드 툴로 자막을 잘라 냅니다.

[그림 4-89]

이번에는 앞에 있는 자막을 클릭한 후 인스펙터로 들어갑니다. 인스펙터에서 Opacity 값을 적절하게 조정합니다. 이때는 줄여 주어야 연했다가 진하게 나오는 글자가 완성됩니다.

보편적으로 흰색 글자를 많이 사용하지만 반드시 흰색일 필요는 없습니다. 영상과 잘 어울리는 색상이라면 어떤 색상이든 적용할 수 있습니다. 자신만의 창의력을 발휘하여 영상에 알맞은 색상으로 작업해 봅니다.

윤곽선 글자와 연한 글자 스타일을 섞어서 배치하거나 단어별로 색상이 채워지도록 만들면 더욱더 효과적입니다.

키 프레임은 객체에 변수를 줘서 애니메이션처럼 만드는 방식입니다. 하지만 이런 말은 매우 어렵습니다. 이해를 돕기 위해 쉽게 설명하면, 각 프레임에 변화를 줘서 움직이는 것처럼 보이게 만드는 방법입니다. 동영상은 사진의 연속으로 만들어진다고 배웠습니다. 이때 동영상을 구성하고 있는 각 사진에 키 프레임으로 변화를 주면 영상이 재생되면서 움직이는 것처럼 보입니다.

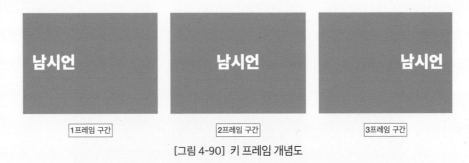

[그림 4-90] 키 프레임 개념도

예를 들어 [그림 4-90]처럼 프레임별로 편집해서 자막의 위치를 바꿔 지정하면 어떻게 되는지 알아봅니다.

[그림 4-91]

영상이 재생되면 [그림 4-91]처럼 마치 자막이 오른쪽으로 움직이는 것처럼 보입니다. [그림 4-91]은 이해를 돕기 위해 간략하게 표현한 겁니다. 실제로는 프레임마다 아주 조금씩 위치가 옮겨지면서 할당됩니다.

키 프레임 방식은 파이널 컷 프로 X뿐만 아니라 대부분의 영상 편집 프로그램에서 지원하는 영상 편집의 핵심 기능입니다.

그런데 예를 들어 24프레임 기준으로 편집하는 3초짜리 영상에 키 프레임을 주고 싶다면, 편집해야 하는 총 프레임 수는 72(24*3)가 됩니다. 72장의 사진을 편집해야 한다는 뜻입니다. 이건 편집자에게 너무 가혹한 숫자라고 할 수 있습니다. 파이널 컷 프로 X에서는 키 프레임의 이동이 일정한 방향일 때 시작 지점과 끝 지점을 지정하면, 키 프레임을 알아서 설정해 줍니다. 글로는 이해하기가 어려운 측면이 있으므로 직접 따라 해 보면서 알아봅니다.

[그림 4-92]

개념도에서 알아본 것처럼 글자가 왼쪽에서 오른쪽으로 움직이는 키 프레임을 만들어 봅니다. 먼저 시작할 부분에다 자막을 넣어 줍니다.

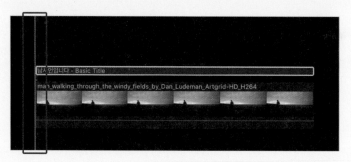

[그림 4-93]

시작 부분에 키 프레임을 설정하기 위해 재생 헤드를 자막의 제일 앞부분에 위치시킵니다.

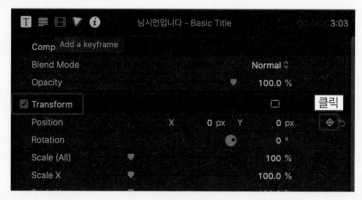

[그림 4-94]

이제 인스펙터에서 Transform을 찾습니다. 객체의 위치나 크기 등을 담당하는 곳입니다. Position 값에 키 프레임을 추가할 계획입니다. Position은 객체의 위치를 좌표의 값(x, y)으로 표시해 줍니다. 오른쪽 끝에 있는 더하기 버튼을 클릭합니다. 이 버튼이 키 프레임을 추가하는 버튼입니다.

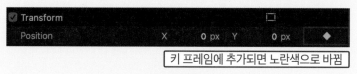

[그림 4-95]

키 프레임을 추가하면 키 프레임 추가 버튼이 노란색으로 바뀌는 걸 볼 수 있습니다.

[그림 4-96]

끝부분에 키 프레임을 추가하기 위해 재생 헤드를 자막의 끝으로 이동시킵니다. 단축키를 이용하려면, 자막을 클릭한 상태에서 아래쪽(↓)을 누른 뒤 왼쪽으로 한 칸(←) 옮겨 줍니다.

[그림 4-97]

다시 키 프레임을 추가해 줍니다.

[그림 4-98]

이제 자막을 오른쪽으로 이동시킵니다. 이제 자막에 키 프레임 적용이 끝났습니다.

[그림 4-99]

초보탈출 | 영상 편집자가 반드시 알아야 할 키 프레임(Key Frame)

영상을 재생해 보면, 직접 지정한 키 프레임을 따라 자막이 왼쪽에서 오른쪽으로 움직이는 화면을 볼 수 있습니다. 키 프레임 편집은 영상을 멋지게 만드는 편집에서 꼭 필요한 기법이므로 충분히 연습해 둡니다. 이 책에서도 앞으로 자주 키 프레임을 활용해 볼 예정입니다.

유튜브 영상에 필수!
따라다니는 자막 만들기

▶ **유튜브 동영상 강좌**

파이널 컷 프로 X 모션 트래킹

https://youtu.be/tVJmL2ZwJ7A

◐ **결과 미리보기**

유튜브 영상에서 사람이나 동물 또는 뭔가를 따라 움직이는 자막을 많이 보았을 겁니다. 이렇게 따라다니는 자막도 움직이는 객체이므로 키 프레임을 활용해서 만들어야 합니다. 앞서 살펴본 것처럼 처음 부분과 끝부분에만 키 프레임을 준다면 일정하게 움직여야 하는데, 영상 속의 중심은 일정하게 움직이지 않으므로 부드럽게 연출하려면 키 프레임을 조금 더 촘촘하게 주어야 합니다. 샘플 영상에서는 노를 젓는 사람의 얼굴 주변을 따라다니는 자막을 한번 만들어 봅니다.

[그림 4-101]

제일 먼저 자막을 입력하고 디자인해 줍니다. 시작 위치도 잡아 줍니다.

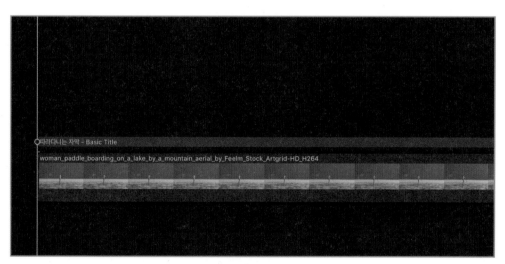

[그림 4-102]

재생 헤드는 제일 앞에 배치합니다.

[그림 4-103]

이제 키 프레임을 주어야 할 차례입니다. 이번에는 뷰어 창 아래에 있는 1 Transform 버튼을 먼저 클릭하고 좌측 상단에 있는 2 키 프레임 추가 버튼을 클릭합니다. 뷰어 창 화면에서 객체를 움직이면서 키 프레임을 줄 때 활용하는 방법입니다.

[그림 4-104]

키 프레임 추가 버튼이 처음에는 + 모양이었다가 클릭해 주면 X표로 바뀌는 걸 볼 수 있습니다. 이렇게 X 표시가 나와야 키 프레임이 추가된 상태입니다.

[그림 4-105]

이제 키 프레임 추가 작업을 이어 갑니다. 프레임을 이동하면서 뷰어에서 위치를 지정해야 합니다. 키보드 방향키 중 오른쪽 방향키(→)를 클릭하면 오른쪽으로 한 프레임 이동합니다. 이렇게 한 프레임 오른쪽으로 이동한 다음 뷰어 창에서 적당한 위치로 자막의 위치를 옮겨 줍니다. 그리고 다시 방향키(→)를 눌러 한 프레임 이동 후 화면에서 위치를 옮기고, 또 한 프레임을 이동합니다. 이 작업을 따라다니는 자막이 끝나는 부분까지 반복합니다. 마무리되면 영상을 재생해 봅니다. 따라다니는 자막이 손쉽게 만들어진 걸 확인할 수 있습니다.

영화처럼 연출하려면?
글자만 나오는 영상 만들기

▶ **유튜브 동영상 강좌**

글자만 나오는 영상 만들기
https://youtu.be/7FyMVVOal3o

●● **결과 미리보기**

배경 영상 없이 글자만 나오는 스타일을 만들 수 있습니다. 글자만 나오는 방식은 특정 구간에 들어가면 효율적이고 글자를 통해 다양한 정보를 전달할 수 있어서 매력적입니다. 영화에서 많이 사용되지만, 유튜브 영상에서도 자주 볼 수 있는 편집 기법입니다. 배경 음악에 맞춰 글자가 딱 바뀌거나 특정 구간에 갑자기 글자만 나타나면 시청자의 시선을 사로잡을 수 있습니다.

[그림 4-107]

타임라인에 배경 영상 없이 단순히 자막만 배치하면 [그림 4-107]처럼 검은색 배경에 글자만 나오는 화면을 만들 수 있습니다. 기본 배경이 검은색이기 때문이며, 가장 간단한 방법입니다. 만약 검은색 배경만 필요하다면 이 방법을 사용합니다. 하지만 배경색(흰색 등)이 필요하다면 추가 작업이 남아 있습니다. 여기에서는 편집의 확장성을 고려하여 색상 변경이 가능한 글자만 나오는 영상 만들기에 대해 소개합니다.

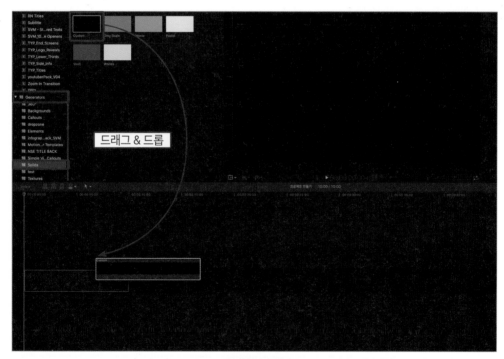

[그림 4-108]

배경색을 지정하기 위해 가장 먼저 Custom 배경을 깔아야 합니다. 사이드바에서 [Generators]로 들어간 다음 [Solids]를 클릭하여 Custom 객체를 타임라인에 추가합니다.

[그림 4-109]

Custom 위에 자막을 하나 배치합니다. 길이는 알맞게 조절합니다. 자막은 여러 개 배치할 수도 있습니다.

[그림 4-110]

이제 아래쪽에 추가한 Custom을 클릭한 후 인스펙터에서 원하는 색상으로 배경색을 변경합니다.

[그림 4-111]

이제 글자 객체를 클릭한 후 인스펙터의 [Face] 항목에서 글자색을 바꿔 줍니다. 어떤 색을 사용해도 관계없습니다.

[그림 4-112]

이 작업을 여러 번 반복하여 글자 여러 개를 추가하면 영상 없이 글자만 나오는 화면을 만들어 낼수 있습니다.

지지직~하는
글리치 텍스트 만들기

▶ **유튜브 동영상 강좌**

플러그 인 없이 지지직 효과 텍스트 만들기

https://youtu.be/wT36fF8f1P0

●● **결과 미리보기**

화면에 지지직하면서 나타나는 글자 또는 약간 옛날 TV에서나 볼 수 있었던 레트로 느낌의 글자를 본 적이 있을 겁니다. 영화처럼 보여 주는 시네마틱 스타일의 영상이나 뮤직비디오, 유튜브의 여행 영상이나 VLOG 영상 등에서 흔하게 볼 수 있는 기법입니다. 이렇게 지지직하는 스타일을 흔히 '글리치(Glitch)' 효과라고 부릅니다. 그래서 '글리치 텍스트'는 지지직하는 글자이며 '글리치 화면 전환 효과'는 지지직거리면서 바뀌는 화면 전환 효과입니다. 화면 자체에 글리치 효과를 주는 '글리

치 이펙트'도 있습니다. 이번에는 우선 글리치 텍스트를 만들어 봅니다. 글리치 텍스트는 레트로 느낌이 나면서도 감성적으로 글자를 표현할 수 있어서 많은 분이 좋아하는 효과입니다.

꿀팁

이 책에서는 글리치 텍스트의 템플릿을 사용하지 않고 사용자가 직접 글리치 텍스트를 만들어서 활용할 수 있도록 소개합니다. 다른 사람이 만들어 둔 템플릿을 사용하는 것도 좋지만, 이때는 자막의 스타일이나 효과 등을 만들어 둔 그대로 사용할 수밖에 없어서 자유도가 떨어진다는 문제가 있습니다. 직접 만드는 방법 자체가 크게 어렵지 않으니 여러분들도 직접 만들어서 사용해 보도록 합니다.

[그림 4-114]

영상을 배치하고 영상 위에 Basic Title을 넣어 줍니다. 글자도 적절하게 바꿉니다.

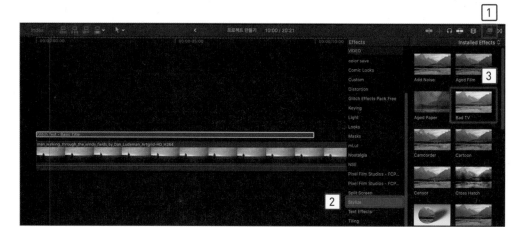

[그림 4-115]

이제 파이널 컷 프로 X 화면에서 우측 가운데 부근에 있는 ⒈ 네모 모양이 두 개 겹쳐진 버튼을 찾습니다. 이 버튼이 이펙트(효과) 패널을 열 수 있는 버튼입니다. 그런 다음 목록에서 ⒉ [Stylize]를 클릭하고 ⒊ [Bad TV] 효과를 찾습니다. 지지직하는 느낌을 내기 위해 필요한 이펙트입니다.

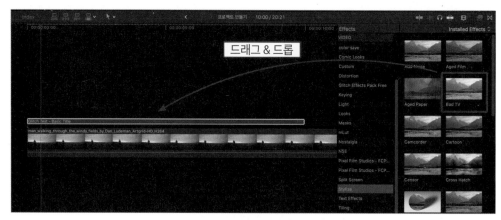

[그림 4-116]

이제 이 효과를 드래그 & 드롭하여 자막 위에 떨어뜨려 줍니다. 이렇게 하면 자막에 해당 효과가 적용됩니다.

[그림 4-117]

다시 자막을 클릭하고 인스펙터에 들어가 보면 이전에는 없던 Bad TV라는 항목이 추가된 걸 확인할 수 있습니다. 여기에서 각 항목을 조금 손보면 글자 디자인을 바꿀 수 있습니다.

[그림 4-118]

글리치 효과에는 제일 위에 있는 [Amount] 값을 조정합니다. 이 상태로 완료하여도 나쁘지 않은 결과가 나옵니다. 하지만 좀 더 프로페셔널한 결과물을 위해 간단한 추가 작업을 진행합니다. 글자가 나타날 때 깜빡깜빡하면서 나타났다가 글자가 잠시 유지되고, 사라질 때 다시 깜빡깜빡하게 하는 작업입니다.

[그림 4-119] 글리치 텍스트 효과 강화를 위한 작업 개념도

화면에 깜빡거리면서 나타나게 하거나 사라지게 하려면 글자 자체를 잘게 잘라 주어야 합니다. 1 프레임 단위로 편집합니다.

재생 헤드를 제일 앞에 배치

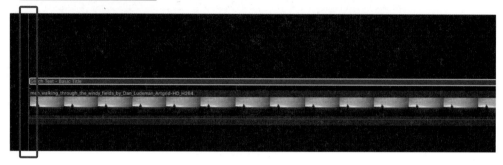

[그림 4-120]

글자를 1프레임 단위로 잘라 내기 위해서 우선 재생 헤드를 자막 제일 앞에 배치합니다.

 꿀팁

앞에서부터 편집하지 않고 뒤에서부터 앞으로 오면서 잘라 내도 됩니다.

[그림 4-121]

이제 1프레임 단위로 오른쪽으로 이동하면서(키보드 방향키 → 이용) 블레이드 툴로 하나씩 잘라 줍니다. 깜빡거리면서 등장하는 부분을 만들고 있으므로 원하는 구간만큼 잘라 줍니다. 앞부분 작업이 되었다면 중간 부분을 건너뛰고 끝부분(깜빡거리면서 사라질 부분)도 똑같은 방법으로 1프레임씩 잘라 냅니다.

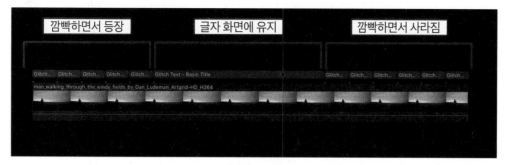

[그림 4-122]

작업을 마치면 [그림 4-122]처럼 앞부분과 끝부분은 1프레임씩 자막이 잘려져 있고 가운데 부분은 잘려져 있지 않은 상태가 됩니다. 이제 등장하는 부분과 사라질 부분에 있는 자막들 사이사이의 조각이 난 자막들을 삭제해 줍니다.

[그림 4-123]

타임라인은 [그림 4-123]처럼 모양이 만들어집니다. 이제 재생해 봅니다.

[그림 4-124]

만약 좀 더 강한 글리치 효과가 글자에 적용되었으면 좋겠다고 생각한다면, Bad TV 효과를 하나만 적용하는 게 아니라 2개(혹은 그 이상) 적용합니다. 그러면 더욱더 강화된 지지직 효과가 만들어집니다.

[그림 4-125]

글리치 텍스트는 너무 얇은 글자보다는 어느 정도 두께감이 있는 폰트에 잘 어울립니다. 폰트가 얇으면 글리치 특유의 색 번짐이 잘 보이지 않을 수 있습니다. 따라서 글리치 텍스트를 만들 땐 두꺼운 폰트를 활용합니다.

레벨 업 | 저작권에서 자유로운 무료 폰트 추천과 설치하는 방법

동영상에서 자막은 중요한 위치를 차지합니다. 글자의 스타일에 따라 영상의 분위기와 느낌이 달라지기 때문입니다. 공포 영화에 알록달록한 자막이 나온다거나 코미디 영상에 무채색의 글자만 계속 나온다면 자막과 영상이 어울리지 않고 시청자들의 몰입을 방해할 겁니다.

동영상을 포함한 콘텐츠 제작자들이 늘어나고 1인 미디어 시대가 열리면서 저작권의 중요성은 더욱 강조되고 있습니다. 자신이 열심히 만든 동영상을 다른 사람들이 마구잡이로 사용하는 걸 원하는 사람이 없는 것처럼, 폰트도 누군가 만든 엄연한 저작물이며 저작권을 갖고 있습니다. 폰트는 유료 폰트와 무료 폰트가 있습니다. 폰트는 저작권 항목이 세부적으로 나뉜 경우가 많고 가격이 고가인 편이므로 개인 제작자는 무료 폰트를 사용하는 걸 추천합니다.

[그림 4-126] 한글 무료 폰트를 쉽게 찾을 수 있는 눈누 사이트

영문보다 한글은 폰트를 제작하기가 까다롭고 어려운 편입니다. 그래서 과거에는 한글 폰트가 많지 않았습니다. 하지만 최근에는 디지털 자료 제작과 콘텐츠 생산에 많은 분이 참여하면서 다양한 곳에서 폰트를 제작하고 무료로 배포하는 곳이 늘어났습니다.

그 덕분에 폰트의 종류도 다양해지고 있습니다. 요즘에는 한글 폰트 중에서도 개인이 무료로 그리고 상업 목적으로 이용 가능한 폰트들이 다수 있습니다.

눈누(https://noonnu.cc) 사이트는 목적별로 사용할 수 있는 한글 폰트를 모아 놓은 공간입니다. 여기에서 원하는 폰트를 쉽게 찾을 수 있으며 해당 폰트의 저작권도 쉽게 확인할 수 있습니다. 최근 크리에이터분들이 많이 사용하는 사이트이기도 합니다.

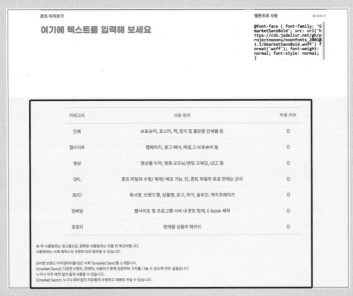

[그림 4-127] 폰트의 저작권과 사용 범위가 표시되는 곳

폰트의 저작권과 사용 범위는 해당 폰트의 아래쪽 설명란에서 확인할 수 있습니다. 각 폰트의 사용 범위가 조금씩 다르므로 반드시 개별로 확인한 후 사용하도록 합니다.

[그림 4-128]

폰트를 다운로드하려면 오른쪽에 있는 [다운로드] 버튼을 클릭합니다.

레벨 업 | 저작권에서 자유로운 무료 폰트 추천과 설치하는 방법

[그림 4-129]

다운로드 페이지가 나타나면, 폰트를 다운로드합니다. 보통 TTF와 OTF로 나뉩니다. 두 개의 차이를 설명하려면, 트루 타입을 설명해야 해서 조금 복잡해지므로 그냥 MAC 운영체제에서는 OTF로 다운로드하면 된다고 기억하도록 합니다. 만약 TTF만 제공되는 글꼴은 TTF로 설치할 수 있습니다. MAC은 TTF도 지원합니다. 폰트의 다운로드 화면은 폰트마다 다를 수 있습니다

[그림 4-130]

다운받은 폰트의 압축을 해제합니다.

[그림 4-131]

설치하고 싶은 폰트를 더블 클릭하고 [서체 설치]를 클릭하여 설치합니다.

레벨 업 | 저작권에서 자유로운 무료 폰트 추천과 설치하는 방법

[그림 4-132]

설치가 완료되면 서체 관리자에서 확인할 수 있습니다.

🔘 저작권이 자유로운 영문 폰트 다운로드 사이트

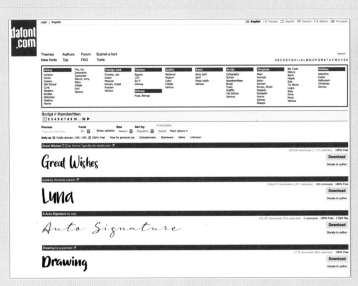

[그림 4-133] 저작권이 자유로운 영문 폰트들을 모아서 볼 수 있는 dafont.com

국내에도 널리 알려진 이 사이트는 다폰트(dafont.com)입니다. 다양한 영문 폰트를 갖추고 있습니다. 여기에서 원하는 영문 폰트들을 다운로드할 수 있습니다.

레벨 업 | 저작권에서 자유로운 무료 폰트 추천과 설치하는 방법

[그림 4-134]

이 사이트에는 다양한 저작권의 폰트가 모여 있으므로 저작권을 잘 살펴봐야 합니다. 상단에 있는 탭에서 [100% Free]를 체크하고 검색하면 상업용으로 이용 가능한 무료 폰트들을 골라낼 수 있습니다.

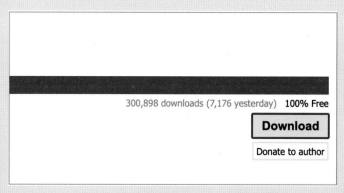

[그림 4-135]

폰트 오른쪽에 있는 다운로드 버튼을 클릭하여 다운로드 후 사용하도록 합니다.

PART 5에서는 영상이 바뀌는 시점에 효과적으로 눈길을 사로잡을 수 있는 화면 전환 효과에 대해서 알아봅니다. 화면 전환 효과는 앞에 있는 영상과 뒤에 있는 영상을 자연스럽게 연결하는 방식입니다. 독특한 화면 전환 효과는 눈길을 사로잡고 구독자를 유혹하는 데 훌륭한 역할을 합니다. 화면 전환 효과의 원리를 이해하고 다양한 효과를 자유자재로 활용할 수 있게 된다면, 영상 편집 금손이 되는 건 시간문제라고 할 수 있습니다.

영상 분위기로
구독자를 유혹하는
화면 전환 효과

화면 전환 효과의
원리 살펴보기

파이널 컷 프로 X에서 화면 전환 효과를 넣기 전에 화면 전환 효과의 원리부터 알아봅니다. 파이널 컷 프로 X의 영상 편집은 하나의 스토리 라인으로 편집되기 때문에 중간에 화면 전환 효과를 잘못 넣게 되면, 전체 영상 길이가 바뀌는 등의 문제가 발생할 수 있습니다. 따라서 화면 전환 효과가 어떤 식으로 적용되는지를 알아 둬야 합니다.

[그림 5-1]

우리가 파이널 컷 프로 X에서 컷 편집 또는 영상을 추가하면 [그림 5-1]처럼 영상이 붙어 있는 것처럼 보입니다. 또 실제로 재생해 봐도 자신이 원하는 부분만 재생되는 걸 볼 수 있습니다.

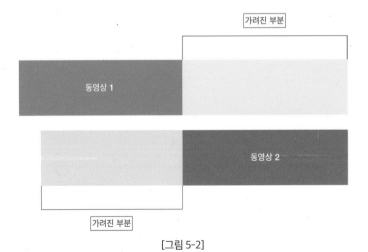

[그림 5-2]

하지만 실제로는 삭제된 게 아니라 가려져서 보이지 않는 것뿐입니다. 그러므로 TRIM 등으로 영상을 조절할 수 있습니다. 화면 전환 효과는 내가 원하는 부분을 모두 보여 주기 위해서 이렇게 가려진 부분을 이용합니다.

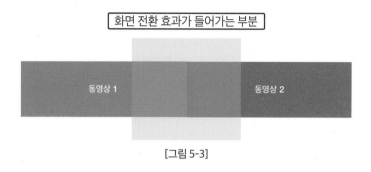

[그림 5-3]

앞 영상의 뒷부분 그리고 뒤에 있는 영상의 앞부분에 겹친 형태로 화면 전환 효과가 들어갑니다. 만일 겹치는 부분이 없으면 화면 전환 효과가 올바르게 나타나지 않습니다.

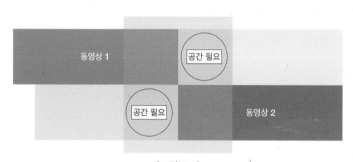

[그림 5-4]

따라서 앞 영상과 뒤 영상에 화면 전환 효과가 들어갈 만한 충분한 공간이 있어야 한다는 의미입니다. 즉, 영상에서 사용되지 않는 남은 공간이 필요합니다.

 꿀팁

영상 클립이 너무 짧으면 화면 전환 효과가 들어갈 공간이 없어, 화면 전환 효과가 영상 전체를 넘어 버리거나 늘어가시지 않을 수 있습니다.

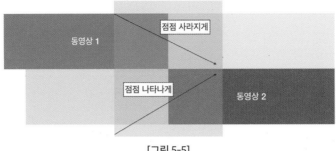

[그림 5-5]

이제 화면 전환 효과가 작동하는 방식을 알아봅니다. 화면 전환 효과는 앞뒤 빈 공간을 활용합니다. 화면 전환 효과가 자연스럽게 변화되려면 앞에 있는 영상의 끝부분에서 점점 사라지도록 만들고, 동시에 뒤에 나오는 영상은 점점 나타나게 표현합니다. 이 방식이 파이널 컷 프로 X의 화면 전환 효과 원리입니다.

[그림 5-6]

만약 앞뒤 영상 중에 화면 전환 효과를 넣을 만한 공간이 없으면 화면 전환 효과를 넣을 수 없습니다. 강제로 넣을 방법이 있지만, 강제로 넣게 되면 앞뒤 영상이 자동으로 가운데로 위치가 이동되면서 공간을 확보합니다. 이렇게 되면 영상에서 내가 원하는 부분이 화면 전환 효과에 가려질 가능성이 큽니다. 예를 들어 10초짜리 영상이 8초로 줄어들 수 있습니다. 따라서 영상을 촬영할 때 앞뒤 공간을 충분히 확보해 두는 습관을 들이는 게 좋습니다.

 꿀팁

촬영할 때 처음부터 끝까지 모두 사용할 걸 염두에 두고 촬영 버튼을 누른 후 3초 정도 있다가 실제 촬영에 들어가는 방식을 습관화하면 좋습니다.

자연스럽게 화면이 전환되는 크로스 디졸브 효과

화면 전환 효과의 원리를 알아보았으니 이제 실제로 화면 전환 효과를 넣어 봅니다. 가장 보편적으로 사용되면서 무난하게 쓸 수 있는 페이드인/페이드아웃 효과, 즉 크로스 디졸브(Cross Dissolve) 효과를 사용해 봅니다.

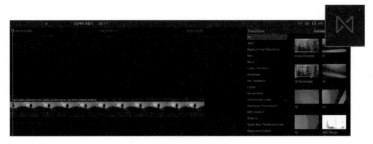

[그림 5-7]

화면 전환 효과를 넣는 버튼은 파이널 컷 프로 X 화면 우측에 자리 잡고 있습니다. 제일 끝에 나비넥타이 모양의 버튼이 보일 겁니다. 바로 이 버튼이 화면 전환 효과 버튼입니다. 이 버튼을 클릭합니다.

[그림 5-8]

이제 화면에서 크로스 디졸브(Cross Dissolve)를 찾습니다. 별다른 설정을 한 적이 없다면, 보통 가장 위에 있습니다. 이 크로스 디졸브 효과는 여러 곳에서 응용하여 사용할 수 있으며 가장 많이 사용되는 화면 전환 효과이므로 꼭 이름을 기억해 두도록 합니다.

[그림 5-9]

이제 이 크로스 디졸브 효과를 마우스로 클릭한 상태에서 드래그 & 드롭으로 영상과 영상 사이 부분에 넣어 줍니다. 파이널 컷 프로 X에서는 이런 식으로 화면 전환 효과를 넣는 게 일반적인 방식입니다. 굉장히 직관적이라 누구나 편하게 사용할 수 있습니다.

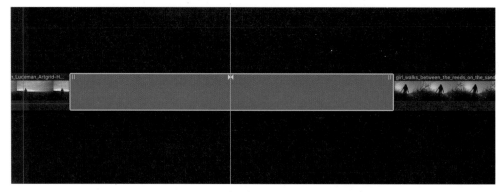

[그림 5-10]

크로스 디졸브 화면 전환 효과가 적용됩니다. 앞 영상의 끝부분과 뒤에 있는 영상의 앞부분에 걸쳐 적용된 걸 볼 수 있습니다. 이제 재생해 보면 앞에 있는 영상이 점점 사라지면서 뒤에 있는 영상이 나타나고 자연스럽게 전환되는 모습을 확인할 수 있습니다.

[그림 5-11] 크로스 디졸브 효과가 적용된 모습

레벨 업 | 크로스 디졸브 효과를 앞뒤에 넣어서
자연스러운 시작과 끝 만들기

화면 전환 효과를 영상의 가운데 부분에만 넣을 수 있는 건 아닙니다. 영상의 앞부분과 끝부분에도 넣을 수 있습니다. 이렇게 하면 자연스러운 페이드인 효과(점점 나타나는 효과)와 자연스러운 페이드아웃 효과(점점 사라지는 효과)를 만들어 낼 수 있습니다.

[그림 5-12] 자연스러운 시작과 끝을 만들기 위한 구조

영상의 제일 앞부분과 제일 끝부분에 크로스 디졸브 효과를 넣습니다.

[그림 5-13]

크로스 디졸브 효과를 영상의 제일 앞부분과 끝부분에 삽입합니다. 이렇게 만들면 시작 부분이 어두웠다가 자연스럽게 나타나는 장면으로, 끝부분이 자연스럽게 어두워지는 장면으로 바뀝니다. 이제 영상을 재생해서 결과를 확인해 봅니다.

화면 전환 효과
길이 조절하기

이번에는 화면 전환 효과의 길이를 조절해 봅니다. 길이를 짧게 하면 화면 전환 효과가 빠르게 지나갈 것이고, 길이를 길게 잡으면 화면 전환 효과가 천천히 진행될 겁니다. 화면 전환 효과의 길이는 영상의 분위기나 주제, 배경 음악의 빠르기 등에 따라 다르게 설정할 수 있습니다. 특정 구간에는 전환을 빠르게 보여 주어 빨려 들어가는 느낌을 줄 수도 있고, 특정 구간에서는 아주 천천히 화면이 전환되면서 여유롭고 차분한 분위기를 연출할 수도 있습니다.

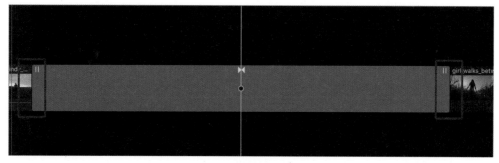

[그림 5-14]

화면 전환 효과를 먼저 삽입한 후에 진행합니다. 화면 전환 효과를 넣은 후부터는 화면 전환 효과 자체를 하나의 클립이라고 생각하고 양 끝을 잡고 움직여 주면 길이를 조절할 수 있습니다.

[그림 5-15]

짧게 만들 수도 있고 길게 만들 수도 있지만, 최소치 밑으로 더 줄어들게 만들 수는 없습니다. 이 최소치는 화면 전환 효과마다 다를 수 있습니다. 짧게 만들면 빠르게 화면 전환이, 길게 만들면 느리게 화면 전환이 이뤄집니다.

화면 전환 효과 위치 조정하기

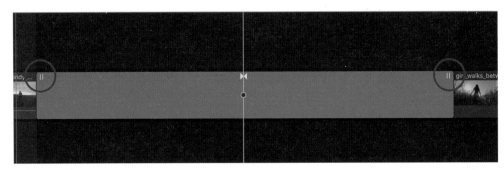

[그림 5-16]

삽입된 화면 전환 효과를 자세히 살펴보면 양 끝에 작은 선이 있는 모습을 볼 수 있습니다. 이 선을 잡고 움직이면 길이를 그대로 유지하면서 화면 전환 효과의 위치만 움직일 수 있습니다.

[그림 5-17]

이때는 마우스 버튼 아래에 필름 모양의 아이콘이 나타나므로 자신이 지금 클릭한 부분이 어디인지를 쉽게 구분할 수 있습니다.

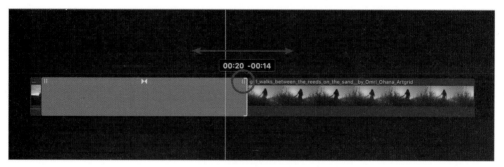

[그림 5-18]

이제 화면 전환 효과를 원하는 위치로 옮겨 둡니다. 이 방식을 활용하면 영상을 여러 번 컷하지 않아도 원하는 위치에 화면 전환 효과를 넣을 수 있습니다.

초보탈출 | 화면 전환 효과가 안 들어가요!

유튜브 동영상 강좌

화면 전환 효과가 안 들어가는 이유
https://youtu.be/TlD8FMzX7QU

파이널 컷 프로 X에서 화면 전환 효과를 넣기 위해 작업하다 보면 종종 다음과 같은 메시지 창이 나타나면서 효과가 삽입되지 않을 때가 있습니다.

[그림 5-19]

이 메시지는 파이널 컷 프로 X 사용자들이 자주 만나는 메시지 창이기도 합니다. 내용을 자세하게 설명하면 다음과 같습니다.

- There is not enough extra media beyond clip edges to create the transition. Do you want to overlap (ripple trim) your media to create the transition? This will decrease the total duration of your project.

- 화면 전환 효과를 넣기 위한 클립의 미디어 공간이 부족하여 효과를 넣을 수 없습니다. 화면 전환 효과를 넣기 위해 미디어를 겹쳐서 만들겠습니까? 프로젝트의 전체 길이가 줄어듭니다.

이 상태에서는 화면 전환 효과가 들어가지지 않습니다. 파란색으로 표시된 [Create Transition] 버튼을 클릭하면 화면 전환 효과를 넣을 수 있지만, 앞뒤 클립의 길이가 자동으로 줄어들면서 전체 영상의 길이가 줄어들 수 있어서 주의가 필요합니다. 이렇게 화면 전환 효과가 들어가지지 않는 이유는 무엇인지 알아봅니다.

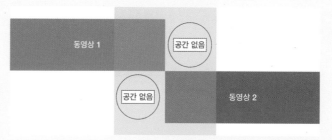

[그림 5-20]

앞에서 설명한 것처럼 화면 전환 효과를 넣으려면 앞뒤 영상 클립에 공간이 확보되어야 합니다. 그런데 [그림 5-20]처럼 공간이 없으면 강제로 클립의 위치를 이동시켜서 화면 전환 효과를 만들어야 하고, 이럴 때 메시지 창이 나타납니다. 따라서 화면 전환 효과를 넣을 수 없다면, 강제로 [그림 5-21]처럼 위치를 이동시켜야 하는 셈입니다.

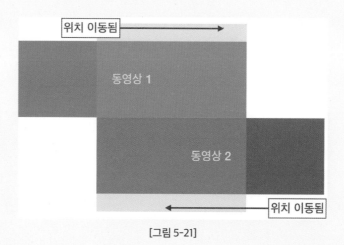

[그림 5-21]

이때 사용자에게는 두 가지의 선택지가 있습니다. 영상 길이를 변경하는 조건으로 화면 전환 효과를 넣거나(효과가 우선일 때), 화면 전환 효과를 넣지 않거나(영상의 길이와 영상 노출이 우선일 때)입니다. 선택은 편집자의 몫이므로 화면 전환 효과가 들어가지지 않는다면, 어떤 부분이 더 효과적일지 고민해 보고 결정하도록 합니다.

화면 전환 효과
정밀하게 편집하기(정밀편집기)

▶ 유튜브 동영상 강좌

화면 전환 효과를 컨트롤하는 방법
https://youtu.be/74G3mgPPfrM

파이널 컷 프로 X에서는 화면 전환 효과를 정밀하게 편집할 수 있는 정밀편집기 기능을 제공합니다. 이 기능을 활용하면 화면 전환 효과의 길이를 조절하는 것뿐만 아니라 앞뒤 영상 클립의 위치까지 세밀하게 조정할 수 있어서 화면 전환 효과를 사용할 때 반드시 필요한 기능입니다. 직관적으로 편집할 수 있도록 화면에 영역을 보여 주므로 누구나 쉽게 따라 할 수 있습니다.

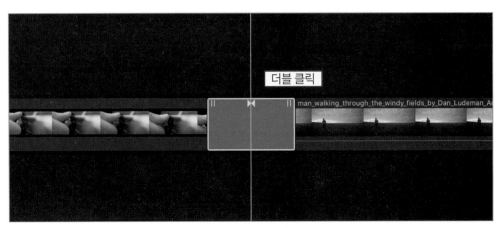

[그림 5-22]

화면 전환 효과를 정밀하게 편집하려면, 삽입된 화면 전환 효과를 더블 클릭합니다.

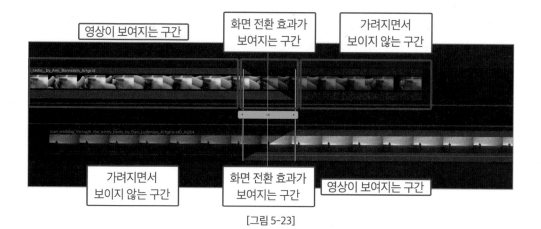

[그림 5-23]

정밀편집기 화면을 보는 방법은 [그림 5-23]과 같습니다. 위에 있는 클립은 앞 영상 클립이며 아래에 있는 클립은 뒷부분의 영상 클립입니다. 화면 전환 효과가 보이는 구간을 직관적으로 파악할 수 있습니다.

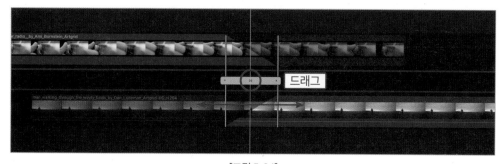

[그림 5-24]

정밀편집기 가운데에 마우스로 잡고 움직일 수 있는 핸들이 있습니다. 이 핸들을 클릭한 후 좌우로 움직이면서 화면 전환 효과의 위치를 조정할 수 있습니다. 단, 반드시 앞뒤 영상의 남은 영상 클립(가려져서 보이지 않는 부분)이 있는 구간 안에서만 움직일 수 있습니다.

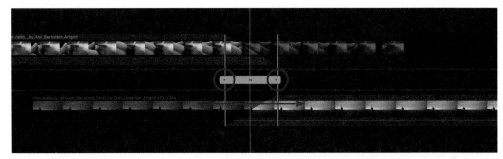

[그림 5-25]

핸들 좌우에 있는 버튼을 잡고 드래그하면 화면 전환 효과의 길이를 조절할 수 있습니다. 보통 화면 전환 효과는 음악이나 효과음과 함께 들어갈 때가 많으므로 정확한 위치와 적절한 길이를 설정하는 게 중요합니다. 이렇게 정밀편집기를 활용하면 원하는 구간만큼의 화면 전환 효과를 넣을 수 있습니다.

내 영상을 밝고 화사하게 만들어 줄 화이트 인/화이트 아웃 효과

▶ **유튜브 동영상 강좌**

화이트 인/화이트 아웃 효과 만들기
https://youtu.be/v8p3rblypvg

⬤⬤ **결과 미리보기**

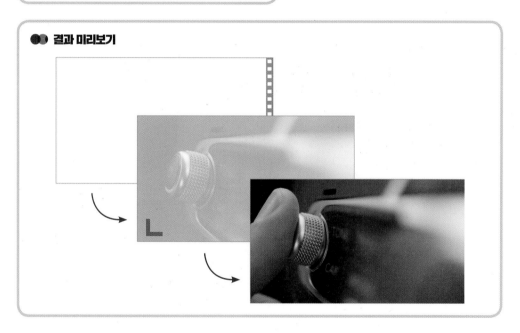

크로스 디졸브 효과를 영상의 앞뒤 끝부분에 위치시키면 자연스럽게 영상이 시작되고 자연스럽게 영상이 끝난다고 이야기했습니다. 그런데 이 효과는 안타깝게도 어두운 화면에서 시작해서 어두운 화면으로 끝납니다. 이렇게 검은색으로 나타나는 이유는 파이널 컷 프로 X에서는 영상이 아무것도 없는 화면 자체가 검은색으로 설정되어 있기 때문입니다. 따라서 검은색 대신에 다른 색상으

로 표현하고 싶다면, 기본색이 아닌 다른 색상을 영상 아래에 깔아 줍니다. 사용법이 쉬우니 따라 해 보도록 합니다.

[그림 5-27]

먼저 영상의 앞부분과 끝부분에 크로스 디졸브 효과를 삽입해 줍니다. 이 상태에서 크로스 디졸브 부분에 흰색 바탕을 깔아 줄 겁니다.

[그림 5-28]

파이널 컷 프로 X 메뉴에서 텍스트/제너레이터 메뉴를 클릭한 후 [Generators]로 들어간 다음 [Solids]에서 Custom을 찾습니다. 바로 흰색을 넣지 않고 Custom으로 하는 이유는 흰색이 아닌 다른 색상으로 변경할 자유도를 확보하기 위해서입니다.

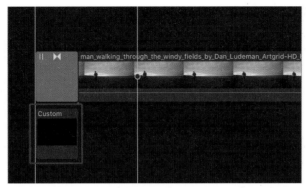

[그림 5-29]

이제 Custom을 드래그 & 드롭하여 크로스 디졸브 아래에 배치합니다.

[그림 5-30]

Custom 개체를 클릭한 후, 인스펙터에서 색상을 흰색으로 변경합니다.

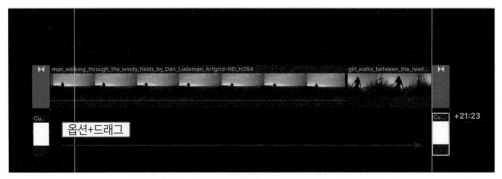

[그림 5-31]

끝부분에도 적용하기 위해 흰색으로 바뀐 Custom을 키보드에서 옵션 키를 누른 상태에서 드래그하여 끝부분에 가져다 놓습니다. 이렇게 하면 객체가 복사됩니다. 이제 재생해 봅니다. 영상이 검은색에서부터 페이드인/페이드아웃이 되는 게 아니라 흰색으로 표현되는 걸 볼 수 있습니다.

분위기 있는 시네마틱 영상, 특히 밝은 느낌의 영상을 만들 때 유용한 화이트 인/화이트 아웃 페이드를 연출할 수 있습니다. 작업이 간단한 데다 원리만 알면 누구나 쉽게 적용할 수 있고 변경 또한 쉬워서 추천하는 편집 방식입니다. 다양한 곳에서 활용할 수 있으므로 꼭 익혀서 자신만의 영상에 활용해 보도록 합니다.

유튜브 여행 영상에서 자주 보이는 루마 페이드 효과

▶ **유튜브 동영상 강좌**

루마 페이드 효과 만들기
https://youtu.be/8kKd-ajbV_w

◗◗ 결과 미리보기

크로스 디졸브 효과

루마 페이드 효과

유튜브에서 여행 영상들을 즐겨 볼 겁니다. 여행 영상에서 특히 자주 볼 수 있는 화면 전환 효과가 있습니다. 바로 루마 페이드(Luma Fade)라고 하는 효과입니다. 앞에 있는 영상과 뒤에 있는 영상이 적절하게 겹쳐 보이면서 전환되는 멋지면서도 특이한 효과입니다. 파이널 컷 프로 X에서도 루마 페이드를 사용할 수 있습니다. 활용하는 방법은 여러 가지가 있지만, 여기에서는 가장 간단하게 루마 페이드 효과를 연출하는 방법에 대해서 소개합니다. 기존에 있는 크로스 디졸브 효과를 응용하여 편집하는 방식이므로 별도의 플러그 인이 필요 없으며 만들기도 무척 쉽습니다.

[그림 5-33]

제일 먼저 영상과 영상 사이에 크로스 디졸브 화면 전환 효과를 삽입해 줍니다. 이 효과를 변경하여 루마 페이드처럼 연출할 예정입니다.

 꿀팁

루마 페이드는 길이가 조금 길어야 더욱 효과적으로 연출됩니다. 화면 전환 효과의 길이도 적절하게 조절해 줍니다. 너무 짧게 만들기보다는 조금 긴 편이 좋습니다.

[그림 5-34]

화면 전환 효과(여기에서는 크로스 디졸브)를 클릭한 후 인스펙터에서 Look을 찾습니다. 기본 설정은 Video로 되어 있습니다. 이걸 클릭하여 Shadows로 바꿔 줍니다.

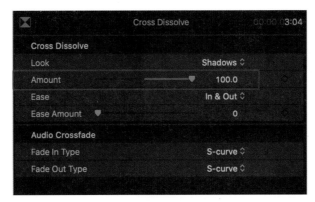

[그림 5-35]

좀 더 강한 루마 페이드 효과를 만들고 싶다면, 인스펙터에서 Amount 값을 최대치로 올려 줍니다.

[그림 5-36]

이제 재생해 보면 기존에 있던 크로스 디졸브와는 또 다른 화면 전환 효과를 볼 수 있습니다. 완벽하진 않지만, 루마 페이드와 흡사한 화면 전환 효과가 쉽게 만들어집니다.

 꿀팁

루마 페이드는 앞에 있는 영상과 뒤에 있는 영상의 색상 차이를 이용하는 방법이므로 영상이 어떤 색상인지에 따라서 다르게 나타날 수 있습니다. 특히 흰색 부분에 영향을 많이 받으므로 영상에서 흰색 부분(또는 밝은 부분)이 많다면 더 효과적으로 보여 줄 수 있습니다.

사진을 촬영하는 듯한
찰칵찰칵 효과 연출하기

▶ 유튜브 동영상 강좌

사진 찍는 듯한 장면 연출하기
https://youtu.be/Yg7TTE-59V4

이번에는 사진을 찰칵찰칵 찍는 느낌의 효과를 만들어 봅니다. 루마 페이드와 마찬가지로 여행 영상에 특히 잘 어울리지만, 여행 영상뿐만 아니라 밝은 느낌의 영상이나 VLOG 등에도 잘 어울리는 편집 기법입니다. 배경색은 흰색뿐만 아니라 모든 색상을 사용할 수 있습니다. 여기에서는 흰색 배경으로 만드는 방법에 대해 소개합니다.

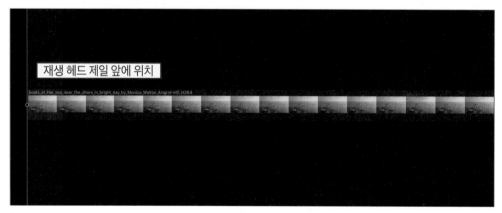

[그림 5-37]

한 프레임씩 잘라 내는 작업을 해야 합니다. 한 프레임씩 잘라 내는 방법은 PART 4에서 한 번 공부했던 내용입니다. 편집할 영상을 불러온 후 재생 헤드를 제일 앞에 배치합니다. (혹은 자신이 원하는 구간에 배치합니다.)

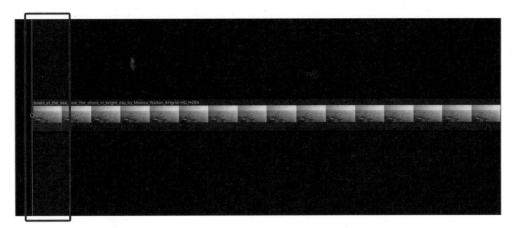

[그림 5-38]

타임라인을 자세히 보면 흰색으로 어느 정도 공간을 차지하는 곳이 보입니다. 이 공간이 바로 한 프레임입니다.

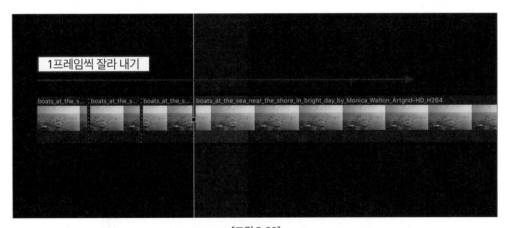

[그림 5-39]

이제 1프레임 단위로 오른쪽으로 이동하면서(키보드 방향키 → 이용) 블레이드 툴 또는 단축키(커 맨드 + B)를 활용해 잘라 줍니다. 원하는 구간만큼 잘라 줍니다. 찰칵찰칵하는 구간이 많이 보여야 한다면 많이 잘라 내야 합니다. 잘랐다고 해도 별도의 작업은 추가하지 않으면, 평소와 똑같이 재 생되므로 충분히 잘라 냅니다.

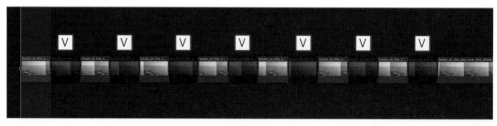

[그림 5-40]

이제 잘라 낸 클립들을 변경할 차례입니다. 한 칸씩 건너뛰면서 단축키 V(비활성화)를 클릭하여 비활성화해 줍니다. 비활성화 단축키 V를 꼭 외워 둡니다.

 꿀팁

삭제하는 대신 비활성화하는 이유는 마그네틱 타임라인 때문입니다. 삭제하면 뒤에 있는 영상이 앞으로 붙으면서 마치 컷을 편집한 것처럼 나와 꼭 비활성화로 작업해야 합니다.

이제 찰칵할 때 흰색이 나타날 수 있도록 흰색을 바탕에 깔아 줍니다.

[그림 5-41]

파이널 컷 프로 X 메뉴에서 텍스트/제너레이터 메뉴를 클릭한 후 [Generators]로 들어간 다음 [Solids]에서 Custom을 찾습니다.

[그림 5-42]

Custom을 영상 아래에 배치하여 깔아 줍니다. 배경을 먼저 깔아 두고 잘라 내는 작업을 진행해도 됩니다.

[그림 5-43]

Custom을 클릭한 후 인스펙터에서 색상을 흰색으로 변경합니다.

[그림 5-44]

이제 작업이 완료됩니다. 재생해 보면 찰칵찰칵하는 모습이 연출된 걸 볼 수 있습니다. 아직은 효과음이 없어서 조금 심심한 영상처럼 느껴지겠지만, 나중에 카메라 셔터 음을 효과음으로 넣어 주면 마치 실제로 사진을 촬영하는 듯한 느낌을 낼 수 있습니다. (효과음에 대해서는 PART 7에서 자세히 다룹니다.)

[그림 5-45]

꼭 흰색으로 만들 필요는 없습니다. 검은색, 노란색, 하늘색 등 원하는 색상으로 만들어서 영상과 잘 어울리도록 연출해 봅니다. Custom의 색상만 변경해 줍니다.

순간적으로
시청자를 몰입시키는
줌 인 효과

●● 결과 미리보기

파이널 컷 프로 X에는 Zoom과 Zoom & Pan이라고 하는 기본 화면 전환 효과가 있습니다. 이 효과는 순간적으로 시청자들을 몰입시킬 수 있는 화면 전환 효과로 필자가 평소에 즐겨 사용하는 효과이기도 합니다. 화면이 전환될 때 마치 화면 속으로 빨려 들어가는 듯한 느낌을 줄 수 있어서 여행 동영상이나 영화 같은 연출의 시네마틱 영상에 특히 잘 어울리는 효과입니다. 다양한 환경에서 활용할 수 있고 심플하면서도 효과적이라서 많은 편집자가 사랑하는 효과이기도 합니다.

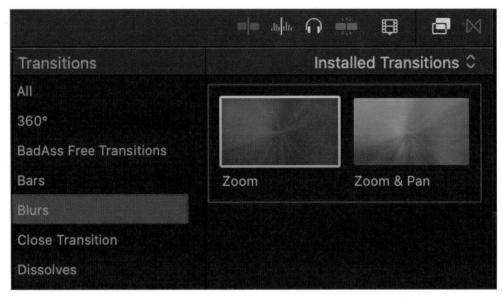

[그림 5-47]

화면 전환 효과 창에서 [Blurs]로 들어가면 Zoom과 Zoom & Pan 효과를 찾을 수 있습니다. 먼저 Zoom 화면 전환 효과부터 넣어 봅니다.

Zoom 화면 전환 효과

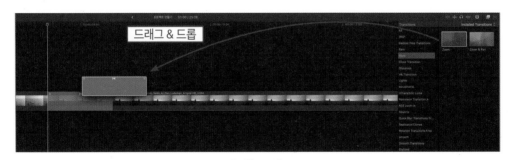

[그림 5-48]

Zoom 화면 전환 효과를 드래그 & 드롭하여 원하는 위치에 삽입합니다.

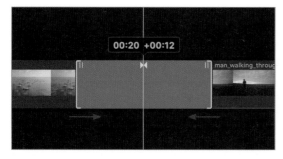

[그림 5-49]

Zoom 화면 전환 효과는 평소보다 길이를 짧게 만들어 주면, 더 효과적으로 줌 인이 되는 느낌을 줍니다. 마치 순간적으로 빨려 들어가는 느낌입니다.

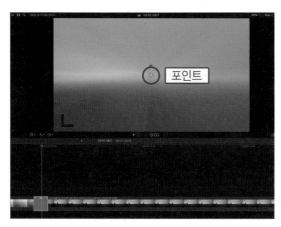

[그림 5-50]

화면 전환 효과를 클릭하고 미리보기 화면에서 Zoom의 중심이 되는 포인트를 찾을 수 있습니다. 이 포인트를 조절하면, 줌 인 효과의 시각적 위치를 변경할 수 있습니다.

▶ Zoom & Pan 화면 전환 효과

Zoom & Pan 화면 전환 효과는 줌 인 효과와 함께 패닝(수평 이동)을 주는 화면 전환 효과입니다. 줌 인이 되면서 화면이 왼쪽 또는 오른쪽으로 움직이는 듯한 느낌을 주므로 영상이 좌우로 움직일 때 활용하면 좋습니다. 쉽게 이야기하면, 기존 Zoom 효과에 포인트가 좌우로 움직이는 패닝 효과를 추가한 이펙트입니다.

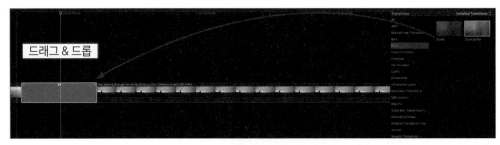

[그림 5-51]

Zoom & Pan 효과를 드래그 & 드롭하여 원하는 위치에 삽입합니다.

[그림 5-52]

화면 전환 효과를 클릭하면, 미리보기 화면 창에 두 개의 점이 나타납니다. 화살표에서 직관적으로 이해할 수 있지만, 초록색 점은 줌 효과가 시작되는 부분이며 빨간색 점은 끝나는 부분입니다. 해당 점을 마우스를 이용해 원하는 위치로 옮길 수 있습니다. 좌우로 움직이는 패닝 효과가 포함된 화면 전환이지만, 실제로는 좌우뿐만 아니라 자유롭게 점을 움직일 수 있습니다.

레벨 업 | 파이널 컷 프로 X 추천 화면 전환 효과

파이널 컷 프로 X에는 설치 후 기본으로 사용할 수 있는 다양한 화면 전환 효과가 있습니다. 세상에 나온 지 꽤 오래된 프로그램인 만큼 요즘에는 잘 사용하지 않는 효과들도 있고 여전히 많이 사용되는 효과도 있습니다. 기본 화면 전환 효과 중에서 활용할 만한 것들을 소개합니다. 직접 적용해 보면서 응용해 보도록 합니다.

▶ Gaussian(가우시안)

[그림 5-53]

화면을 흐릿하게 만들어 주는 가우시안 효과입니다. 화면이 전환될 때 흐릿했다가 다시 선명해지는 특성이 있어서 다양한 영상에서 활용하기에 좋습니다. 흐릿한 과거를 추억하는 장면이나 은은한 분위기의 일상 영상 등에 특히 잘 어울립니다.

▶ Lens Flare(렌즈 플레어)

[그림 5-54]

렌즈 플레어는 이름 그대로 렌즈의 빛이 지나가면서 화면이 전환되는 효과입니다. 과거에 자주 사용되던 효과이고 요즘에도 특정 부분을 강조할 때나 글자가 나타날 때 활용하면 유용합니다.

레벨 업 | 파이널 컷 프로 X 추천 화면 전환 효과

▶ Page Curl(페이지 컬)

[그림 5-55]

페이지 컬은 책장을 넘기는 듯한 느낌을 보여 줄 수 있는 효과입니다. 사진을 보여 줄 때 사용하면 아주 유용하지만, 영상에서도 섞어 주면 원하는 연출을 만들어 낼 수 있습니다. 인스펙터에서 페이지의 방향과 컬의 강도(말리는 강도) 등을 조절할 수 있으며 방향도 바꿀 수 있습니다.

▶ Ripple(리플)

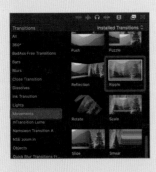

[그림 5-56]

리플은 잔물결 효과라고도 부르는데, 물결이 자연스럽게 번져 나가면서 화면이 전환되는 효과로 여행 영상이나 일상 영상 등 필요할 때 사용하면 좋을 화면 전환 효과입니다.

이 외에도 다양한 효과가 있으니 직접 적용해 보면서 자신의 영상에 잘 어울리는 화면 전환 효과를 넣어 가며 연습해 보도록 합니다.

인트로(Intro)는 음악이나 영상에서 자주 접할 수 있는 용어입니다. 도입부 정도라고 할 수 있습니다. '처음 시작의 특정 부분' 정도로 해석하면 알맞습니다. 영화나 드라마, 애니메이션 같은 길이가 긴 영상물에서 인트로는 등장인물을 소개하고 서사를 소개하는 등으로 활용합니다. 유튜브 콘텐츠처럼 영상이 짧으면 인트로도 함께 짧아집니다. 1인 미디어에서는 보통 유튜브 채널을 소개하거나 화려한 연출로 도입부에 힘을 줘서 시청자를 유혹하는 장치로 활용합니다. 나만의 독특한 인트로를 활용하면, 시청자의 눈을 단숨에 사로잡을 수 있습니다.

시청자의 눈을
사로잡는 인트로
만들기

내 영상을 영화처럼 만들어 주는 화면이 열리는 인트로

▶ **유튜브 동영상 강좌**

화면이 열리면서 나오는 형태의 인트로

https://youtu.be/CsDrchBJ7no

평소에 유튜브에서 화면이 열리는 장면을 본 적이 있을 겁니다. 시네마틱한 연출을 위한 유튜브 영상 등에서 자주 볼 수 있는 화면이 열리는 듯한 인트로는 많은 편집자가 즐겨 사용하는 편집 기법입니다. 간편하게 적용할 수 있으면서도 도입부에 적용할 때 효과가 좋은 게 특징입니다.

 결과 미리보기

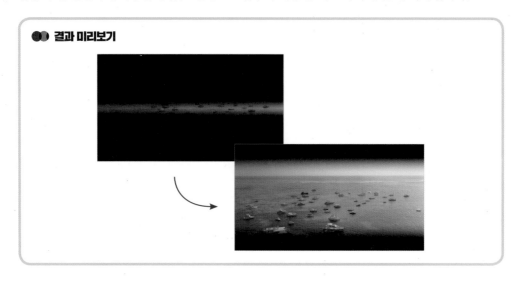

별도의 플러그 인을 구할 수도 있지만, 파이널 컷 프로 X의 기본 기능만으로도 충분히 만들 수 있습니다. 화면이 열리는 속도를 조절할 수 있고, 경계선 부분을 선명하게 하거나 흐릿하게 할 수 있는 등 다양한 선택지가 제공됩니다.

꿀팁

이 효과를 영상 앞부분이 아닌 끝부분(아웃트로)에 적용하면, 화면이 닫히는 것처럼 만들 수 있습니다.

[그림 6-2]

제일 먼저 [Center]라는 화면 전환 효과를 찾아야 합니다. 파이널 컷 프로 X 우측 패널 아래쪽 검색 창에 'center'라고 입력한 후 [Center] 화면 전환 효과를 찾습니다.

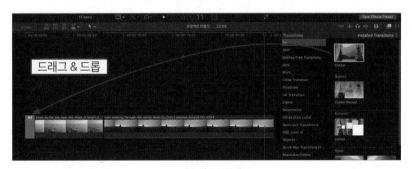

[그림 6-3]

화면 전환 효과를 영상에 삽입케 줍니다. 지금은 인트로를 만들고 있으므로 영상의 제일 앞부분에 넣어 줍니다.

[그림 6-4]

화면 전환 효과를 삽입 후 클릭해 보면 화살표 모양을 볼 수 있습니다. 처음에는 가로 방향으로 되어 있습니다. 만약 화면을 가로로 열리게 하고 싶으면 그대로 둡니다. 세로로 열리게 하고 싶으면 화살표를 클릭하고 위 또는 아래 방향으로 회전시킵니다.

 꿀팁

회전시킬 때 시프트(Shift)를 클릭하고 회전하면, 삐딱하지 않게 움직일 수 있습니다.

[그림 6-5]

화살표 방향이 이런 모양이 되어야 합니다. 이제 재생해 보면 원하는 대로 화면이 열리면서 영상이 시작되는 걸 확인할 수 있습니다.

▶ 화면이 열리는 장면의 추가 기능

Center 화면 전환 효과를 클릭한 후 인스펙터 창에서 몇 가지 추가 기능을 이용할 수 있습니다.

[그림 6-6]

Direction에서는 총 3가지의 설정이 제공됩니다.

1 Open: 화면을 여는 장면입니다. 인트로에 사용합니다.

2 Close: 화면을 닫는 장면입니다. 아웃트로에 사용합니다.

3 Automatic: 자동으로 결정합니다. 기본값은 Open입니다.

[그림 6-7]

Edge Treatment에서는 크게 2가지 설정을 만질 수 있습니다.

1 Border: 화면이 열릴 때 가장자리 부분의 크기를 결정합니다.

2 Edge Type: 가장자리가 어떻게 표현되는지 결정합니다.

 꿀팁

화면 전환 효과의 길이를 조절하여 천천히 열리거나 빠르게 열리는 등 속도를 조절할 수 있습니다.

눈을 깜빡이는 것처럼 보이는 개안 효과 인트로

▶ **유튜브 동영상 강좌**

파이널 컷 프로 X에서 개안 효과 만들기

https://youtu.be/v_Au7_xhkEw

화면이 열리는 인트로를 배워 봤으니 이제 개안 효과라고 부르는 아주 재미있는 인트로도 만들어 봅니다. 개안 효과는 사람이 눈을 감았다가 뜨는 듯한 느낌을 주어 특정한 장면에서 많이 삽입합니다. 뮤직비디오에서 자주 활용되는 기법이기도 합니다. 더불어 은은한 분위기를 연출하고 싶을 때 활용해도 좋은 인트로입니다.

●● **결과 미리보기**

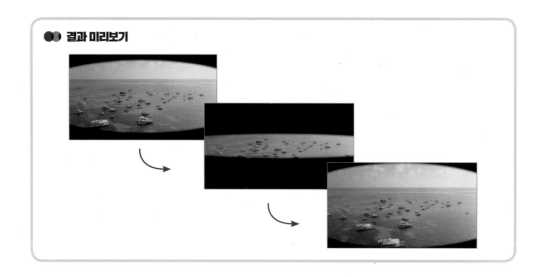

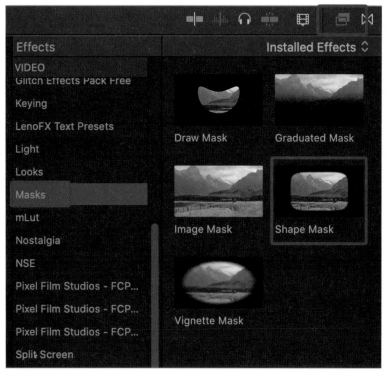

[그림 6-9]

파이널 컷 프로 X 우측 패널에서 이펙트를 클릭한 다음 왼쪽 카테고리에서 [Masks]를 클릭합니다.
그런 다음 [Shape Mask]를 찾습니다.

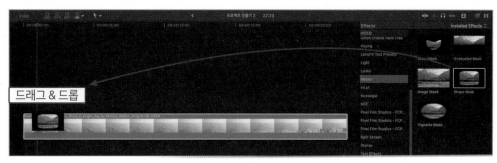

[그림 6-10]

해당 효과를 드래그 & 드롭하여 영상의 앞부분에 넣습니다.

[그림 6-11]

효과가 적용된 후 화면을 보면 [그림 6-11]처럼 영상의 바깥 부분들이 검은색으로 칠해진 것처럼 보입니다. 이제 이 모양을 조절하여 사람 눈 모양으로 만듭니다. [Shape Mask]에서 조절 포인트는 두 개가 있습니다. 흰색 점은 마스크의 모양을 조절하는 포인트입니다. 초록색 점은 마스크의 크기를 조절하는 포인트입니다.

[그림 6-12]

마스크의 모양을 원하는 대로 넣으려면 영상이 보이는 크기를 잠시 줄여야 합니다. 우측 상단에 [100%]라고 적힌(혹은 Fit) 부분을 클릭하여 50% 또는 그 이하로 맞춥니다.

[그림 6-13]

이제 모양 조절 포인트(흰색 점)를 마우스로 잡고 움직여서 사람 눈 모양처럼 둥글게 만들어 줍니다.

[그림 6-14]

다음으로 크기 조절 포인트(초록색 점)를 움직여서 눈동자 모양처럼 만들어 봅니다. 제일 먼저 좌우에 있는 포인트를 이용해서 길게 늘여 줍니다. 원본 영상의 크기를 벗어나도록 해야만 눈동자 모양이 나옵니다.

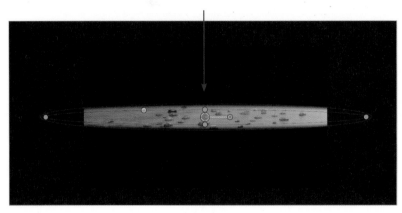

[그림 6-15]

이제 상하에 있는 포인트를 이용해 크기를 줄여 줍니다. 먼저 크기를 줄이는 이유는 눈을 감은 상태에서 뜨는 것처럼 연출하기 위해서입니다. 만약 반대로 눈을 뜬 상태에서 감는 것처럼 연출하려면 크기를 줄이는 게 아니라 늘려 줍니다.

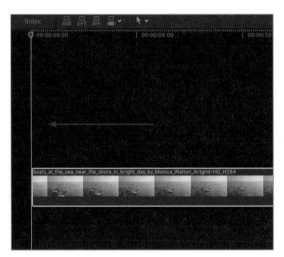

[그림 6-16]

이제 눈이 깜빡이는 것처럼 연출하기 위해서 키 프레임 작업을 해야 합니다. 키 프레임을 넣기 위한 사전 작업으로 재생 헤드를 영상의 제일 앞에 배치합니다.

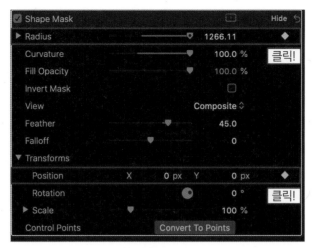

[그림 6-17]

인스펙터 창에서 [Radius]에 키 프레임 추가 버튼을 클릭하고 [Transforms] 아래에 있는 [Position] 값에 키 프레임 추가 버튼을 클릭하여 키 프레임을 추가합니다.

[그림 6-18]

키보드 방향키 혹은 마우스를 이용해서 재생 헤드의 위치를 뒤로 이동시킵니다. 딱 정해진 이동 프레임은 없으며 깜빡임 효과가 얼마나 빠르게 움직여야 하는지에 따라 이동할 프레임 숫자가 달라집니다. 예제에서는 오른쪽으로 10프레임 이동했습니다.

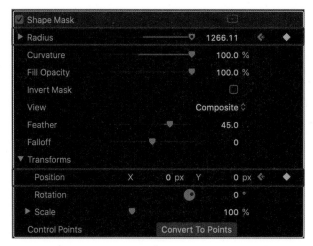

[그림 6-19]

다시 인스펙터에서 [Radius]에 키 프레임 추가 버튼을 클릭하고 [Transforms] 아래에 있는 [Position] 값에 키 프레임을 추가합니다.

[그림 6-20]

뷰어 창에서 상하에 있는 크기 조절 포인트(초록색 점)를 원하는 만큼 조절합니다. 여기에서는 눈을 감은 상태로 출발해 살짝 뜨는 듯한 느낌을 줍니다. 눈을 완전히 뜬 게 아니라 살짝 떴다가 다시 감았다가 완전히 눈을 뜨게 하는 연출입니다.

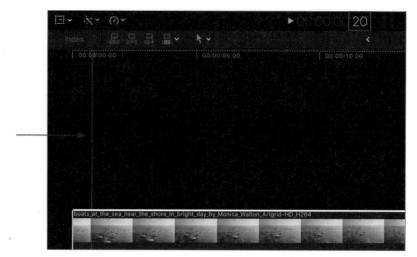

[그림 6-21]

다시 재생 헤드를 오른쪽으로 움직입니다. 이번에도 10프레임 이동합니다.

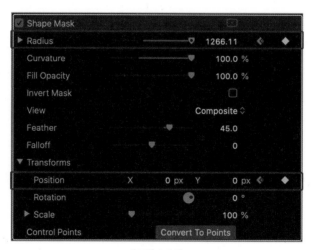

[그림 6-22]

다시 인스펙터에서 [Radius]와 [Position]에 키 프레임을 삽입합니다.

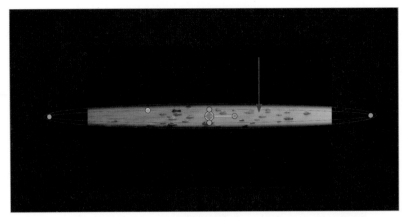

[그림 6-23]

지금 만들려고 하는 것은 눈을 반 정도 떴다가 다시 감는 듯한 연출입니다. 따라서 다시 눈을 감는 것처럼 만들기 위해 상하에 있는 크기 조절 포인트(초록색 점)를 줄입니다.

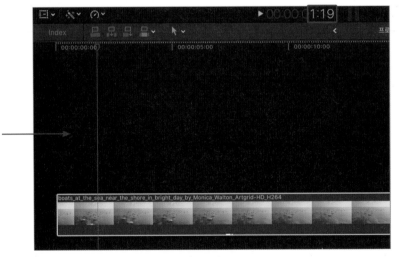

[그림 6-24]

이제 눈을 완전하게 뜬 화면을 만들 차례입니다. 적당하게 재생 헤드를 이동시킵니다.

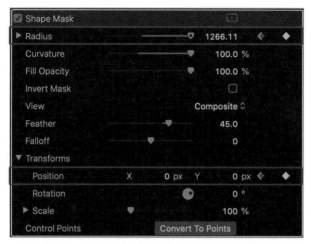

[그림 6-25]

다시 인스펙터에서 키 프레임을 추가합니다.

[그림 6-26]

이제 화면을 꽉 채울 만큼 크기를 늘려 줍니다.

[그림 6-27]

이때 크기를 충분히 늘리지 못하면 화면 모서리에 검은색이 그대로 남아 있습니다. 마치 비네트 효과가 적용된 것처럼 보이게 되는데, 의도한 게 아니라면 편집이 잘못된 겁니다. 따라서 크기를 충분히 늘려서 검은색으로 가려지는 부분이 없도록 만듭니다.

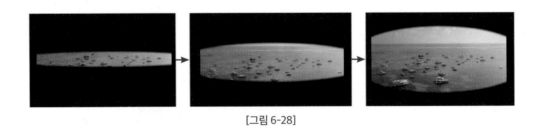

[그림 6-28]

이제 영상을 재생해 봅니다. 의도한 대로 눈을 깜빡이는 듯한 연출이 나오는지 확인합니다. 여러 번 깜빡이게 만들고 싶다면, 위 작업을 여러 번 반복합니다.

그런데 처음부터 화면이 쨍하게 보이면 눈을 깜빡이는 듯한 효과가 다소 비현실적으로 보일 수 있습니다. 처음 눈을 깜빡일 때는 화면이 흐릿하게 보이다가 눈을 다 떴을 때 화면이 선명하게 보인다면 훨씬 효과적으로 연출할 수 있습니다.

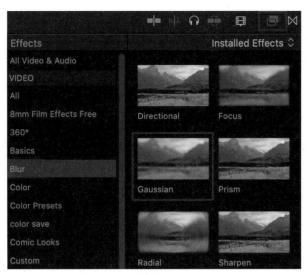

[그림 6-29]

파이널 컷 프로 X 우측 패널에서 이펙트를 클릭한 다음 왼쪽 카테고리에서 [Blur]를 클릭합니다. 그런 다음 [Gaussian]을 찾은 후 영상에 드래그 & 드롭하여 추가해 줍니다.

[그림 6-30]

[그림 6-30]처럼 화면이 흐리게 바뀌었다면 효과가 제대로 적용된 겁니다.

[그림 6-31]

이전에 적용했던 [Shape Mask]와 키 프레임을 연동하려면 정확한 키 프레임의 위치를 알아야 합니다. 영상에서 마우스 오른쪽을 클릭한 후 [Show Video Animation]을 클릭합니다. 이 메뉴는 해당 영상의 비디오 애니메이션 포인트를 보여 줍니다.

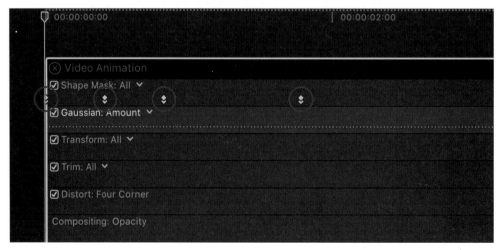

[그림 6-32]

비디오 애니메이션 창을 확인해 봅니다. 제일 위에 Shape Mask 효과가 적용되어 있고 그 아래에 점이 있는 걸 볼 수 있습니다. 이 점들이 이전에 적용했던 키 프레임의 위치입니다.

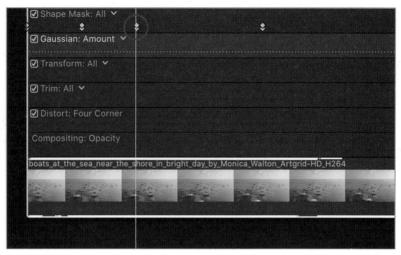

[그림 6-33]

재생 헤드를 3번째 키 프레임 위치로 이동시킵니다. (여러 번 키 프레임을 넣었다면 중간 정도로 이동시킵니다.)

[그림 6-34]

인스펙터에서 [Gaussian]을 찾은 다음 [Amount]에 키 프레임을 추가합니다.

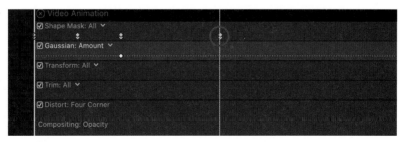

[그림 6-35]

제일 끝에 있는 키 프레임(눈을 완전히 뜬 포인트)으로 재생 헤드를 옮깁니다.

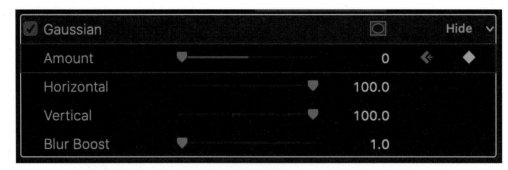

[그림 6-36]

다시 인스펙터에서 [Gaussian]의 [Amount]에 키 프레임을 추가한 후 값을 0으로 만듭니다. 이제 영상을 재생해 봅니다. 자연스러운 개안 효과가 내 영상을 멋지게 꾸며 주었을 겁니다.

영상과 글자가 겹쳐 보이는 마스크 텍스트 인트로

▶ **유튜브 동영상 강좌**

마스크 텍스트로 인트로 만들기
https://youtu.be/ttU2uUGfCyw

파이널 컷 프로 X에서 글자에 마스크 효과를 적용하면 아주 재미있는 연출이 가능해집니다. 마스크 텍스트는 마치 뻥 뚫린 글자처럼 글자와 영상을 함께 보여 주는 방식입니다.

◗◖ **결과 미리보기**

마스크 텍스트는 멋진 인트로를 시작할 수 있는 방법의 하나이며 적용은 매우 쉬워서 영상 도입부에 자주 사용되는 기법입니다. 하지만 꼭 도입부가 아니어도 영상의 중앙 혹은 끝부분에 사용해도 좋습니다.

[그림 6-38]

우선 글자를 먼저 넣어야 합니다. 편집할 영상 위에 자막을 배치합니다. 여기에서는 [Basic Title]을 배치합니다.

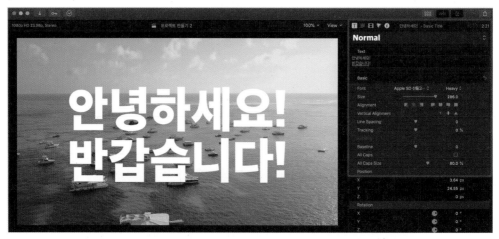

[그림 6-39]

이제 글자의 크기와 굵기, 폰트 등 필요한 만큼 글자를 디자인합니다. (자막 디자인에 대한 내용은 PART 4를 참고합니다.)

 꿀팁

마스크 텍스트는 글자 부분에만 영상이 나타나는 효과인 까닭에 너무 얇은 폰트보다는 두꺼운 폰트가 좋습니다. 그래야만 영상이 두드러져 보입니다.

[그림 6-40]

타임라인에서 방금 넣은 글자를 선택하고 인스펙터의 비디오 인스펙터로 들어갑니다. 블렌드 모드(Blend Mode)를 바꿔야 합니다.

궁금해요   블렌드 모드(Blend Mode)가 무엇인가요?

블렌드 모드는 아래쪽에 배치된 객체와 위쪽에 배치된 객체의 레이어 관계에서 두 객체의 합성을 어떤 식으로 할지에 대한 결정 방식입니다. Screen, Overlay 등이 있습니다.

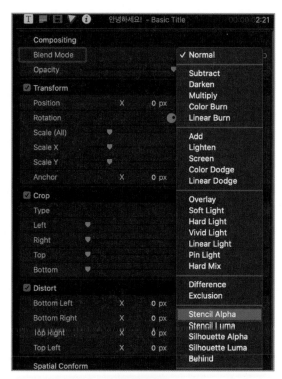

[그림 6-41]

블렌드 모드(Blend Mode)가 처음에는 노멀(Normal)로 잡혀 있습니다. 이 부분을 클릭하여 [Stencil Alpha]로 바꿔 줍니다.

[그림 6-42]

손쉽게 마스크 텍스트가 적용되었습니다. 해당 효과가 유지되는 길이는 자막의 길이와 똑같습니다.

마스크 텍스트 작업을 할 때 블렌드 모드를 [Stencil Alpha]가 아니라 [Overlay]로 설정하면, 배경 영상과 글자가 어우러지는 효과를 만들 수 있습니다.

[그림 6-43]

영상 편집에 정답은 없으므로 편집자가 원하는 방식으로 활용합니다.

 궁금해요 블렌드 모드(Blend Mode)를 공부해야 하나요?

전문 편집자가 아니라면 따로 공부할 필요는 없습니다. 실제로 평범한 영상 편집에서 사용되는 블렌드 모드는 제한적입니다. 가장 많이 사용되는 Screen, Overlay, Multiply 등을 알아 두면 도움이 되겠지만, 따로 공부하기보다는 영상을 편집하는 과정에서 직접 블렌드 모드를 바꿔 가면서 어떻게 적용되는지 경험해 보는 게 더 좋은 공부 방법입니다.

드라마 오프닝처럼 연출하는 넷플릭스 스타일 인트로

▶ **유튜브 동영상 강좌**

넷플릭스 스타일 인트로(예고편) 만들기
https://youtu.be/6LAQ4yoos_E

내 영상의 시작을 드라마 오프닝처럼 만들어 보면 좋을 겁니다. 인기 있는 넷플릭스 영상 등에서 도입부나 인트로에서 볼 수 있는 방식으로 시청자를 몰입시킬 수 있습니다. 넷플릭스 스타일 인트로는 앞에서 배운 마스크 텍스트와 키 프레임을 함께 이용하는 방식입니다.

◀▶ **결과 미리보기**

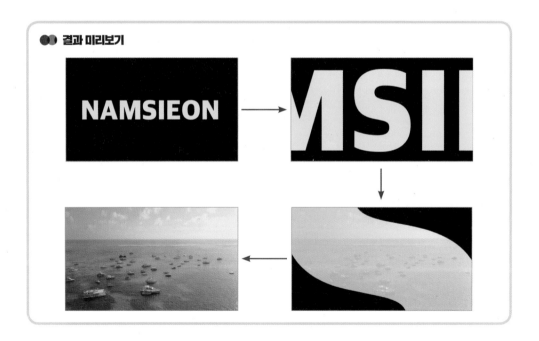

넷플릭스 스타일 인트로의 구성은 이렇습니다. 처음에는 글자가 잠시 나옵니다. 제목이 될 수도 있고 설명을 넣어도 괜찮습니다. 이후 글자가 점점 커지면서 글자 안에서 영상이 조금씩 보이고 나중에는 글자가 사라지고 영상이 나타나는 연출입니다. 이때 잘 어울리는 음악을 넣어 주면 더욱 좋습니다.

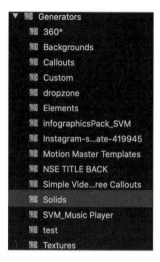

[그림 6-45]

먼저 글자의 색상 조절을 위해 색이 있는 객체가 필요합니다. [Generators]에서 [Solids]를 찾습니다.

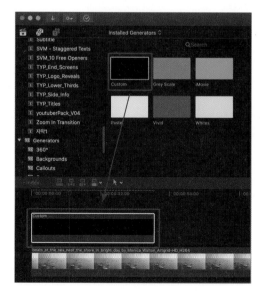

[그림 6-46]

[Custom]을 찾은 다음 영상 위에 드래그 & 드롭하여 배치해 줍니다.

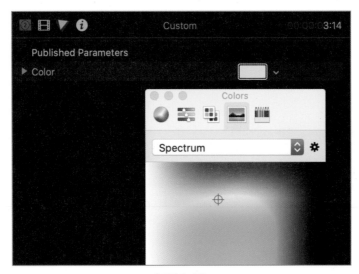

[그림 6-47]

인스펙터에서 [Custom]의 색상을 원하는 색으로 변경해 줍니다.

[그림 6-48]

[그림 6-48]처럼 영상 위에 [Custom]이 배치되어 있고 색상이 바뀌어 있어야 합니다.

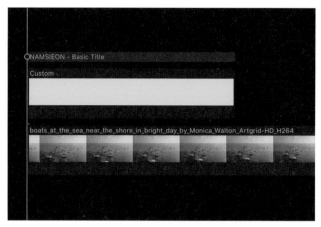

[그림 6-49]

이제 [Custom] 객체 위에 글자를 배치합니다. Basic Title을 사용합니다.

[그림 6-50]

텍스트 인스펙터에서 글자 크기, 폰트 등을 조절해 줍니다.

[그림 6-51]

이제 인스펙터에서 글자의 블렌드 모드를 바꿉니다. 마스크 텍스트 인트로를 만들 때처럼 블렌드 모드를 [Normal]에서 [Stencil Alpha]로 변경합니다. 이렇게 하면 화면에서 글자만 보이며 글자의 색상이 아래쪽에 배치한 [Custom]의 색상으로 채워진 걸 볼 수 있습니다.

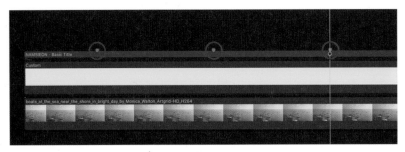

[그림 6-52]

이제 키 프레임을 넣을 차례입니다. 키 프레임 작업을 시작하기 전에 작업의 효율성과 정확성을 위해 마커를 추가합니다. 마커는 총 3개가 필요합니다.

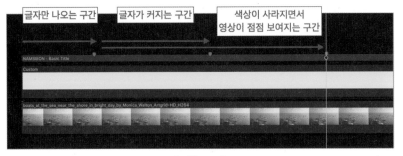

[그림 6-53]

구조는 [그림 6-53]과 같습니다.

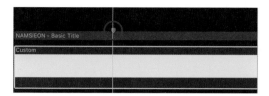

[그림 6-54]

재생 헤드를 첫 번째 마커에 위치시킨 후 인스펙터에서 [Scale(All)]에 키 프레임 추가 버튼을 클릭하여 키 프레임을 추가합니다.

[그림 6-55]

이제 두 번째 마커로 재생 헤드를 이동시킵니다. 그런 다음 인스펙터에서 [Scale(All)]에 키 프레임 추가 버튼을 누른 후 크기를 늘려 줍니다. 글자의 내용에 따라 다르지만 일반적으로 3,000% 정도는 되어야 글자의 중심부가 영상을 가득 채울 수 있습니다.

 궁금해요 크기가 400%까지밖에 안 커져요!

바(Bar)를 이용해 글자 크기를 늘리면 최대치가 400%로 정해져 있습니다. 따라서 400% 이상의 크기를 적용하고 싶다면, 숫자 부분을 클릭한 후 키보드로 값을 직접 입력합니다.

[그림 6-56]

이제 타임라인에서 [Custom] 객체를 클릭한 후 재생 헤드를 두 번째 마커로 이동시킵니다. 이후 인스펙터에서 [Opacity] 값에 키 프레임 추가를 클릭합니다.

[그림 6-57]

이제 마지막 마커(3번째 마커)로 재생 헤드를 옮깁니다. 인스펙터에서 [Opacity]에 키 프레임을 추가하고 값을 0%로 만듭니다. 이제 영상을 재생해 봅니다. 글자와 함께 조금씩 영상이 보이는 멋진 도입부를 만날 수 있습니다.

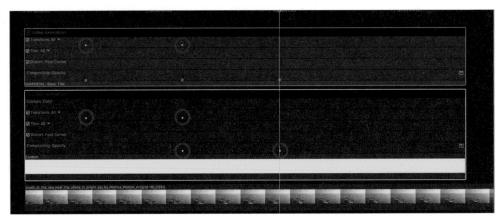

[그림 6-58]

마찬가지로 앞서 배웠던 [Show Video Animation]을 활성화하면 키 프레임의 버튼을 볼 수 있습니다. 이 키 프레임의 위치를 조금씩 변경해 가면서 자신의 입맛에 맞는 스타일로 변형하여 적용해 봅니다. 더욱 멋진 인트로를 만들 수 있습니다.

문 열리면서 다른 장면 나오는 효과 만들기(마스크 효과)

▶ **유튜브 동영상 강좌**

문 열리면서 다른 장면이 나오는 효과
https://youtu.be/o7bd5YWjlBE

유튜브의 여행 영상이나 시네마틱 영상 그리고 공상 과학 영상에 보면, 주인공이 문을 열면 갑자기 다른 세상이 펼쳐지는 장면이 있습니다. 예를 들어 방문을 열었는데 바다가 눈앞에 펼쳐지는 식입니다. 이러한 장면은 Draw Mask 기능을 이용하여 쉽게 만들 수 있습니다. Draw Mask 기능을 다룰 줄 알면, 꼭 문이 아니더라도 벽면이나 기둥, 나무 등을 활용하여 영상을 입체적으로 만들수 있습니다.

● 결과 미리보기

이런 효과는 실제 현실 세계에는 존재하지 않는 장면이므로 내 영상을 보는 시청자들에게 독특하

고 신기하다는 인상을 남길 수 있습니다. 해당 영상을 만들려면 Draw Mask를 활용하는 편집 기법이 필요합니다. 하지만 그다지 어렵지 않으니 꼭 한 번 만들어 보는 걸 추천합니다.

 준비물

이 영상을 만들려면 준비물이 필요합니다. 편집 대상이 되는 영상을 준비해야 합니다. 이런 극적인 효과는 편집만으로 만들 수는 없고 촬영과 편집이 동시에 이루어져야 합니다. 문이 열리면서 다른 장면이 나오는 효과를 위한 준비 영상은 문이 닫혀 있다가 열리는 영상 1개 그리고 문이 열렸을 때 새로운 장면을 보여 주기 위한 전혀 다른 장면(예를 들어 바다) 영상 1개가 필요합니다.

꿀팁

문이 열리는 장면을 촬영할 때는 화면의 아래위로 문이 꽉 차게 촬영합니다.

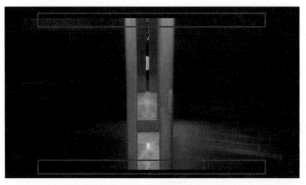

[그림 6-60]

이렇게 촬영하면 나중에 편집이 훨씬 쉬워집니다.

[그림 6-61]

준비된 영상을 타임라인에 차례로 배치합니다.

[그림 6-62]

이펙트 창에서 [Masks] 카테고리의 [Draw Mask]를 찾은 다음 첫 번째 영상(문이 열리는 영상)에 드래그 & 드롭하여 적용합니다.

[그림 6-63]

영상에서 문이 열리기 시작하는 부분을 찾은 다음 재생 헤드를 위치시킵니다. 필요하다면 마커 기능을 활용합니다.

[그림 6-64]

영상에 [Draw Mask] 효과를 삽입하면, 화면 왼쪽 하단에 '클릭하여 컨트롤 포인트를 추가하세요.' 라는 메시지가 나타납니다. 마치 화면 위에 그림을 그리듯 컨트롤 포인트를 추가해서 마스크 부분을 지정하는 작업입니다.

[그림 6-65]

편리한 작업을 위해서 영상의 크기를 잠시 줄여 두면 도움이 됩니다.

[그림 6-66]

문이 열리면서 보이는 공간만큼의 화면을 클릭하여 컨트롤 포인트를 추가합니다. 문이 열리는 영상은 대체로 [그림 6-66]처럼 직사각형 모양으로 그립니다. 그런데 지금 방식으로는 마스킹이 된 곳만 보이므로 작업이 까다롭습니다.

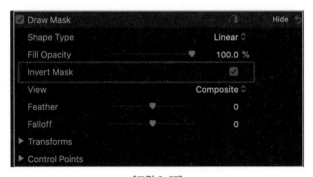

[그림 6-67]

마스크가 되지 않은 곳(여기에서는 문)을 보면서 작업하면 효율적입니다. 인스펙터에서 [Draw Mask]를 찾은 다음 [Invert Mask] 부분을 체크해 줍니다. [Invert Mask]는 마스크 효과에 반전을 주어 마스킹이 되지 않은 곳이 보이게 해 주는 기능입니다.

[그림 6-68]

이제 화면은 [그림 6-68]처럼 보입니다. 마스크 된 곳은 검은색으로, 나머지는 기존 영상과 똑같이 보입니다.

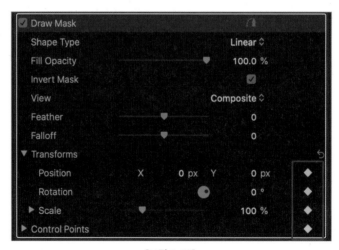

[그림 6-69]

인스펙터 [Draw Mask]에서 [Transforms] 항목과 [Control Points] 항목을 찾습니다. 키 프레임 추가 버튼을 클릭하여 키 프레임을 추가합니다.

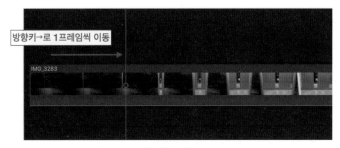

[그림 6-70]

이제 오른쪽 방향키(→)를 이용하여 1프레임 단위로 이동하면서 화면을 봅니다.

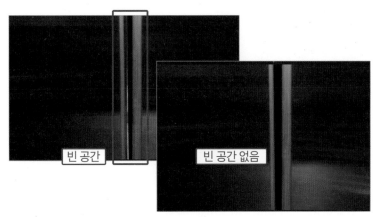

[그림 6-71]

화면에 공간이 나타나면 Draw Mask의 컨트롤 포인트를 움직여서 검은색이 되도록 채워 줍니다. 똑같은 방식으로 문이 전부 열릴 때까지 1프레임 단위로 이동하면서 공간이 없도록 계속 채워 주는 작업을 반복합니다.

[그림 6-72] 키 프레임 작업을 완료하여 마스크가 화면을 꽉 채운 모습

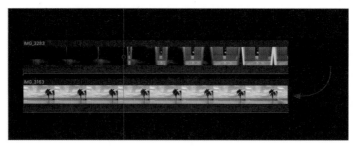

[그림 6-73]

이제 뒤에 배치해 두었던 두 번째 영상(여기에서는 바다 영상)을 첫 번째 영상(문 열리는 영상) 아래로 드래그 & 드롭하여 배치합니다.

[그림 6-74]

이제 영상을 재생해 보면, 문이 열리면서 색다른 세상이 펼쳐지는 영상이 만들어진 모습을 볼 수 있습니다.

 꿀팁

만약, 문이 열리는 과정이 어색해 보인다거나 부자연스럽다면 키 프레임이 촘촘하지 않게 작업되었을 확률이 높습니다. 이때는 키 프레임을 좀 더 세밀하게 추가해 줍니다.

사진을 빠르게 보여 주는 슬라이드 쇼 인트로

▶ **유튜브 동영상 강좌**

슬라이드 쇼(사진으로 만드는 동영상)
https://youtu.be/BuK1u3GBMu4

파이널 컷 프로 X에서 동영상은 최소 24프레임으로 편집되므로 특별한 일이 없는 이상 부드럽게 보입니다. 마치 사람 눈에 현실 세계가 부드럽게 보이는 것처럼 영상도 움직이듯 보이는 셈입니다. 결국 동영상이란 건, 움직이는 것처럼 부드럽게 보이는 콘텐츠라고도 할 수 있습니다. 그런데 모든 사람의 동영상이 다 똑같이 부드럽게 보인다면, 나만의 차별화 포인트를 갖기는 어렵습니다.

지금까지 우리는 파이널 컷 프로 X에서 촬영한 동영상을 가지고 편집했습니다. 즉, 동영상을 재료로 하여 동영상을 만든 겁니다. 이번에는 재료를 동영상이 아닌 사진을 활용해 보려고 합니다. 연속된 사진을 파이널 컷 프로 X으로 불러와서 재생하는 것만으로도 아주 훌륭한 영상이 만들어집니다. 연속된 사진을 재료로 영상을 만드는 방식을 '슬라이드 쇼'라고 부릅니다. 사진으로 영상을 만들면 조금 뚝뚝 끊어지는 듯한 느낌이 나는데, 부드럽게 보이는 게 아니므로 마치 사진과 동영상을 함께 보는 듯한 느낌을 줄 수 있어서 효과적입니다. (이 방식을 좀 더 업그레이드해서 제자리에서 사진을 촬영하는 게 아니라 움직이면서 촬영한 후 이어 붙이는 편집 기법이 하이퍼랩스(Hyperlaps)입니다.)

꿀팁

슬라이드 쇼를 만드는 사진을 촬영할 때, 스마트폰 또는 카메라의 연사 기능을 이용하면 편리합니다. 연사 기능이 없으면 빠른 속도로 계속 촬영합니다.

[그림 6-75]

촬영된 사진을 파이널 컷 프로 X으로 불러와서 타임라인에 추가합니다. 예제에서는 설명을 위해 11장의 사진을 넣었지만, 실제 작업에선 많은 사진이 필요합니다. (예를 들어 80장 정도입니다.)

[그림 6-76]

특별한 설정을 하지 않았다면, 파이널 컷 프로 X에서는 기본적으로 사진 1장당 4초씩 재생됩니다. 4초는 영상에서 꽤 긴 시간입니다. 사진이 4초 동안 유지되면 멈춰진 화면이 4초 동안 보이는 것이므로 동영상이라기보다는 마치 사진을 계속 구경하는 듯한 느낌이 납니다. 이 재생 시간을 조절하여 빠르게 바뀌도록 만들어야 합니다.

[그림 6-77]

일괄적인 편집을 위해 추가한 사진을 모두 선택합니다. 마우스로 드래그 & 드롭하거나 단축키 (Command + A)를 선택합니다.

[그림 6-78]

길이 조절을 위해 마우스 오른쪽을 클릭한 후 [Change Duration...]을 클릭합니다. 또는 단축키 (Control + D)를 선택합니다.

[그림 6-79]

이제 재생 시간을 입력할 수 있습니다. 사진이 얼마나 빠르게 바뀔지를 생각하면서 적절한 재생 시간을 입력합니다.

[그림 6-80]

여기에서는 5프레임 재생 시간을 주기 위해 5라고 입력합니다. 이렇게 하면 모든 사진의 재생 시간이 5프레임으로 변경됩니다. (1장의 사진이 5프레임 동안 재생됩니다.)

[그림 6-81]

타임라인이 [그림 6-81]처럼 작아집니다. 이제 재생해 봅니다. 사진이 바뀌면서 재생되는 슬라이드 쇼를 볼 수 있습니다.

 궁금해요 **반드시 연속된 사진을 사용해야 하나요?**

슬라이드 쇼를 만들 때 반드시 연속된 사진을 사용해야 하는 것은 아닙니다. 예를 들어 봄에 찍은 사진과 여름에 찍은 사진을 함께 슬라이드 쇼로 만들 수도 있습니다. 연속된 사진은 조금 뚝뚝 끊어지는 멋있는 영상처럼 보입니다. 연속되지 않은 사진은 마치 사진의 나열처럼 보이지만 나름의 멋이 있습니다.

대부분의 영상 편집에서 비디오를 소스로 사용하지만, 때에 따라서 스틸 이미지(사진)를 사용해야 하는 상황도 있습니다. 파이널 컷 프로 X에서는 쉽고 빠르게 슬라이드 쇼를 제작할 수 있으므로 전문적으로 사진을 촬영하는 사진작가 또는 결혼식 스냅 사진을 영상화해야 하는 경우 등 다양한 곳에서 활용할 수 있습니다.

동영상을 제작할 때 반드시 영상만 사용해야 하는 것은 아닙니다. 사진을 소스로 슬라이드 쇼 영상을 제작해보는 것도 창의력을 발휘하는 데 도움이 될 것입니다. 슬라이드 쇼 결과물의 샘플을 참고해 보길 바랍니다.

 유튜브 동영상

스냅 사진으로 만든 슬라이드 쇼
https://youtu.be/jWOHU13P07Q

 꿀팁

사진을 더 빠르게 재생하고 싶다면, 재생 시간을 더 줄입니다. 최소 단위는 1프레임입니다. 반대로 사진을 좀 더 오래도록 보이게 하고 싶다면 재생 시간을 늘립니다. 예제에서는 5프레임이었지만, 7프레임, 9프레임 등 자유롭게 변경해 가면서 결과물을 확인해 봅니다.

너를 알려 줘!
프리즈 프레임을 활용한
매력적인 인트로

▶ 유튜브 동영상 강좌

프리즈 프레임 인트로 만들기
https://youtu.be/6_THRO4A0rs

TV 드라마나 예능 프로그램 혹은 다큐멘터리나 영화 예고편 등에서 자주 사용되는 프리즈 프레임 인트로 기법은 만들기가 조금 까다롭지만, 효과는 그만큼 강력한 편집 방법의 하나입니다. 이 방법은 오래전부터 방송에서 자주 사용되어 독자분들도 익숙한 장면일 겁니다.

●● 결과 미리보기

몰입도를 한층 끌어올릴 수 있는 프리즈 프레임을 활용하여 인트로를 만들어 봅니다. 인물 소개나 제품 소개 영상에 특히 잘 어울리는 기법으로 영상을 고급스럽게 만들 수 있습니다.

 궁금해요 프리즈 프레임이 무엇인가요?

프리즈 프레임(Freeze Frame)은 이름 그대로 멈춰진 프레임을 뜻합니다. 동영상은 사진으로 만들어져 있다고 이야기했습니다. 따라서 멈춘 프레임은 마치 사진처럼 보이게 되는데, 이렇게 만들면 영상과 사진을 섞어서 편집하는 것이므로 좀 더 유연하고 확장 가능한 영상을 만들 수 있습니다.

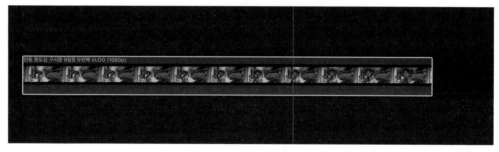

[그림 6-83]

편집할 영상을 타임라인에 배치합니다. 프리즈 프레임 인트로에는 주로 인물 영상이 사용됩니다.

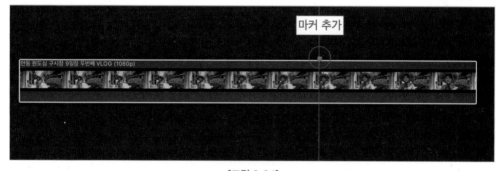

[그림 6-84]

프리즈하고 싶은 구간(인트로 부분)에 마커를 추가합니다. 마커의 위치는 처음이나 끝부분보다는 영상의 중간 정도가 좋습니다. 그래야만 영상 재생 → 프리즈 프레임 인트로 → 다시 영상 재생 순으로 흐름을 만들 수 있습니다. 마커를 추가한 후 마커 부분으로 재생 헤드를 이동시킵니다.

[그림 6-85]

파이널 컷 프로 X 메뉴에서 [Edit]으로 들어간 다음 [Add Freeze Frame]을 클릭합니다. 또는 단축키 (Option + F)를 선택합니다.

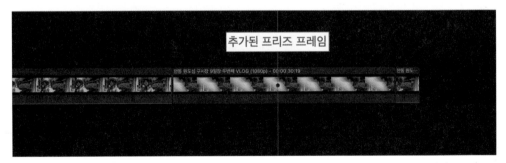

추가된 프리즈 프레임

[그림 6-86]

이제 타임라인을 보면 마커 부분에 프리즈 프레임이 추가된 모습을 볼 수 있습니다. 이 프리즈 프레임은 멈추어 있는 프레임이므로 사진과도 같습니다.

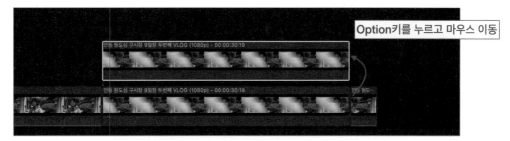

[그림 6-87]

추가된 프리즈 프레임을 하나 복사하여 똑같은 위치에 이중으로 배치합니다. 키보드의 옵션 키를 누른 상태에서 마우스로 이동하면 편하게 복사할 수 있습니다.

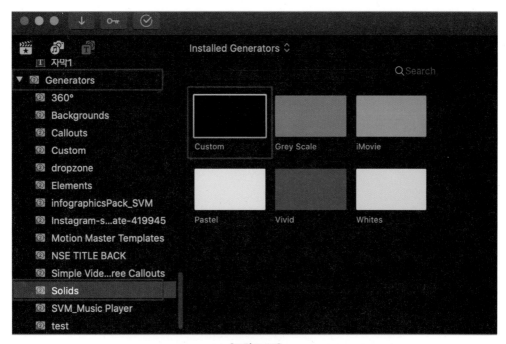

[그림 6-88]

[Generators]에서 [Solids]를 클릭하고 [Custom]을 찾습니다.

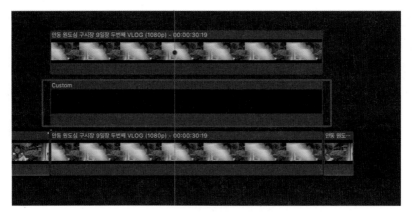

[그림 6-89]

[Custom] 객체를 드래그 & 드롭하여 프리즈 프레임 사이에 넣어 줍니다. 이때 반드시 프리즈 프레임 사이에 넣어야만 원하는 효과를 만들 수 있습니다.

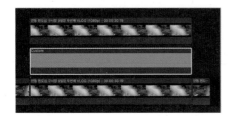

[그림 6-90]

[Custom] 객체를 클릭한 상태에서 인스펙터에서 색상을 변경합니다.

[그림 6-91]

이제 프리즈 프레임에서 인물이 드러나도록 배경 제거 작업(흔히들 누끼라고 부르는)을 할 차례입니다. 이펙트 창에서 [Masks]의 [Draw Mask]를 선택합니다.

[그림 6-92]

[Draw Mask] 효과를 프리즈 프레임에 드래그 & 드롭하여 넣습니다. 이때 위쪽에 있는 프리즈 프레임에 넣습니다.

[그림 6-93]

화면에 '클릭하여 컨트롤 포인트를 추가하세요.'라는 메시지가 보입니다.

[그림 6-94]

이제 영상에서 인물만 남고 나머지는 제거되도록 인물 주변 테두리를 따라 클릭하면서 컨트롤 포인트를 추가해 줍니다. 이 작업은 가능하면 세밀하게 해야 합니다. 더 세밀하게 작업하고 싶다면 미리보기 창을 확대해 두고 작업하도록 합니다.

 꿀팁

[그림 6-95]

원형 부분에서는 클릭을 유지한 상태에서 움직이면 원형 모양을 만들 수 있습니다.

[그림 6-96]

[그림 6-96]처럼 인물 또는 사물만 남고 나머지 배경은 제거되도록 만듭니다.

[그림 6-97]

이제 타임라인에서 다시 [Custom] 객체를 클릭한 후 인스펙터에서 [Opacity] 값을 조정합니다. 처음에 100%로 된 값을 천천히 줄이면서 영상의 배경 색이 은은하게 들어가게 해 주면 효과적입니다. 이제 각입의 절빈 징도가 끝닌 겁니다.

[그림 6-98]

동적인 인트로를 만들기 위해 키 프레임을 추가할 예정입니다. 먼저 재생 헤드를 프리즈 프레임의 제일 앞으로 이동시킵니다.

[그림 6-99]

인스펙터에서 [Transform]의 [Position] 항목에 키 프레임 추가 버튼을 클릭하여 키 프레임을 추가합니다.

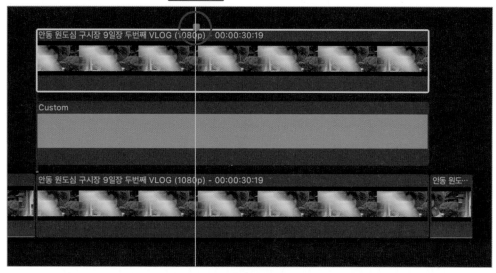

[그림 6-100]

프리즈 프레임 구간에서 원하는 부분에 마커를 추가합니다.

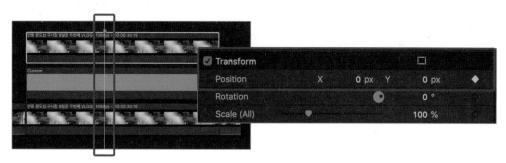

[그림 6-101]

마커 부분으로 재생 헤드를 이동시킨 후 다시 인스펙터에서 [Transform]의 [Position]에 키 프레임을 추가합니다.

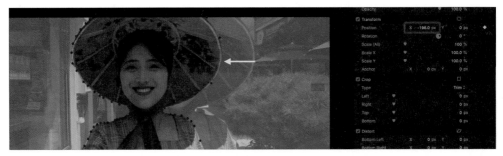

[그림 6-102]

X값을 조절하여 화면상에서 인물의 위치를 이동시킵니다. 키 프레임을 넣었으므로 영상을 재생했을 때 자연스럽게 움직이게 됩니다.

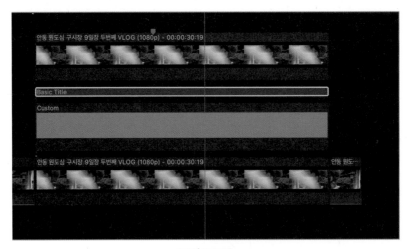

[그림 6-103]

이제 글자를 넣을 차례입니다. 프리즈 프레임이 무언가를 소개할 때 효과를 발휘하는 만큼 글자는 프리즈 프레임 인트로의 핵심적인 부분입니다. 단, 이때는 글자의 위치가 타임라인 상에서 [그림 6-103]처럼 되어야 합니다. 제일 위에 있는 프리즈 프레임 바로 아래, [Custom] 객체보다는 위에 배치합니다. 한 칸 아래에 배치하는 이유는 글자가 인물을 가리지 않게 하기 위해서입니다. 이렇게 하면 분명 글자를 넣었는데 화면상에서는 보이지 않을 겁니다. 왜냐하면 제일 위에 있는 프리즈 프레임으로 인해 글자가 가려졌기 때문입니다.

[그림 6-104]

글자를 보기 위해서 제일 위에 있는 프리즈 프레임을 잠시 비활성화해 줍니다. 마우스 오른쪽을 클릭 후 [Disable]을 선택하거나 단축키 V를 누릅니다.

[그림 6-105]

이제 화면에서 글자가 보입니다.

[그림 6-106]

글자를 변경하고 디자인해 줍니다.

재생 헤드 이동

[그림 6-107]

글자를 선택한 상태에서 재생 헤드를 글자의 제일 앞에 배치합니다. 글자에도 키 프레임을 활용해 움직임을 적용할 겁니다.

[그림 6-108]

글자 자체에는 키 프레임이 없으므로 컴파운드 클립으로 만들거나 Transform 툴을 이용해야 합니다. 여기에서는 Transform 툴을 이용합니다. 화면 왼쪽 하단에 있는 버튼 중 가장 왼쪽 버튼(Transform)을 클릭합니다.

[그림 6-109]

글자 전체를 움직일 수 있도록 화면이 변경됩니다.

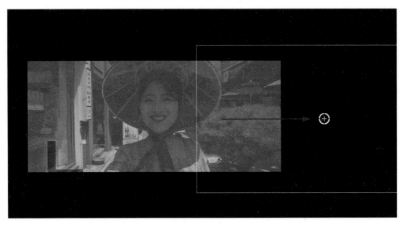

[그림 6-110]

마우스를 이용해 글자를 화면 밖으로 뺍니다. 처음에는 글자가 없었다가 프리즈 프레임 인트로가
시작될 때 화면 밖에서 화면 안으로 글자가 나타나도록 만드는 기법입니다.

[그림 6-111]

그런 다음 화면 왼쪽 상단에 있는 키 프레임 추가 버튼을 클릭합니다.

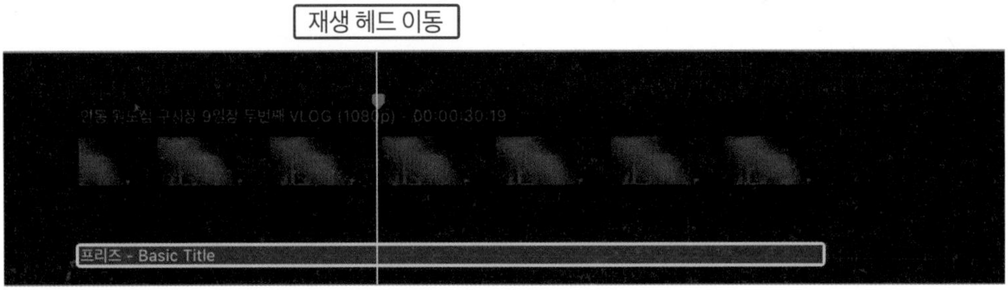

재생 헤드 이동

[그림 6-112]

재생 헤드를 마커 부분으로 다시 이동시킵니다.

[그림 6-113]

다시 화면 왼쪽 상단에 있는 키 프레임 추가 버튼을 클릭하여 키 프레임을 추가합니다.

[그림 6-114]

마우스를 이용해 글자를 화면 안으로 끌어옵니다.

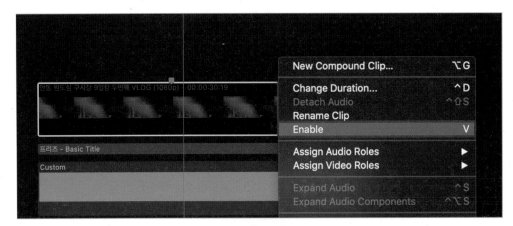

[그림 6-115]

마지막으로 제일 위에 배치된 프리즈 프레임의 비활성화를 다시 활성화해 줍니다. 마우스 오른쪽을 클릭한 후 [Enable]을 클릭하거나 단축키 V를 누릅니다.

[그림 6-116]

이제 영상을 재생해 보면, 나만의 멋진 프리즈 프레임이 만들어진 걸 볼 수 있습니다.

동영상 콘텐츠가 다른 콘텐츠(글이나 사진 등)와 차별화되는 부분은 청각 요소가 있다는 점입니다. 배경 음악이나 효과음, 내레이션이나 소음 등이 콘텐츠에 포함되어 있으므로 편집자는 시각적 요소와 청각적 요소를 모두 고려해야 합니다. 공포 분위기의 영상에 신나는 댄스 음악이 나온다면 어울리지 않을 겁니다. 이렇듯 동영상을 꾸며 주는 청각 요소는 눈에 보이지는 않지만 대단히 중요한 요소입니다. 이번 장에서는 동영상의 핵심 요소인 음악과 오디오에 대해서 알아보고 헷갈리는 저작권에 대해서도 살펴봅니다.

구독자의 귀를
만족시키자!
음악 삽입하기

파이널 컷 프로 X으로 오디오 파일 가져오는 방법

자신의 영상에 음악이나 오디오 파일을 삽입하는 작업은 파이널 컷 프로 X에서 동영상을 불러와서 편집하는 방식과 똑같습니다. 단, 추가하는 대상이 동영상이 아니라 오디오 파일이라는 점이 다를 뿐입니다. 제일 먼저 할 일은 오디오 파일을 파이널 컷 프로 X으로 불러와야 합니다. 이 작업을 임 포트(Import)라고 부릅니다. 오디오 파일을 가져오는 방법은 두 가지가 있습니다.

임포트 기능으로 오디오 파일 가져오기

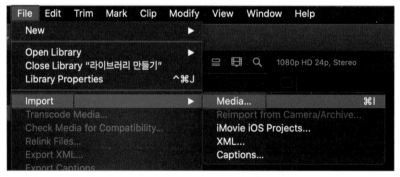

[그림 7-1]

파이널 컷 프로 X의 메뉴를 통해 오디오 파일을 가져오는 방법입니다. 메뉴에서 [File]을 클릭하고 [Import]를 선택한 후 [Media…]를 클릭합니다.

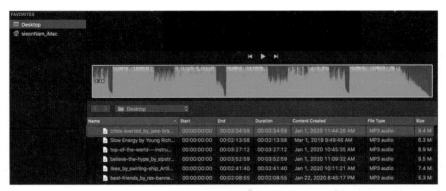

[그림 7-2]

임포트 창이 나타나면 오디오 파일이 있는 곳을 클릭하여 오디오 파일을 찾은 후 더블 클릭하거나 [Import selected]를 클릭하여 파이널 컷 프로 X으로 불러옵니다.

 꿀팁

이때 스페이스 바(spacebar)를 누르면 음악을 미리 들어 볼 수 있습니다.

[그림 7-3]

이제 브라우저 창에 오디오 파일이 정상적으로 추가된 모습을 볼 수 있습니다. 여러 개의 오디오 파일을 한꺼번에 가져와야 할 때 유용한 방법입니다.

드래그 & 드롭으로 오디오 파일 가져오기

[그림 7-4]

조금 더 편리한 방법은 바탕 화면이나 다른 폴더에 있는 오디오 파일을 파이널 컷 프로 X 타임라인
으로 드래그 & 드롭하여 임포트하는 방식입니다.

[그림 7-5]

드래그 & 드롭으로 오디오 파일을 추가해도 브라우저에는 정상적으로 추가되며 임포트 기능을 이용했을 때와 결과가 같습니다. 이때 오디오 파일이 라이브러리에 추가될지 혹은 추가되지 않을지는 파이널 컷 프로 X의 기본 설정에 따릅니다. 여러 개의 오디오 파일을 추가하기보다는 하나의 오디오 파일을 추가할 때 효과적인 방식입니다.

 궁금해요   *어떤 방법이 더 좋나요?*

두 가지 방법 모두 결과가 같으므로 어떤 방식이 더 좋다고 말하기는 어렵습니다. 편집자의 선택에 따라 편한 방법으로 활용하도록 합니다.

영상을 업그레이드하는 배경 음악 삽입하기

파이널 컷 프로 X으로 오디오 파일을 불러왔다면, 이제 타임라인에 추가할 차례입니다. 배경 음악 삽입은 간단하면서도 직관적으로 작업할 수 있습니다. 영상의 분위기와 잘 어울리는 배경 음악을 골라서 추가합니다.

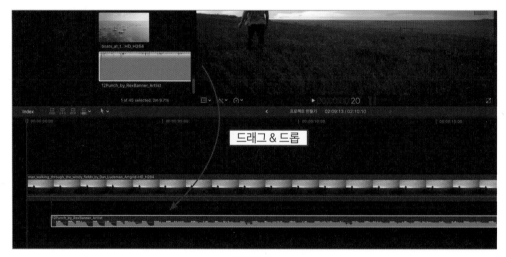

[그림 7-6]

브라우저에 있는 오디오 파일을 마우스로 클릭하고 드래그 & 드롭하여 타임라인에 배치합니다. 원하는 위치에 오디오 파일을 넣을 수 있습니다. 만약 오디오 파일을 가져올 때 임포트가 아니라 드래그 & 드롭 방식으로 가져왔다면, [그림 7-6] 단계를 건너뜁니다.

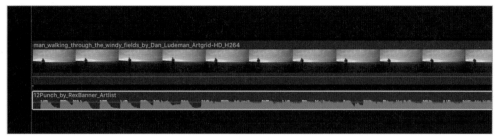

[그림 7-7]

[그림 7-7]처럼 영상 아래에 오디오 파일이 배치된 모습이 파이널 컷 프로 X에서 기본적인 배경 음악 삽입이 완료된 화면입니다. 기본적으로 파이널 컷 프로 X에서 오디오 파일은 영상 파일 아래에 배치됩니다.

동영상 편집에서 배경 음악의 중요성은 아무리 강조해도 지나치지 않습니다. 영상에 잘 어울리는 음악을 준비하고 적절한 부분에 삽입해야 합니다.

오디오 볼륨 조절하기

파이널 컷 프로 X에 오디오 파일을 추가할 때의 기본 볼륨 설정은 0db입니다. 즉 녹음된 그대로의 소리 크기를 가집니다. 너무 작게 녹음되었거나 너무 크게 녹음되었을 때는 볼륨을 조절하여 잘 들리도록 맞춰 줍니다. 그런데 어느 정도의 볼륨이 적절할지 궁금할 겁니다. 사용자마다 스피커의 음량을 크게 듣는 사람도 있고 작게 듣는 사람도 있습니다. 이때는 실제로 들리는 소리보다는 오디오 미터(Audio meters)라고 하는 시각 패널을 이용해 볼륨을 맞춰야 합니다.

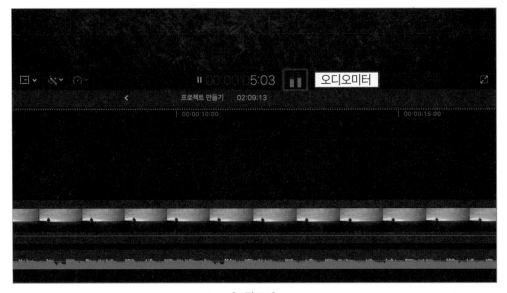

[그림 7-8]

파이널 컷 프로 X 미리보기 화면 아래 중앙에는 오디오미터가 표시되어 있습니다. 영상을 재생해 보면 오디오미터가 움직이는 걸 볼 수 있습니다. 이 오디오미터를 활용하여 볼륨을 맞춰 줍니다. 너무 크다면 작게 만들어 주고, 너무 작다면 조금 크게 만들어 줄 수 있습니다.

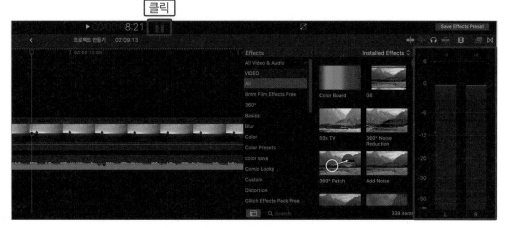

[그림 7-9]

미리보기 화면 아래에 있는 오디오미터는 크기가 작아서 잘 보이지 않습니다. 더 세밀한 편집을 위해 오디오 파형을 크게 보여 주는 패널을 활성화합니다. 오디오미터 부분을 클릭하면, 파이널 컷 프로 X 화면 우측에 오디오미터 패널이 활성화됩니다.

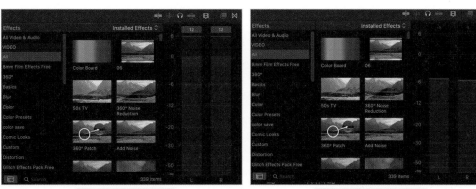

소리가 너무 큰 경우   소리가 너무 작은 경우

[그림 7-10]

이제 영상을 재생한 후 오디오미터를 살펴봅니다. 오디오미터는 초록색, 노란색, 빨간색 등으로 표시되는데 직관적으로 파악할 수 있는 구성입니다. 만약 오디오미터에 빨간색이 많이 보인다면, 소리가 너무 큰 것입니다. 이때는 볼륨을 조금 낮춰 주어야 합니다. 반대로 오디오미터에서 소리가 마이너스 값에만 머물러 있다면 소리가 작은 것이므로 이때는 볼륨을 조금 키워 주어야 합니다.

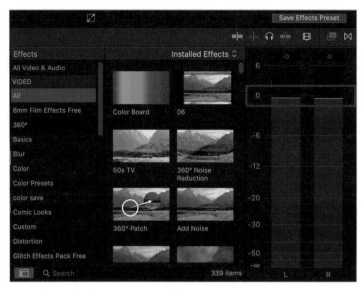

[그림 7-11]

가장 적절한 볼륨은 오디오미터 상에서 0 값이 유지되는 크기입니다.

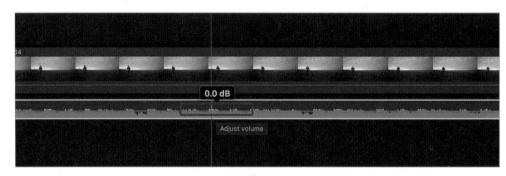

[그림 7-12]

오디오 파일을 자세히 살펴보면 가운데에 선이 하나 보입니다. 이 선이 볼륨의 크기를 보여 주는
선입니다. 이 선에 마우스를 올려 보면 'Adjust volume'이라는 글자가 나타납니다. 볼륨 조절이라
는 뜻입니다. 가운데 선을 마우스로 잡은 상태에서 위로 올리면 볼륨이 커지고, 아래로 내리면 볼
륨이 작아집니다. 세밀한 작업보다는 편하게 작업하고 싶을 때 활용하는 방식입니다.

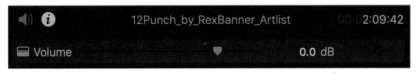
[그림 7-13]

세밀한 볼륨 조절 작업을 하려면 인스펙터를 이용합니다. 오디오 파일을 클릭한 상태에서 인스펙터에 들어가면 볼륨을 조절할 수 있는 기능을 볼 수 있습니다. 가운데에 있는 슬라이드 바(bar)를 이용해 볼륨을 조절하거나 'dB'라고 적힌 곳을 클릭하여 숫자를 직접 입력할 수 있습니다.

오디오미터에서 0에 맞춰지도록 조금씩 볼륨을 조절합니다. 오디오미터에 익숙해지면, 어디에서나 깔끔하게 잘 들리는 소리를 만들어 낼 수 있습니다.

궁금해요   오디오미터 패널을 끄고 싶어요!

미리보기 화면 아래에 있는 오디오미터를 한 번 더 클릭하면 화면 우측에 있던 오디오미터가 가려집니다.

인스펙터를 이용하지 않고 타임라인 오디오 파일에서 간편하게 볼륨 조절을 하고 싶을 때 한 가지 문제점이 있습니다. 볼륨을 정확하게 조절하기 어렵다는 점입니다.

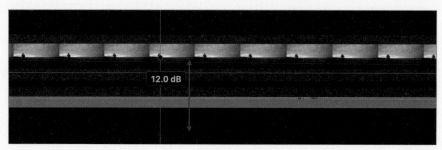

[그림 7-14]

예를 들어 볼륨을 3.0dB까지만 올리고 싶은데 마우스로 조절하는 특성상 정확하게 3으로 맞추기가 어렵고 잘되지 않는 현상이 있습니다. 마우스를 활용해 볼륨을 조절하다 보면, 3이 아니라 4나 5가 되어 버리고 내리면 0이나 -2가 되어 버리기 일쑤입니다. 이때 단축키를 활용하면 간편하게 해결할 수 있습니다.

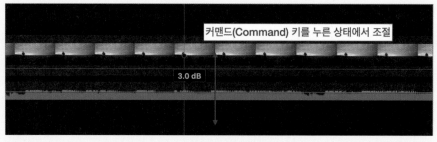

[그림 7-15]

마우스로 볼륨을 조절할 때 커맨드(Command) 키를 누른 상태에서 조절합니다. 이렇게 하면 볼륨이 1단위로 조절되고 변화가 둔감해져서 원하는 볼륨으로 설정하기가 쉬워집니다.

내 목소리를 넣고 싶다면?
내레이션 녹음하기

▶ 유튜브 동영상 강좌

파이널 컷 프로 X 내레이션 녹음하는 법
https://youtu.be/zDKCQ91EXtQ

파이널 컷 프로 X 자체에서 녹음 기능을 제공합니다. 이 녹음 기능을 이용하면, 촬영할 때 별도의 녹음을 하지 않더라도 편집 과정에서 목소리를 입힐 수 있습니다. 보통은 내레이션 형태로 작업이 되지만, 때에 따라서는 촬영 때 잘못 녹음된 내용을 보충하는 식으로 활용할 수도 있습니다. 내레이션 녹음을 하려면 MAC에 기본으로 탑재된 내장 마이크를 이용할 수 있지만 음질이 썩 좋은 편은 아닙니다. 따라서 내레이션을 녹음할 땐 별도의 외장 마이크를 연결하여 활용할 것을 추천합니다.

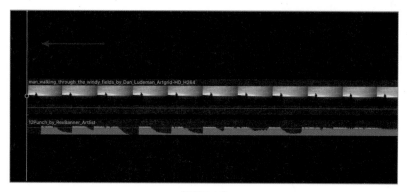

[그림 7-16]

재생 헤드를 녹음이 시작될 위치로 이동시킵니다. 내레이션은 이 재생 헤드의 위치부터 녹음됩니다.

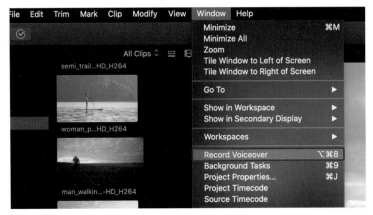

[그림 7-17]

메뉴에서 [Window]로 들어간 다음 [Record Voiceover]를 선택합니다.

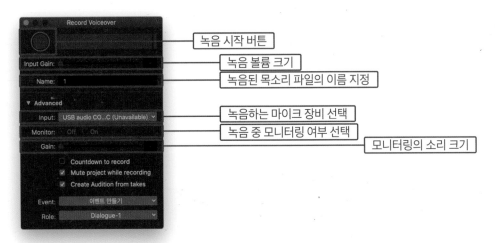

[그림 7-18]

해당 버튼을 클릭하면 [그림 7-18]처럼 Record Voiceover라고 하는 창이 나타납니다. 이 창에는 여러 가지 버튼이 있는데 중요한 부분들만 살펴봅니다.

1 빨간색 버튼: 녹음을 시작하는 버튼입니다.

2 Input Gain: 녹음되는 목소리의 크기를 결정합니다. 너무 높게 설정하면 목소리가 깨지는 것처럼 들릴 수 있으므로 적당하게 조절해 줍니다.

3 Name: 녹음된 목소리 파일의 이름을 지정합니다.

4 Input: 녹음하는 장비를 선택합니다. 외장 마이크를 연결했을 때는 반드시 외장 마이크를 선택해 주어야 녹음이 정상적으로 이루어집니다.

5 Monitor: 모니터링 기능은 내가 녹음하는 소리를 내가 다시 들을 수 있는 기능입니다. 이 기능을 ON으로 설정하면 스피커를 통해 내 목소리가 다시 들리게 되므로 이때는 이어폰이나 헤드세트를 활용해야만 하울링(내 목소리가 스피커를 통해 모니터링되면서 마이크로 다시 녹음되는 현상)을 방지할 수 있습니다.

6 Gain: 모니터링을 할 때의 볼륨 크기를 설정합니다.

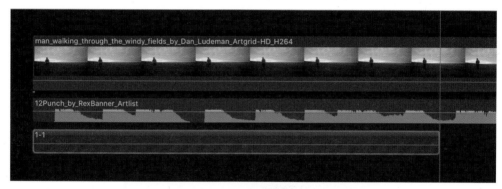

[그림 7-19]

녹음 시작 버튼을 눌러 녹음을 시작하면 [그림 7-19]처럼 빨간색 테두리가 있는 오디오 파일이 생성되며 재생 헤드가 오른쪽으로 움직입니다.

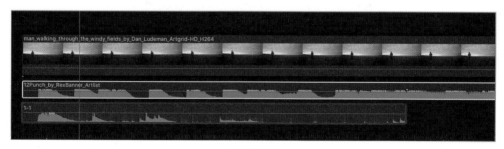

[그림 7-20]

녹음이 완료되면 타임라인 아래쪽에 오디오 파일이 추가됩니다.

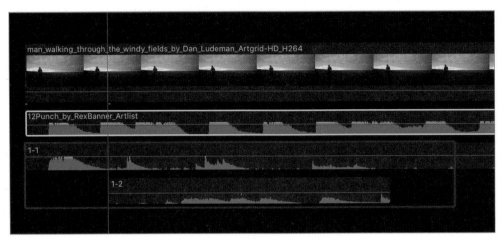

[그림 7-21]

똑같은 부분에서 여러 번 녹음하면 [그림 7-21]처럼 오디오 파일이 중첩됩니다.

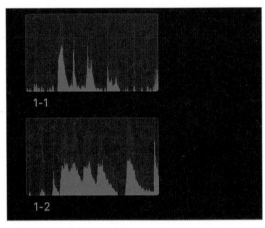

[그림 7-22]

타임라인에서 내레이션을 녹음한 오디오 파일을 삭제한다고 하더라도 브라우저에는 파일이 그대로 남아 있어 이전의 녹음본을 계속 사용할 수 있습니다.

영상의 풍미를 살려 주는
효과음 1,300개 무료로 다운받기

동영상에서 효과음은 배경 음악과는 다른 요소입니다. 배경 음악이 영상 전체를 감싸면서 분위기를 주도하는 역할이라면, 효과음은 특정 시점에 원하는 효과를 강화하는 역할입니다. 예를 들어 바다 풍경을 보여 주면서 파도 소리를 효과음으로 사용하거나 숲과 나무를 보여 주는 영상에서 새소리나 바람 소리를 효과음으로 활용할 수 있습니다. 잘 만들어진 영상은 효과음이 다양하게 들어간다는 공통점이 있습니다.

Download Final Cut Pro sound effects and Pro Video Formats

Final Cut Pro includes free supplemental content and advanced video formats for use in your projects. You can download them after you install Final Cut Pro.

The Final Cut Pro supplemental content includes:

- Over 1300 royalty-free sound effects you can access from the Photos and Audio sidebar in Final Cut Pro

- Additional preset effects for the Space Designer plug-in

  For information about using the Space Designer plug-in included with Final Cut Pro, see Final Cut Pro X Logic Effects.

Pro Video Formats enables Final Cut Pro, Motion, and Compressor to work with a variety of professional video formats, including Apple ProRes codecs and MXF files.

[그림 7-23] 파이널 컷 프로 X 추가 요소 안내 페이지

파이널 컷 프로 X은 프로그램 내에서 기본적으로 다양한 효과음을 제공합니다. 하지만 처음부터 설치된 게 아니라 파이널 컷 프로 X 설치 후에 사용자가 다운로드하는 작업을 추가로 해 주어야 합니다. 'Additional Content(보충 콘텐츠)'라고 하는 이 추가 요소는 파이널 컷 프로 X 내에서 다운로드할 수 있습니다.

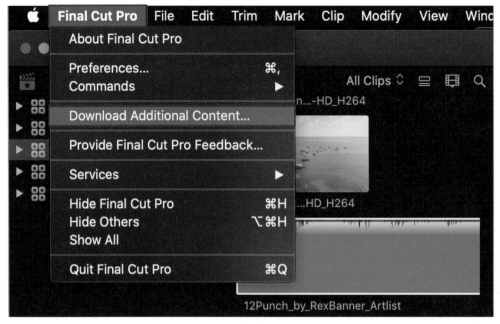

[그림 7-24]

메뉴에서 [Final Cut Pro]로 들어간 다음 [Download Additional Content...]를 클릭합니다.

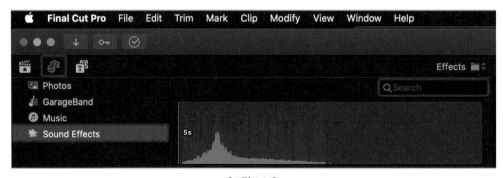

[그림 7-25]

효과음을 사용하려면 좌측 상단에서 가운데에 자리 잡은 '사진과 오디오 사이드바(Photos and Audio sidebar)'를 클릭한 후 아래쪽에서 'Sound Effects'로 들어갑니다.

[그림 7-26]

폴더 아이콘을 누르면 효과음이 포함된 다양한 폴더를 볼 수 있습니다. 효과음은 폴더별로 구분되어 있으므로 빠르게 찾을 때 용이합니다. 예를 들어 강아지가 짖는 소리는 'Animals' 폴더에 들어 있습니다. 필요한 효과음의 폴더를 클릭하고 효과음을 고른 다음 타임라인에 영상에 추가해 주는 방식으로 편집을 이어 갑니다.

초보탈출 | 다운받은 효과음 직접 추가하기

 **유튜브 동영상 강좌**

파이널 컷 프로 X 효과음 직접 추가하기
https://youtu.be/822wA2Lbr6g

앞서 살펴본 것처럼 효과음을 파이널 컷 프로 X에 등록해 두면, 원할 때마다 편리하게 사용할 수 있습니다. 배경 음악을 삽입할 때처럼 임포트하는 과정이 없고 폴더별로 구분되어 있어서 찾는 속도도 빠릅니다. 파이널 컷 프로 X에서 기본으로 제공하는 효과음이 아니라 내가 녹음한 효과음이나 다른 곳에서 다운로드한 효과음을 등록해 두면 편리합니다.

[그림 7-27] 파이널 컷 프로 X 효과음 폴더 위치

별도로 효과음을 추가하려면, 파이널 컷 프로 X 효과음 폴더의 위치를 알아야 합니다. 위치는 파인더에서 Macintosh HD - 라이브러리 - Audio - Apple Loops - Apple입니다. 이 폴더 안에 다시 Final cut Pro Sound Effects라는 폴더가 있는데 이 폴더 안에 효과음을 넣거나 원하는 폴더를 만들어서 사용합니다. 위 경로를 정리하면 '/Library/Audio/Apple Loops/Apple/Final Cut Pro Sound Effects'입니다.

자연스러운 음악 연출을 위한 오디오 페이드인/페이드아웃

음악이 갑자기 시작되는 게 아니라 자연스럽게 시작하고 싶다면 페이드인/페이드아웃을 적용합니다. 오디오 페이드인/페이드아웃은 음악이 시작될 때 자연스럽게 시작되고 끝날 때도 자연스럽게 끝나는 효과를 말합니다. 음악의 첫 부분부터 강하게 나오게 만들 수도 있지만 은은하게 시작할 수도 있습니다. 이 방식은 PART 5에서 배운 〈크로스 디졸브 효과를 앞뒤에 넣어서 자연스러운 시작과 끝 만들기〉와 결합하면, 아주 멋진 효과를 만들 수 있습니다. 누구나 쉽게 할 수 있는 두 가지 방법을 소개합니다.

 꿀팁

오디오 페이드 효과: 페이드인은 음악이 점점 커지면서 고조되는 느낌을 줍니다. 페이드아웃은 영상이 곧 끝날 것임을 시청자에게 알려 주는 역할을 하며 화면이나 자막이 아니라 청각 요소로 메시지를 전달합니다.

▶ 크로스 디졸브 화면 전환 효과로 페이드하기

가장 쉽게 할 수 있는 방법은 음악 또는 효과음에 화면 전환 효과를 삽입하는 겁니다. 화면 전환 효과 중 크로스 디졸브(Cross Dissolve)는 천천히 시작되고 천천히 끝나는 기능이므로 오디오 파일에 적용하면 페이드인/페이드아웃 효과를 얻을 수 있습니다.

[그림 7-28]

파이널 컷 프로 X 우측 패널에서 화면 전환 효과 중 크로스 디졸브 효과를 찾은 다음 마우스로 드래그 & 드롭하여 오디오 파일에 추가합니다.

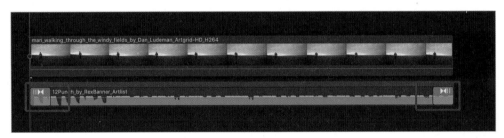

[그림 7-29]

오디오 파일 앞뒤로 화면 전환 효과가 추가된 모습을 볼 수 있습니다.

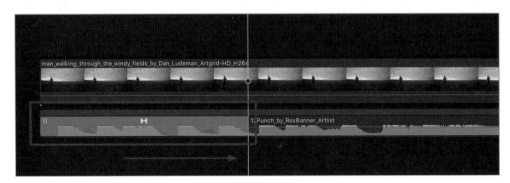

[그림 7-30]

화면 전환 효과를 마우스로 클릭한 후 드래그하여 크기를 늘려 주면 오디오 페이드의 속도를 조절할 수 있습니다.

페이드 핸들로 페이드하기

화면 전환 효과를 이용하는 것보다 좀 더 간편한 방법은 페이드 핸들을 이용하는 방법입니다.

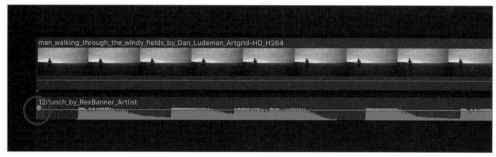

[그림 7-31]

오디오 파일 제일 앞과 뒤에 마우스를 올려 보면 가운데 부분에 작은 점이 나타납니다. 이 점이 바로 페이드 핸들(Fade handle)입니다.

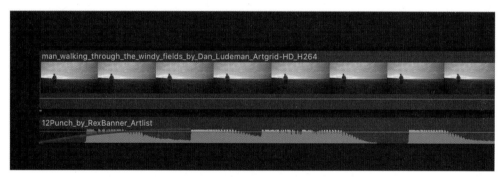

[그림 7-32]

이 페이드 핸들을 움직이면 자연스럽게 오디오 파일에 페이드가 적용됩니다. 앞부분의 페이드 핸들을 잡고 뒤로 움직이면 페이드인, 뒷부분의 페이드 핸들을 잡고 앞으로 움직이면 페이드아웃이 됩니다.

[그림 7-33]

페이드인/페이드아웃이 모두 적용되면 [그림 7-33]과 같은 모양이 나옵니다. 이제 영상을 재생하여 오디오가 자연스럽게 시작되고 자연스럽게 끝나는지 확인합니다.

자연스러운 음악 전환과 시작, 마무리는 영상의 품질을 끌어올리는 데 훌륭한 역할을 합니다. 페이드 핸들을 자유자재로 사용하고 크로스 디졸브 효과로 분위기 있는 음악으로 연출해 보시기 바랍니다.

심심한 음악은 가라!
음악에 효과 적용하기

▶ 유튜브 동영상 강좌

배경 음악 효과 편집(사운드 디자인)
https://youtu.be/q4a9aw3NmVM

영상 자체에 다양한 효과(가우시안 블러 등)를 적용할 수 있었던 것처럼, 오디오 파일에도 여러 가지 효과를 적용할 수 있습니다. 예를 들어 목소리를 로봇처럼 바꾸거나 전화하는 목소리처럼 바꾸고 싶은 상황이 있습니다. 뮤직비디오나 영화, 드라마 등에서 사용됩니다. 파이널 컷 프로 X 에 있는 오디오 이펙트 기능을 이용하면 이러한 효과를 손쉽게 만들 수 있습니다.

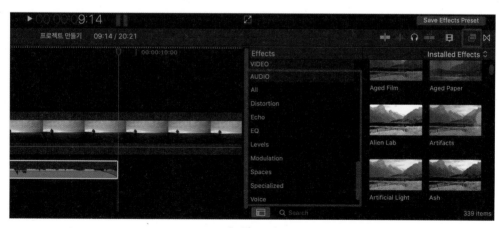

[그림 7-34]

오디오 이펙트(효과) 패널은 파이널 컷 프로 X 우측에 있는 이펙트 패널을 클릭한 후 오디오 탭에 서 찾을 수 있습니다.

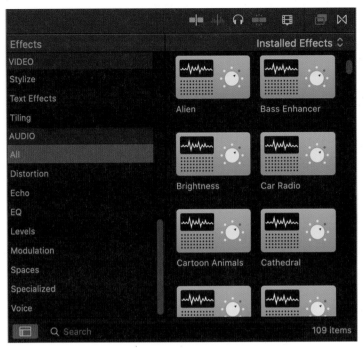

[그림 7-35]

다양한 음악 효과가 준비되어 있으며 여기에 있는 것들을 모두 자유롭게 사용할 수 있습니다.

여기에서는 필자가 자주 사용하는 두 가지의 기능을 예로 살펴봅니다.

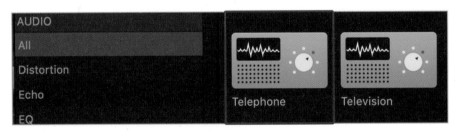

[그림 7-36]

먼저 Telephone 효과입니다. 이름에서 알 수 있듯 전화기 너머에서 들리는 듯한 소리로 바꿔 주는 효과입니다. 목소리에 적용할 수도 있고 배경 음악에 적용할 수도 있는데 목소리에 적용할 때 잘 어울립니다.

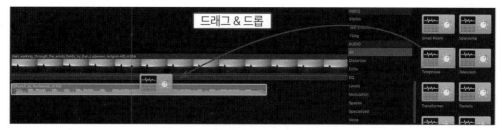

[그림 7-37]

음악에 효과를 적용하고 싶다면, 영상에 효과를 적용할 때와 마찬가지로 원하는 효과를 마우스로 드래그 & 드롭하여 오디오 파일에 추가해 줍니다. 효과를 적용한 후 영상을 재생해서 들어 봅니다.

[그림 7-38]

효과 적용 후 인스펙터에 들어가면, 해당 효과가 추가된 모습을 볼 수 있습니다. 만약 음악을 들어 봤는데 마음에 들지 않는다면 이 효과를 클릭한 후 백스페이스(Backspace)로 삭제합니다. 효과가 좀 더 강하게 들어가길 원한다면 인스펙터에서 Amount 값을 올립니다. 반대로 효과가 조금 약하게 들어가야 한다면, Amount 값을 내립니다.

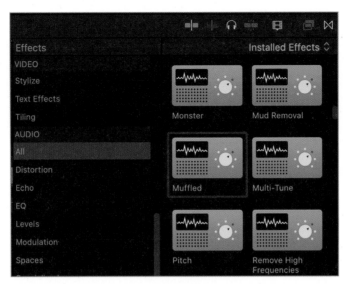

[그림 7-39]

두 번째로 필자가 자주 사용하는 효과는 Muffled입니다. 소리를 먹먹하게 만드는 효과입니다. 마치 귀에 물이 들어갔을 때 들리는 소리와 비슷합니다. 이 효과를 배경 음악에 적절하게 적용하면 매력적인 영상이 만들어집니다.

Muffled 외에도 Robot(로봇 소리), Helium(헬륨 가스 소리), Cathedral(성당 안에서 들리는 듯한 소리) 등 다양한 효과가 있으니 직접 목소리나 배경 음악에 적용해 보면서 원하는 효과를 찾아봅니다.

일반적인 영상 편집에서는 배경 음악 전체에 효과가 들어가지 않고 특정 구간에만 들어갑니다. 음악이 평범하게 들리다가 갑자기 먹먹하게 들렸다가 다시 원래대로 들리는 식입니다. 이렇게 하면 몰입도를 높일 수 있으며 강조하고 싶은 구간을 편집자가 정할 수 있어 유용합니다. 음악에 효과를 적용하는 방법으로 간단하게 사운드를 디자인해 봅니다.

[그림 7-40]

특정한 구간에만 효과를 적용하기 위해 먼저 원하는 부분을 블레이드(Blade) 툴로 잘라 냅니다. 잘린 곳에만 효과를 적용할 겁니다.

[그림 7-41]

원하는 효과를 드래그 & 드롭하여 적용합니다. 여기에서는 Muffled를 적용합니다. 이제 처음부터 영상을 재생해서 음악을 집중적으로 들어 봅니다. 사운드가 매력적인 영상을 만날 수 있습니다.

(여러 곳에 효과를 적용하고 싶다면, 편집의 효율을 위해 Roles 기능으로 색상을 바꿔 주면 구분하기 쉬워집니다. Roles 기능은 PART 9에서 자세히 다룹니다.)

커졌다 작아졌다
마음대로 조절하는
오디오 키 프레임

▶ **유튜브 동영상 강좌**

자연스럽게 음악 볼륨 조절하기
https://youtu.be/l6wQRjU410E

동영상이라는 콘텐츠는 시청을 처음부터 끝까지 해야만 내용을 이해할 수 있습니다. 글이나 사진처럼 빠르게 훑어보는 게 상대적으로 어려워서 시청자 입장에서 볼 때 쉽게 지루해질 수 있습니다. 유튜브에서 많이 볼 수 있는 여행 영상이나 일상 영상, VLOG 등에서는 크리에이터가 영상에 출연하여 흥미로운 이야기를 전해 줍니다. 아름다운 풍경을 보여 주면서 사람이 등장하여 말을 이어 가는 형태가 많습니다. 이렇게 하는 이유는 다채로운 화면과 소리를 조합하여 지루하지 않게 하기 위함입니다. 풍경을 보여 줄 땐 배경 음악을 크게 들려주고, 말하는 장면일 땐 배경 음악이 작게 들려야 합니다. 파이널 컷 프로 X에서는 오디오 키 프레임을 활용하여 자유자재로 볼륨을 조절할 수 있습니다.

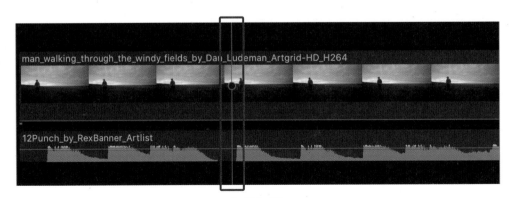

[그림 7-42]

오디오 키 프레임도 기본 개념은 영상에 적용하는 키 프레임과 같습니다. 오디오 키 프레임은 인스펙터를 이용할 수도 있고 타임라인에서 바로 적용할 수도 있는데, 여기에서는 타임라인을 바로 이용하는 방법으로 설명합니다. 제일 먼저 볼륨을 조절하고 싶은 위치를 정합니다.

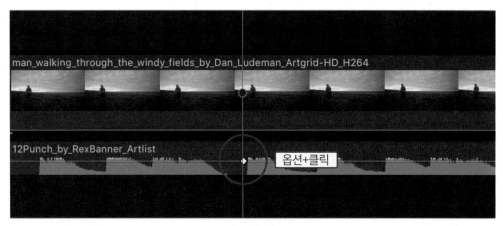

[그림 7-43]

키보드에서 옵션 키를 누른 상태에서 원하는 위치를 클릭합니다. 이렇게 하면 손쉽게 원하는 위치에 키 프레임을 삽입할 수 있습니다.

[그림 7-44]

이 상태에서 키 프레임을 마우스로 잡고 볼륨을 조절해 보면, 특정 구간의 볼륨이 아니라 전체 볼륨이 조절됩니다. 오디오 키 프레임에서 참조하는 다른 키 프레임이 없기 때문입니다.

[그림 7-45] 오디오 키 프레임 개념도

커졌다 작아졌다 하면서 오디오 볼륨이 자연스럽게 바뀌도록 하려면 키 프레임을 여러 개 추가해야 합니다. 즉, 시작점의 볼륨(예를 들어 0dB)과 바뀔 볼륨(예를 들어 -5dB)에 모두 키 프레임이 있어야 합니다.

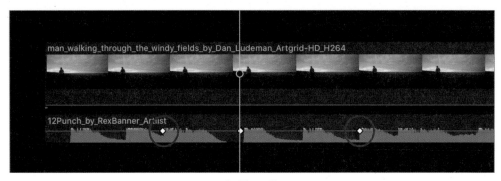

[그림 7-46]

원하는 위치에서 볼륨이 작아졌다가 다시 커지는 형태를 만들려고 합니다. 원하는 위치 양옆으로 키 프레임을 추가합니다.

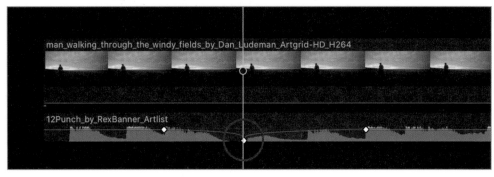

[그림 7-47]

이제 원하는 볼륨을 마우스로 드래그하여 지정합니다. 위쪽으로 올리면 소리가 커지는 볼륨 업, 아래쪽으로 내리면 소리가 작아지는 볼륨 다운입니다.

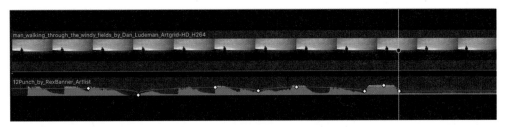

[그림 7-48]

똑같은 방법으로 원하는 부분에 키 프레임을 자유롭게 추가하고 볼륨을 조절합니다. 배경 음악뿐만 아니라 영상에 포함된 목소리 녹음에도 키 프레임을 적용할 수 있습니다. 배경 음악이나 효과음, 목소리 등 청각 요소인 사운드 부분은 영상 편집에서 매우 중요한 요소이므로 오디오 키 프레임을 자유자재로 다룰 수 있어야 합니다. 꼭 연습해 보도록 합니다.

필자의 유튜브 채널에는 음악과 관련된 강좌 영상이 다수 있습니다. 여기에는 다양한 질문이 올라옵니다. 음악 저작권과 관련된 질문은 자주 받는 질문입니다. 내가 만드는 동영상에 내가 좋아하는 음악을 사용할 수 있을까요? 정답부터 말하자면 '안 된다.'입니다. 예를 들어 음원 스트리밍 사이트(멜X 등)에서 다운로드한 음원은 사용할 수 없습니다. 스트리밍 사이트에서 다운로드한 음악이라고 하더라도, 저작권이 있는 것은 아니며 단순히 음악을 다운받아 들을 수 있는 권리만을 가집니다.

음악의 저작권은 음악을 만든 사람(혹은 회사)이 가집니다. 만약 여러분이 만든 음악이 있다면, 그 음악의 저작권은 여러분의 겁니다. 대중가요 등 우리가 즐겨 듣는 음악들은 모두 저작권이 있는 음악들이며 우리는 해당 음원의 저작권을 가지지 않습니다. 따라서 이런 음악을 활용해 영상을 만들면 안 됩니다.

저작권이 있는 음악을 사용할 때, 유튜브에서는 저작권으로 인해 영상의 수익이 저작권자에게 자동으로 연결됩니다. 페이스북이나 인스타그램에서는 해당 영상의 소리가 나오지 않습니다.

유튜브에서는 저작권이 있는 음원(예를 들어 대중가요 등)을 무단으로 사용하게 되면 해당 영상으로 수익을 창출할 수 없는 데다 저작권 위반으로 영상이 삭제되거나 채널이 정지될 수 있습니다. 좋아하는 음악의 저작권과 관련된 사용권을 받는 방법이 있긴 하지만, 별도의 계약 등이 필요하므로 일반인이 하는 건 거의 불가능합니다. 따라서 음악은 반드시 저작권을 해결한 음악을 사용해야 합니다. 저작권이 해결된 음악은 보통 유료 결제가 필요하거나 별도의 라이선스가 있어야 합니다.

이러한 문제를 해결하려면 무료 음원 사이트 또는 유료 음원 사이트를 이용해야 합니다. 유료 음원 사이트 추천은 뒤에서 자세히 다룹니다.

레벨 업 | 저작권이 자유로운 유튜브 무료 음원 다운로드하기
– 유튜브 오디오 라이브러리

유튜브를 처음 시작하는 분들이라면, 처음부터 유료 음원 사이트를 결제해서 사용하는 건 부담스러울 수 있습니다. 물론 음악의 품질이나 종류는 유료 음원 사이트가 훨씬 유리하지만, 처음에는 무료로 사용할 수 있는 배경 음악을 활용해 보는 것도 좋습니다. 유튜브에서 제공하는 유튜브 오디오 라이브러리를 활용하면 다양한 음악과 효과음을 무료로 사용할 수 있습니다.

Google

🔍 유튜브 오디오 라이브러리   ✕   ⌨

🔍 유튜브 오디오 라이브러리

🔍 유튜브 오디오 라이브러리 **추천**

🔍 유튜브 오디오 라이브러리 **순위**

🔍 유튜브 오디오 라이브러리 **저작권**

[그림 7-49]

검색창에 '유튜브 오디오 라이브러리'를 검색합니다.

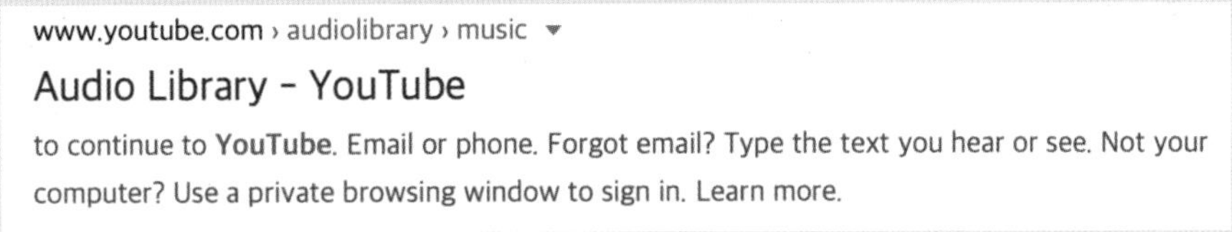

www.youtube.com › audiolibrary › music ▾
Audio Library – YouTube
to continue to **YouTube**. Email or phone. Forgot email? Type the text you hear or see. Not your computer? Use a private browsing window to sign in. Learn more.

[그림 7-50]

검색 결과에서 유튜브 오디오 라이브러리를 찾아 접속합니다. 주소는 https://www.youtube.com/audiolibrary입니다.

레벨 업 | 저작권이 자유로운 유튜브 무료 음원 다운로드하기
– 유튜브 오디오 라이브러리

[그림 7-51]

유튜브 오디오 라이브러리에서는 배경 음악과 효과음을 들어 보고 다운로드한 후 사용할 수 있습니다.

음악 듣기  음악 다운로드

[그림 7-52]

다양한 음악이 준비되어 있으니 여러 개의 음악을 들어 보면서 만들려는 영상의 분위기와 잘 어울리는 음악을 고릅니다.

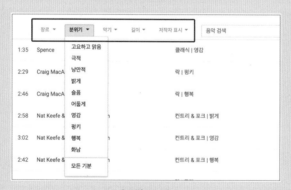

[그림 7-53]

원하는 음악을 찾기가 어렵다면, 위쪽에 있는 분류를 이용합니다. 장르, 분위기, 악기, 음악의 길이별로 분류한 후 찾을 수 있습니다.

레벨 업 | 저작권이 자유로운 유튜브 무료 음원 다운로드하기
- 유튜브 오디오 라이브러리

[그림 7-54]

배경 음악뿐만 아니라 효과음도 찾아봅니다. 다양한 효과음은 여러분들의 영상을 풍성하고 더욱 입체적으로 만들어 줄 겁니다. 예를 들어 새가 지저귀는 소리, 파도 소리, 바람 소리 등이 있습니다. 삐걱~ 문을 여는 소리나 발소리 등도 영상 제작자들이 자주 사용하는 효과음 중 하나입니다.

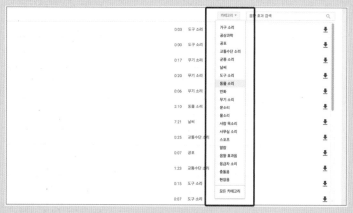

[그림 7-55]

효과음에도 카테고리 분류가 준비되어 있으니 활용합니다.

레벨 업 | 저작권이 자유로운 유튜브 무료 음원 다운로드하기
- 유튜브 오디오 라이브러리

> ▶ **News Room News**
>
> 이 노래를 무료로 사용하고 동영상으로 수익을 창출할 수 있습니다.

저작권자 표시 불필요

> ▶ **Rocker Chicks**   1:30   **Audionautix**
>
> 이 노래를 무료로 사용하고 동영상으로 수익을 창출할 수 있지만 동영상 설명에 다음을 포함해야 합니다.
> **Audionautix의 Rocker Chicks은(는) Creative Commons Attribution 라이선스(https://creativecommons.org/licenses/by/4.0/)에 따라 라이선스가 부여됩니다.**
> 아티스트: http://audionautix.com/

저작권자 표시 필요

[그림 7-56]

유튜브 오디오 라이브러리에는 저작권 종류를 두 가지로 제공합니다. 첫 번째는 저작권자 표시가 필요하지 않은 무료 음원입니다. 음악을 클릭해 보면 [그림 7-56]처럼 '이 노래를 무료로 사용하고 동영상으로 수익을 창출할 수 있습니다.'라는 메시지가 나타납니다.

두 번째는 음악을 무료로 사용하는 조건으로 저작권자를 표시해야 하는 라이선스입니다. 아래쪽에 있는 글을 복사하여 유튜브 또는 다른 매체에 영상을 올릴 때 설명란에 붙여 넣기 합니다.

배경 음악
자연스럽게 반복하기

▶ **유튜브 동영상 강좌**

음악 자연스럽게 반복하기
https://youtu.be/6RHdxrP0YPE

이번에는 배경 음악을 자연스럽게 반복하는 방법을 알아봅니다. 우리가 만드는 영상의 길이는 딱 정해져 있지 않습니다. 그러나 대부분의 음악은 3~5분 내외로 만들어집니다. 음악의 길이를 이해 하려면, LP 시대에 대한 학습이 필요한데 영상 편집자가 이런 것까지 알아야 할 필요는 없습니다. 그냥 대부분의 음악이 3분에서 5분 내외로 만들어진다는 점 정도만 알아도 편집하는 데 부족함이 없습니다.

편집하는 동영상의 길이가 10분이라면, 최소 배경 음악이 두 번은 반복되어야 합니다. 그런데 단 순히 배경 음악을 이어 붙이는 방식으로 작업하면, 연결 부분에서 음악이 갑자기 뚝! 끊기는 듯한 연출이 됩니다. 따라서 배경 음악을 자연스럽게 반복하는 편집 기법이 필요합니다. 이 방법은 같 은 음악의 반복이 아니라 여러 개의 음악을 자연스럽게 연결하고 싶을 때도 활용할 수 있습니다.

[그림 7-57]

파이널 컷 프로 X 타임라인에 반복하고 싶은 음악을 준비합니다. 여기에서는 3개를 준비합니다.

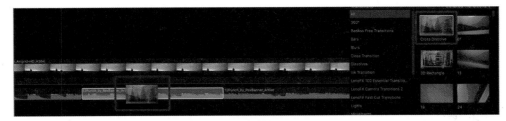

[그림 7-58]

화면 전환 효과 중 크로스 디졸브(Cross Dissolve)를 찾은 다음 원하는 곳에 추가해 줍니다. 음악과 음악 사이의 경계 부분에 추가합니다.

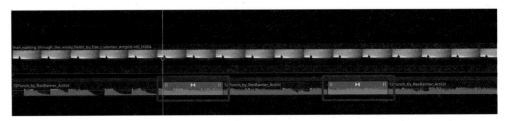

[그림 7-59]

음악 사이사이에 화면 전환 효과인 크로스 디졸브 효과가 추가됩니다.

[그림 7-60]

정밀편집기로 자세히 살펴보면 [그림 7-60]처럼 음악이 정리된 모습이 나타납니다. 크로스 디졸브 효과 자체가 앞에 있는 객체는 천천히 페이드아웃이 되고 뒤에 있는 객체가 천천히 페이드인이 되면서 자연스럽게 연결되는 효과이므로 음악에 적용하면, 부드럽게 이어지는 효과를 얻을 수 있습니다.

꿀팁

오디오 키 프레임을 이용하여 앞에 있는 음악은 조금씩 작아지게 만들고 뒤에 있는 음악을 조금씩 커지게 만들면 똑같은 효과를 얻을 수 있습니다.

크로스 디졸브와 오디오 키 프레임 모두 음악을 자연스럽게 연결할 때 꼭 필요한 편집 기법입니다. 시청자들은 음악이 나오다가 끊어지면 불편함을 느낍니다. 영상의 분위기를 리드하는 것이 배경 음악이기 때문에 반드시 자연스럽게 연결되어야 합니다.

분위기를 반전시키는 서로 다른 음악도 자연스럽게 연결되면, 더욱 멋진 영상으로 만들 수 있습니다.

영상과 오디오 싱크 맞추는 법

영상을 시청할 때 입 모양과 들리는 소리가 다르다면 시청자는 큰 불편을 느낍니다. 스마트폰이나 카메라의 내장 마이크 혹은 카메라와 직접 연결하는 마이크를 사용할 때는 영상과 오디오의 싱크가 맞아 별도의 작업이 필요하지 않습니다. 그러나 녹음기를 이용하거나 별도의 마이크 등을 사용할 때 또는 스마트폰의 녹음 기능을 이용해 녹음할 때는 영상과 오디오의 싱크를 맞춰 주어야 합니다. 파이널 컷 프로 X에서는 영상과 오디오의 싱크를 맞추는 별도의 기능을 제공하여 누구나 쉽게 싱크를 맞출 수 있습니다.

 궁금해요 오디오 싱크 기능이 왜 필요한가요?

대부분의 카메라 내장 마이크는 성능이 썩 좋지 않습니다. 따라서 목소리나 현장의 소리를 녹음하려면 별도의 마이크를 쓰는 게 보통입니다. 카메라에 직접 연결하는 마이크는 영상에 자동으로 녹음되지만, 별도의 녹음기를 사용할 때는 영상과 오디오의 싱크를 맞춰 주어야 합니다.

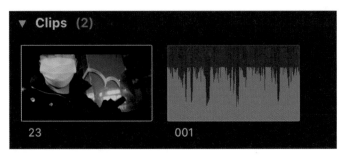

[그림 7-61]

먼저 싱크를 맞출 영상과 오디오 파일을 파이널 컷 프로 X으로 가져옵니다.

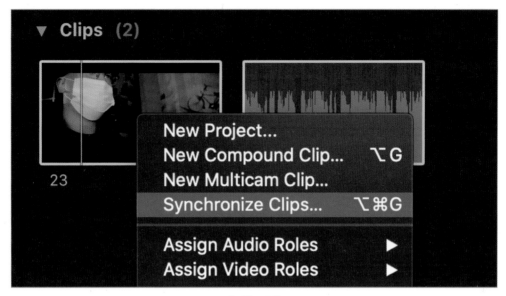

[그림 7-62]

두 개를 마우스로 드래그하여 함께 선택한 후 마우스 오른쪽 버튼을 눌러 [Synchronize Clips...]를 선택합니다.

[그림 7-63]

[그림 7-63]과 같은 메시지 창이 나타나면, 클립의 이름과 포함될 이벤트를 적절하게 선택합니다. 그리고 'Use audio for synchronization'을 체크합니다. 이 기능은 오디오의 파형을 기준으로 싱크를 맞추는 방식입니다. 완료되었다면 'OK' 버튼을 클릭합니다.

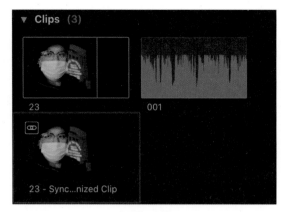

[그림 7-64]

파이널 컷 프로 X 브라우저 창에 새로운 싱크로나이즈 클립이 생성됩니다. 이제 이 클립을 타임라인으로 가져옵니다.

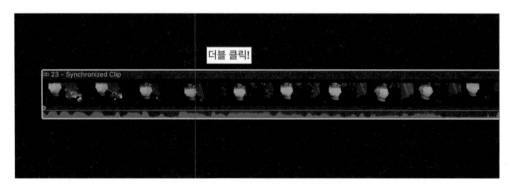

[그림 7-65]

해당 클립을 더블 클릭하면 세부적인 사항을 볼 수 있습니다.

[그림 7-66]

영상에 있는 오디오 파형과 오디오 파일의 파형이 일치하면서 싱크가 잘 맞춰진 결과가 나옵니다.

[그림 7-67]

이 상태에서 원하는 만큼 오디오 볼륨을 조절하거나 오디오에 키 프레임을 주는 식으로 원하는 편집을 시도합니다.

영상의 앞부분에선 오디오 싱크가 미세하게 맞지 않아도 눈치채기 어렵지만, 영상이 진행될수록 싱크의 차이는 벌어집니다. 따라서 정확한 위치에서 싱크를 맞출 수 있어야 합니다.

초보탈출 | 편집점을 만들어서 싱크 맞추기

 유튜브 동영상 강좌

동영상과 음성의 싱크를 맞추는 꿀팁!

https://youtu.be/vKg2IJNdtA0

파이널 컷 프로 X의 [Synchronize Clips...] 기능을 활용하면 영상과 오디오의 싱크를 쉽게 맞출 수 있습니다. 그러나 이 기능은 만능이 아니며 항상 100% 완벽하게 싱크가 맞진 않습니다. 따라서 가장 좋은 방법은 싱크를 맞추기 쉽도록 영상을 촬영할 때부터 편집점을 지정하는 겁니다.

[그림 7-68]

방송이나 영화 촬영 현장에 가 보면, 촬영 직전에 슬레이트를 치거나 손뼉을 치는 모습을 볼 수 있습니다. 이렇게 슬레이트 또는 손뼉을 치는 이유가 바로 편집점을 지정하기 위함입니다. 슬레이트를 가지고 있다면 슬레이트를 활용해도 좋겠지만, 평범한 동영상은 손뼉을 치는 것만으로도 충분히 편집점을 만들 수 있습니다. 영상 녹화 버튼과 녹음 버튼을 눌러 녹화를 시작한 후 손뼉을 한 번 치고 촬영에 들어갑니다.

손뼉을 쳐 주면 나중에 오디오 파일에서 박수 친 곳의 오디오 파형이 팍! 튀게 보입니다. 이 팍 튀는 부분을 기준으로 손쉽게 싱크를 맞출 수 있습니다.

손뼉 친 부분

[그림 7-69]

촬영된 영상과 오디오 파일을 파이널 컷 프로 X으로 불러온 다음 손뼉을 친 부분을 찾습니다.

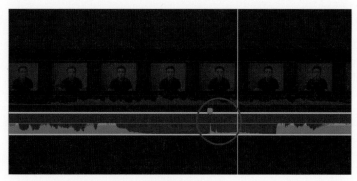

[그림 7-70]

나중에 편집하기 쉽도록 손뼉을 친 부분에 마커를 추가합니다.

[그림 7-71]

이제 영상에서 손뼉을 친 부분을 찾은 다음 징확한 위치에 마커를 추가합니다.

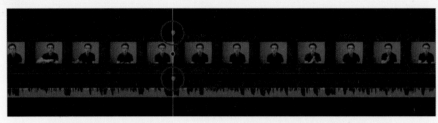

[그림 7-72]

영상의 마커와 오디오의 마커 위치가 일치되도록 이동시킵니다. 이제 영상과 오디오의 싱크가 완벽하게 맞는 결과물이 만들어집니다.

위 방식은 영상을 원 테이크(촬영을 중간에 끊지 않고 계속 촬영하는 방식)로 촬영했을 때 효과적인 방법입니다. 만약 촬영하고 끊고, 촬영하고 끊고 하는 식으로 분리해서 촬영할 때라면, 촬영에 들어갈 때마다 손뼉을 쳐서 편집점을 만들어 줍니다.

손뼉을 쳐서 편집점을 만들고 직접 싱크를 맞추는 방법과 [Synchronize Clips...] 기능을 함께 활용하면 더욱 좋습니다.

레벨 업 | 추천 유료 음원 사이트

▶ **유튜브 동영상 강좌**

유료 음원을 사용하는 이유
https://youtu.be/UkGC50mBztQ

필자가 영상을 편집할 때 애용하는 유료 음원 사이트를 소개합니다. 동영상 제작 시, 유료 음원 사이트를 반드시 이용해야 하는 것은 아니며 배경 음악 결정은 편집자의 선택 사항입니다. 처음에는 유튜브 오디오 라이브러리에서 무료 음원을 사용하다가 좀 더 좋은 음원, 좀 더 독특한 음원이 필요하다는 판단이 들 때 유료 음원 사이트를 이용하길 권합니다.

🔊 사람들이 유료 음원 사이트를 사용하는 이유

1. 많은 음악을 사용할 수 있는 가성비

비용을 내면서까지 영상 제작자들이 유료 음원 사이트를 사용하는 이유는 뭘까요? 과거에 홍보 영상을 제작할 때처럼 외주 영상을 만들 때는 음악이 한 곡만 필요해서 음악의 저작권을 곡별로 구매하는 게 보통이었습니다. 대표적으로 '오디오정글' 같은 곳에서 음악을 곡별로 구매했습니다. 영상 한 편을 잘 만드는 게 중요한 시대였기 때문입니다. 그러나 요즘처럼 1인 미디어로서 유튜브나 SNS에 올릴 영상을 만드는 시대에는 자연스럽게 영상의 수가 많아집니다. 한 편을 잘 만드는 게 아니라 평범한 영상을 여러 개 만드는 분위기로 바뀐 겁니다. 이때는 다수의 음악이 필요해지는데, 곡별로 구매할 때는 영상을 제작할 때마다 비용이 계속 나가 비효율적입니다. 따라서 정액제 형태로 정해진 기간에는 무제한으로 이용할 수 있는 음원 사이트가 필요해지고 영상을 많이 만든다면 정액제가 오히려 더 저렴해서 가성비가 뛰어납니다.

2. 음악의 차별성

유튜브 오디오 라이브러리에서 좋은 음악을 찾는 건 쉬운 일이 아닙니다. 원하는 음악을 찾는 것에 시간을 꽤 투자해야 한다는 뜻입니다. 콘텐츠 제작자에겐 시간이 곧 돈이라서 시간을 절약하는 게 필수적입니다. 또한 유튜브 오디오 라이브러리는 나만 사용하는 게 아니라 많은 사람이 사용하므로 다른 사람 영상의 음악과 내 영상의 음악이 똑같을 확률이 대단히 높습니다. 이러한 이유로 영상 제작자들은 유료 음원 사이트를 선호합니다.

3. 고퀄리티의 음악

유료 음원 사이트의 음악들은 대체로 품질이 훌륭합니다. 실제 가수나 전문 음악 프로듀서들이 만드는 음원들이므로 음질이 좋고 실제 빌보드 차트의 음악들과 비교해도 손색이 없는 경우가 많습니다.

[그림 7-73] 테마별로 준비된 다양한 음악 - 아트리스트

4. 테마별로 준비된 다양한 음악

결혼식 영상을 편집 중이라고 해 봅니다. 결혼식에 잘 어울리는 음악의 분위기는 너무 신나는 음악이나 공포 영화에 나올 법한 음악은 어울리지 않습니다. 사랑스럽고 잔잔하면서도 분위기 있는 음악을 골라야 합니다. 유료 음원 사이트에는 각 테마에 맞는 음악들이 분류가 잘되어 있습니다. 따라서 원하는 음악을 찾는 게 수월하고 시간을 아낄 수 있습니다. 이렇게 아낀 시간을 영상을 편집하는 데 쓸 수 있으므로 많은 영상 제작자가 유료 음원 사이트를 선호합니다.

5. 음악 저작권으로부터 자유로움

가장 중요한 포인트는 음악 저작권입니다. 열심히 만든 영상을 음악 하나 때문에 원하는 곳에서 재생할 수 없는 건 상상조차 하기 싫은 일입니다. 유료 음원 사이트의 최대 장점은 음악의 저작권(실제로는 음악의 사용권) 라이선스를 받을 수 있다는 점입니다. 즉, 여러분들이 만든 영상을 어디에서든 재생시킬 수 있습니다. 유튜브나 페이스북, 인스타그램, 블로그 등 어디에 사용해도 저작권 문제가 발생하지 않습니다. 심지어 광고 영상을 제작할 때 옥외 광고나 가게 내에 있는 TV 등에서도 저작권 문제없이 재생할 수 있습니다.

레벨 업 | 추천 유료 음원 사이트

이 외에도 다양한 장점이 있지만, 위에서 나열한 다섯 가지 정도가 사람들이 유료 음원 사이트를 이용하는 이유라고 할 수 있습니다.

◗ 인기 있는 유료 음원 사이트

국내에서 인기 있는 유료 음원 사이트는 크게 두 곳입니다.

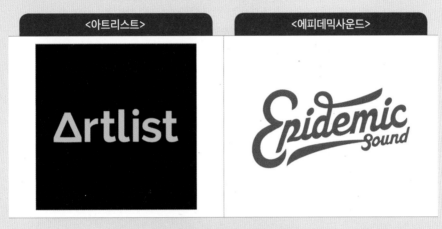

두 사이트 모두 유료 음원 사이트로 훌륭한 선택지입니다. 필자는 오래도록 아트리스트를 사용 중입니다. 아래는 두 사이트의 포인트를 간단하게 비교한 표입니다. (가장 저렴한 라이선스 기준)

	아트리스트	에피데믹사운드
비용	$200(약 24만 원 정도) (1년 기준)	$150(약 18만 원 정도) (1년 기준)
월별 결제 여부	불가(1년 단위 결제)	가능
효과음 제공 여부	제공	제공
저작권 확장 가능성	확장 가능 (어디에서나 사용 가능)	확장 불가 (자신이 등록한 매체에서만 사용)

음악 수	10,000곡 정도	30,000곡 정도
음악 사용 기간	평생	이용 중에만 사용 가능
사이트 사용 난이도	매우 간편	간단하지만 다소 복잡

[표 7-1] 아트리스트와 에피데믹사운드 비교

필자는 아트리스트 사이트를 이용 중이므로 아트리스트 사이트 사용법을 간단하게 소개합니다.

[그림 7-76]

아트리스트(https://artlist.io)의 화면은 깔끔한 디자인을 자랑합니다. 원하는 음악을 쉽게 찾을 수 있으며 새로운 음악이 매일 추가됩니다. 과거에는 효과음을 제공하지 않아서 에피데믹사운드와 비교 대상이 되었으나 최근에 효과음을 제공하는 것으로 업데이트되었습니다.

[그림 7-77]

레벨 업 | 추천 유료 음원 사이트

왼쪽 메뉴를 통해 원하는 음악을 쉽게 찾을 수 있습니다. 무드별, 비디오 테마별, 장르별로 구분되어 있으며 해당 카테고리 안에 세부 카테고리가 있습니다. 예를 들어 여행, 일상, 요리, 웨딩처럼 테마별로 음악을 찾거나 섹시, 즐거움, 편안함 등 무드별로 음악을 찾을 수도 있고 힙합, 록, 포크, 재즈 등 장르별로 음악을 찾는 것도 가능합니다. 원하는 음악을 찾은 다음 다운로드 후 바로 사용합니다.

자세한 아트리스트의 사용법과 추천 음악들은 유튜브 채널에서 참고하도록 합니다.

▶ **유튜브 동영상**

아트리스트 동영상 배경 음악 추천 30선

https://youtu.be/sFPdB07Xa5U

▶ **유튜브 동영상**

인기를 끌었던 추천 배경 음악 10개

https://youtu.be/AkfbD1fkwbY

사진뿐만 아니라 동영상도 시각을 자극하는 콘텐츠입니다. 일반
인들은 동영상을 볼 때 화질이나 음질보다 색감에 민감하게 반
응합니다. 화질이 조금 나쁜 건 참을 수 있지만, 색감이 이상한
건 불편한 느낌을 줄 수 있습니다. 동영상의 색감은 영상 전체를
감싸는 분위기이며 색감 자체를 하나의 메시지로 활용할 수 있
습니다. 예를 들어 푸른색 색감은 시원한 느낌을, 주황색 색감은
따뜻한 느낌을 전달합니다. 색감이라는 건 개인의 취향에 따라
호불호가 갈리지만, 어느 정도 보편적으로 인기 있는 색감과 유
행하는 색감도 있습니다. 여러분들이 즐겨 보는 동영상에도 예
쁜 색감이 적용되어 있을 겁니다. 우리가 만드는 영상에도 예쁜
색감은 필수입니다. 이번 장에서는 파이널 컷 프로 X의 인기 있
는 주제인 색 보정과 LUT 파일에 대해 자세하게 알아봅니다.

유튜브 동영상에도 나만의 색감이 필요해! 색 보정하기

색 교정과
색 보정의 개념

유튜브 동영상 강좌

색 보정을 쉽게 하는 기초 이론부터 활용까지
https://youtu.be/71GyiB5NIMI

색 교정과 색 보정이 필요한 이유

우리가 카메라로 촬영한 모든 영상은 실제 현실의 색감과는 다릅니다. 카메라가 바라볼 때, 그러니까 센서를 통해 들어오는 빛을 조합하여 결과물을 저장하기 때문입니다. 따라서 사람 눈으로 볼 때의 파란색이 카메라에서 파란색으로 나올지는 장담할 수 없습니다. 최근에는 카메라의 성능이 뛰어나서 대체로 사람 눈에 흡사한 색감을 보여 주지만, 미세한 차이가 존재하며 어두운 부분과 밝은 부분을 동시에 담는 건 영상을 촬영할 때 까다로운 부분입니다.

아름다운 색상을 가진 화면(사진 또는 동영상)은 시청자의 시선을 사로잡습니다. 색 교정과 색 보정은 훌륭한 동영상 제작에 필수 요소입니다. 실제로 대부분의 클라이언트가 다른 요소보다 색감을 우선시하며 민감하게 반응합니다. 색감은 분위기를 전달합니다. 색상 변경은 콘텐츠 제작자 또는 콘텐츠 편집자가 마음대로 조절할 수 있는 강력한 도구 중 하나입니다.

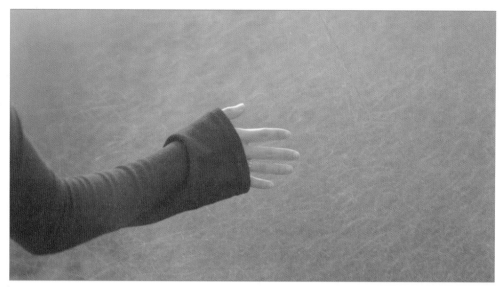

[그림 8-1] LOG로 촬영한 원본 영상 색감

사진이든 영상이든 RAW 촬영이 아니라면, 자동으로 보정된 결과물로 저장됩니다. 비유하자면, 완성된 요리를 받는 것과 같습니다. 완성된 요리는 우리가 다시 요리하는 게 거의 불가능합니다. 영상에서는 로그(log) 촬영이라고 하는데, 카메라 고유의 색감을 많이 배제하고 원본을 그대로 저장하는 방식입니다. 비유하자면, 완성된 요리가 아니라 요리할 수 있는 재료를 받는 것과 같습니다. (캐논 카메라는 C-LOG, 소니 카메라는 S-LOG 등 카메라 고유의 LOG 촬영 방식이 있고, 각 LOG 고유의 색감 패턴이 있습니다.) LOG 촬영은 나중에 색 교정과 색 보정을 반드시 한다고 가정해 색감이 많이 빠져 있습니다. 색상 값의 중간이 회색이므로 LOG 촬영 영상은 대체로 회색 톤으로 보입니다.

이렇게 색을 빼고 촬영하는 이유는 나중에 편집자의 취향에 따라 원하는 대로 색을 칠하기 위해서입니다. 가령, 색칠 공부를 한다고 했을 때 아무런 색이 없어야만 마음대로 색을 칠할 수 있기 때문입니다. 만약 이미 색이 칠해진 그림에 색을 덧칠한다면, 원하는 색이 나오지 않을 겁니다.

[그림 8-2] 야외에서 촬영할 때 노출이 오버되는 장면(왼쪽)

맑은 날 야외에서 VLOG를 찍는다고 해 봅니다. 대낮의 야외는 매우 밝아 영상 촬영을 시작하면, 카메라는 어둡게 설정됩니다. 그래야만 적절한 노출이 만들어집니다. 반대로 어두운 밤에 촬영한다면 카메라는 평소보다 밝게 촬영합니다. 초점을 어디에 두느냐에 따라 카메라의 밝기는 바뀝니다. 예를 들어 [그림 8-2]처럼 맑은 날 야외에서 인물 영상을 촬영할 때, 인물에 포커스를 맞추면(어두운 곳에 포커스) 화면이 밝아져야 하므로 원래 밝았던 하늘 부분이 과노출되어 사라집니다.

[그림 8-3] 적절한 노출을 위해 ND 필터를 사용하여 촬영한 영상

반대로 하늘에 포커스를 맞추면(밝은 곳에 포커스), 어둡게 바뀌어 인물이 어둡게 촬영되므로 나중에 영상을 다시 밝게 만들어야 합니다. 이러한 이유로 야외에서 영상을 촬영할 땐 ND 필터라는 제품을 사용합니다.

궁금해요　　ND 필터가 뭔가요?

카메라 렌즈는 사람의 눈과 같습니다. 우리가 너무 밝을 때 선글라스를 착용하는 것처럼, 카메라 렌즈에 씌우는 선글라스 역할의 필터입니다. 여기에서 자세한 내용을 다루기에는 주제를 벗어나는 까닭에 유튜브 동영상으로 ND 필터에 대해서 학습해 보길 바랍니다.

> ▶ **유튜브 동영상**
>
> ND 필터 원리와 사용법
> https://youtu.be/PTjtx5RRvyg

어두운 부분과 밝은 부분의 색상을 최대한 카메라에 담으려면 LOG로 촬영해야 합니다. 회색 톤으로 촬영되는 조건으로 색상을 최대한 많이 담는 방식입니다. 이렇게 하면 나중에 원하는 색을 살려낼 수 있어서 영상 편집자에게 LOG 촬영은 이제 필수 요소로 여겨집니다.

[그림 8-4] 원본 영상(왼쪽)과 색 보정 작업이 끝난 영상(오른쪽)

LOG로 촬영한 영상은 [그림 8-4]에서 볼 수 있듯 회색 톤을 가지므로 바로 사용할 수는 없으며 반드시 색 교정과 색 보정 작업을 거칩니다. 색 보정 작업을 거치면, 실제보다 더 화사하게 만들거나 더 밝게 만들 수도 있으며 영화처럼 색감을 연출할 수도 있는 등 영상 편집의 자유도가 높아집니다.

궁금해요　　색 보정은 반드시 해야 하나요?

되도록 색 보정을 해 주는 게 좋지만, 모든 영상에 색 보정이 꼭 필요한 건 아닙니다. 만약 색 보정에 자신이 없으면 충분히 연습합니다. LUT 파일을 활용해 보는 것도 좋습니다.

색 교정과 색 보정의 개념

색 보정 작업은 보통 컬러 그레이딩(Color Grading)이라고 부릅니다. 그런데 실제로 색 보정 작업은 컬러 컬렉션(Color Collection)과 컬러 그레이딩(Color Grading)으로 나뉩니다. 컬러 컬렉션은 색 교정, 컬러 그레이딩은 색 보정 작업이라고 이해하면 쉽습니다.

[그림 8-5] 원본 영상(왼쪽)과 색 교정 영상(오른쪽)

색 교정

색 교정은 사람 눈으로 봤을 때와 거의 흡사한 색감을 만들어 주는 작업입니다. 영상 원본이 회색 톤으로 촬영되어 있으므로 색 교정 작업을 통해 실제의 색감과 비슷하게 만들어 주어야 합니다. 회색 톤으로 촬영하는 이유가 색상을 내 마음대로 색칠하기 위해서이므로 색 교정 작업을 먼저 한 다음 색 보정을 하는 게 일반적인 편집 방법입니다. 하지만 색 보정을 먼저 하고 색 교정을 나중에 해도 관계는 없습니다.

[그림 8-6] 색 교정 영상(왼쪽)과 색 보정 영상(오른쪽)

🔵 색 보정

색 보정은 편집자가 원하는 느낌을 연출하기 위해 색상을 보정하는 작업입니다. 감성적인 느낌을 전달하기에 유용합니다. 감성적인 느낌이 물씬 나는 영상들은 대부분 색 보정이 깊게 들어가 있습니다. 영상 전체를 아우르는 색감이라고 할 수 있으며 흔히 이야기하는 '색감'을 이 단계에서 적용합니다.

명확하게 따지자면, 색 교정과 색 보정은 별개의 작업입니다. 하지만 보편적으로 색 교정과 색 보정을 함께 진행하는 경우가 많고, 1인 미디어 환경에서는 편집자가 모든 보정 작업을 진행하기 때문에 전체를 하나로 묶어 '색 보정'이라고 부르기도 합니다.

자신만의 색감은 대부분 색 보정에서 만들어집니다. 하지만 색 보정을 하려면 색 교정이 되어야 하므로 교정과 보정 모두 중요하다고 할 수 있습니다.

하지만 모든 영상을 LOG로 촬영할 필요는 없습니다. 색 보정 작업은 정밀한 손길과 여러 가지 개념 및 경험을 요구합니다. 초보자분들은 LOG 촬영의 장점을 인정하면서도 LOG로 촬영된 원본의 색 보정을 어려워합니다. 따라서 색 보정에 자신이 없다면, 기본 모드로 촬영한 후 조금씩 연습해 보는 방식을 추천합니다.

현실적인 색감 연출을 위한 색 교정

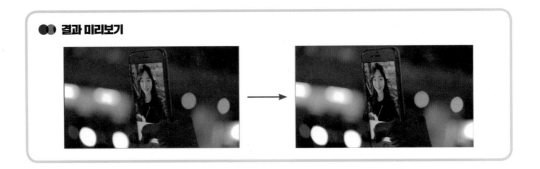

●● **결과 미리보기**

색 교정 작업을 먼저 해 봅니다. 우선 촬영된 원본 영상을 파이널 컷 프로 X 타임라인으로 불러옵니다.

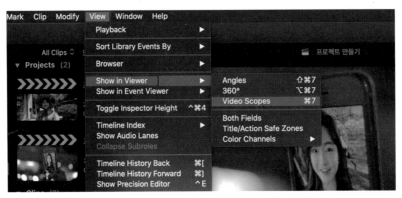

[그림 8-8]

색상 그래프를 보면서 작업하면 더욱 손쉽게 편집할 수 있습니다. 메뉴에서 [View] - [Show in Viewer] - [Video Scopes]를 클릭하여 활성화합니다. 단축키는 커맨드 + 7입니다.

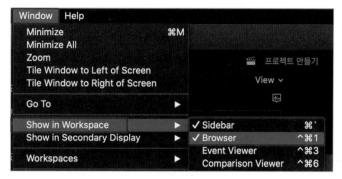

[그림 8-9]

만약 화면 창이 좁아서 불편하다면, [Window] 메뉴에서 [Show in Workspace]로 들어간 다음 [Sidebar]와 [Browser]를 체크 해제합니다.

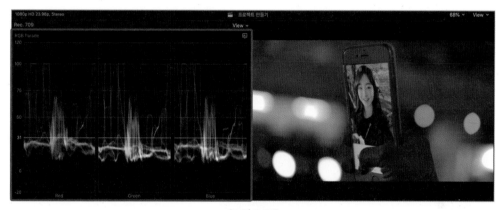

[그림 8-10]

화면 왼쪽에 비디오 스코프가 활성화됩니다. 이 그래프를 보면서 작업을 이어 갈 예정입니다.

 꿀팁

색 교정과 색 보정 모두 명확한 정답이 있는 작업은 아니며 여러 가지 방법이 있을 수 있습니다. 여기에서는 초보자분들이 일반적으로 할 수 있는 색 교정과 색 보정 방법에 대해 소개합니다.

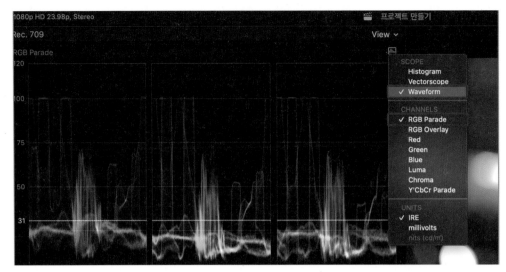

[그림 8-11]

View라고 적힌 글자 아래에 있는 버튼을 클릭하여 [Waveform]으로 설정하고 [RGB Parade]로 설정합니다.

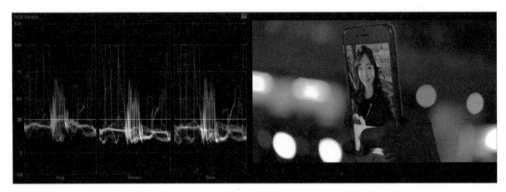

[그림 8-12]

RGB Parade는 오른쪽 영상의 색상 값을 RGB 채널로 구분하여 보여 주는 그래프입니다.

[그림 8-13]

본격적인 색 교정 작업을 위해 인스펙터에서 컬러 인스펙터를 클릭합니다.

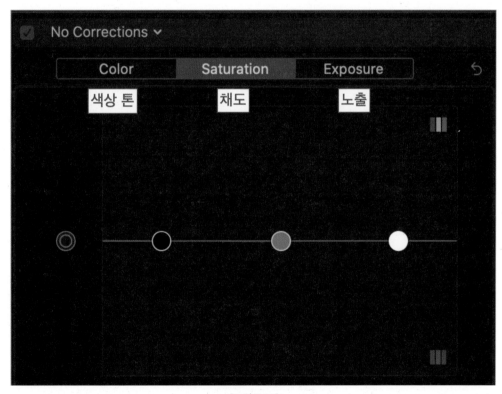

[그림 8-14]

컬러 인스펙터에서는 우선 3가지의 값을 조절할 수 있습니다. Color는 색상 톤입니다. Saturation 은 채도입니다. Exposure는 노출입니다.

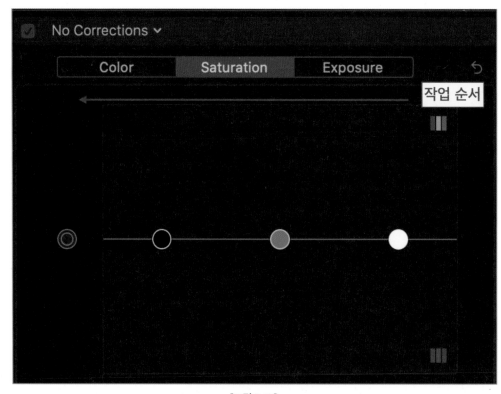

[그림 8-15]

작업 순서는 정해진 건 없지만, 필자는 역순으로 작업하는 편입니다. 즉 제일 먼저 노출을 조정하고, 그다음 채도 조정, 마지막으로 색상 톤을 조절합니다.

[그림 8-16]

지금부터는 가장 왼쪽에 있는 RGB Parade와 영상 그리고 컬러 인스펙터를 번갈아 보면서 작업합니다. 먼저 exposure(노출)를 적절하게 조절해 줍니다.

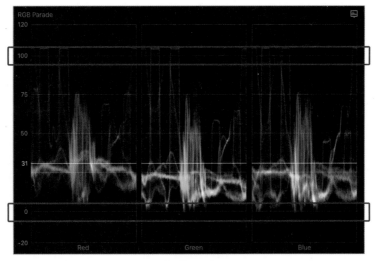

[그림 8-17]

이때 RGB Parade에서 그래프의 위치가 0에서 100 사이에 배치되도록 만들면 안정적이면서도 자연스러운 색감을 얻을 수 있습니다. 0보다 아래로 내려가면 어두운 색감이 나타나며 100보다 위로 올라가면 너무 밝은 색상이 있다는 뜻입니다. 하지만 원본 영상의 환경에 따라서(예를 들어 야경 촬영 등) 아주 조금은 벗어나도 괜찮습니다.

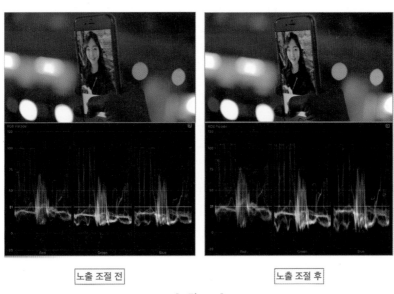

노출 조절 전　　　　　노출 조절 후

[그림 8-18]

노출 조절을 통해 색감을 어느 정도 안정시킬 수 있습니다. 그래프가 아래위로 조금 늘어난 모습을 보입니다.

[그림 8-19]

같은 방법으로 saturation(채도)을 조절합니다. 채도는 색상의 진하기입니다. 인스펙터에서 버튼을 위로 올리면 색상이 진해지고, 아래로 내리면 색이 연해지면서 무채색처럼 바뀝니다. 여기까지 하면 간단한 색 교정 작업이 마무리됩니다.

 꿀팁

- Shadows: 어두운 부분의 색상을 조절합니다.
- Midtones: 중간 부분의 색상을 조절합니다.
- Highlights: 밝은 부분의 색상을 조절합니다.

 궁금해요　　**화면을 이전 상태로 되돌리고 싶어요!**

활성화했던 창을 비활성화하고, 비활성화했던 창을 다시 활성화해야 합니다. [Window] 메뉴에서 [Show in Workspace]로 들어간 다음 [Browser]와 [Sidebar]를 체크합니다. 그리고 [View] - [Show in Viewer] - [Video Scopes]를 체크 해제합니다.

나만의 컬러로
시청자를 유혹하는 색 보정

●● **결과 미리보기**

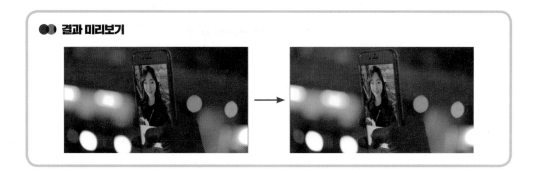

색 교정 작업을 마쳤으니 바로 이어서 색 보정 작업을 해 봅니다. 원래 색 보정은 LUT 파일 등을 이용해 간편하게 할 수 있지만, LUT 파일도 만능은 아니며 자신이 원하는 색상을 직접 만들어 내는 게 오히려 더 유리할 때도 있습니다. 여기에서는 LUT 파일이 없다고 가정하고 수작업으로 직접 색 보정을 하는 방법을 알아봅니다.

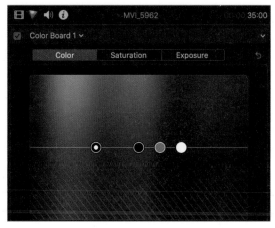

[그림 8-21]

색 교정이 끝난 상태에서 컬러 인스펙터의 Color를 클릭합니다. Color를 클릭하면 기본 설정으로 [Color Board]가 활성화됩니다. 보정 작업은 이 컬러 보드를 활용할 겁니다.

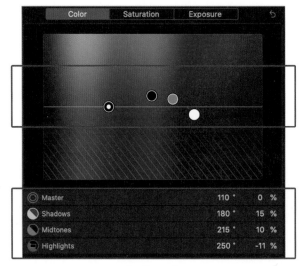

[그림 8-22]

컬러 보드에서 화면에 있는 점을 마우스로 드래그하여 값을 조절하거나 아래쪽에 있는 퍼센트(%) 숫자를 조절하여 색상을 마음껏 보정합니다. 마음에 드는 색상이 나올 때까지 조절합니다.

[그림 8-23]

필자는 영화 같은 느낌을 주고 싶어서 [그림 8-23]처럼 색 보정을 진행했습니다.

[그림 8-24]

왼쪽부터 원본 영상, 색 교정 영상, 색 보정 영상의 색감입니다.

 꿀팁

색 보정은 그래프를 보면서 아주 세밀하게 작업하는 걸 추천합니다. 약간의 색상 변화만으로도 영상에서는 색감이 크게 바뀔 수 있습니다. 무엇보다 영상을 재생해 보면서 자주 확인합니다. 어떤 장면에서는 예쁘게 보이던 색상이 다른 장면에서는 이상하게 보일 수 있습니다.

[그림 8-25]

방금 사용한 컬러 인스펙터의 종류는 Color Board입니다. 컬러 보드는 파이널 컷 프로 X 색상 편집에서 가장 기본적인 기능이며 자주 사용해 보면 금방 익숙해집니다. 컬러 보드 외에도 컬러 휠(Color wheels)이나 컬러 커브(Color Curves) 또는 휴 새처레이션 커브(Hue/Saturation Curves)도 준비되어 있습니다.

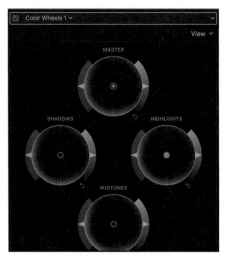

[그림 8-26]

커브는 초보자분들이 사용하기에 다소 복잡한 측면이 있지만, 컬러 휠은 초보자분들이 쓰기에도
유용하고 직관적인 인터페이스를 가집니다.

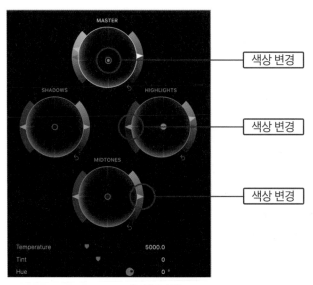

[그림 8-27]

적용 방식이 다를 뿐 활용법은 대체로 비슷하므로 직접 클릭해서 조절해 보는 게 색 보정에 가장
빨리 익숙해지는 방법입니다. 잠시 시간을 내어 색 보정에 도전해 보도록 합니다.

LUT 파일을 이용하여 편리하게 색 보정하기

▶ **유튜브 동영상 강좌**

색 보정 LUT 파일 무료 공유 NSE LUT 다운로드 & 사용법

https://youtu.be/NNYQXonwuWg

◐◑ **결과 미리보기**

 →

LUT(Look Up Table) 파일은 영상의 색 보정을 도와주는 파일입니다. 앞서 작업했던 색 교정과 색 보정 작업을 한 번에 해결할 수 있는 방식으로 영상을 자주 만들어야 하는 편집자나 색 보정을 어려워하는 분들이 유용하게 사용할 수 있습니다. 필자는 편집자가 영상을 직접 색 교정하고 색 보정하는 게 좋다는 입장이지만, LUT 파일의 편리성에 대해서는 반론의 여지가 없습니다.

[그림 8-29] 다양한 색 보정이 적용된 영상 화면

LUT 파일을 이용하는 이유는 색 보정을 손쉽게 하기 위함입니다. 마치 영상 클립에 효과를 적용하는 것처럼 간편하게 색감을 적용할 수 있도록 해 줍니다. 전문가가 만들어 둔 LUT를 활용하면, 편리하고 빠르게 색감을 만들 수 있습니다.

LUT 파일은 유료로 판매되는 제품이 있고 무료로 공유된 파일들도 있습니다. 만약, .cube 등의 파일 확장자이면, 프리미어나 파이널 컷 프로 X, 베가스 등 관련 영상 편집 소프트웨어에서 공통으로 사용할 수 있습니다. 당장 마음에 드는 LUT를 구하는 건 쉽지 않으므로 이번에는 필자가 직접 만든 LUT 파일을 이용합니다. LUT 파일을 다운로드하여 사용하는 법까지 알아봅니다.

▶ LUT 파일 다운로드하기

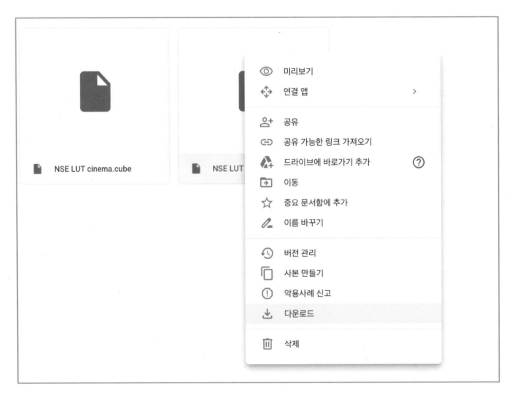

[그림 8-30]

먼저 아래 링크로 접속하여 파일을 다운로드합니다.

다운로드

NSE LUT 파일 다운로드

http://bit.ly/2RgqwXD

[그림 8-31]

다운로드받은 파일을 폴더로 옮기거나 데스크톱 화면으로 빼놓습니다.

▶ LUT 파일 영상에 적용하기

[그림 8-32]

파이널 컷 프로 X 우측 패널에서 이펙트 창으로 들어간 다음 검색창에 'custom LUT'를 입력하여 Custom LUT 효과를 찾습니다.

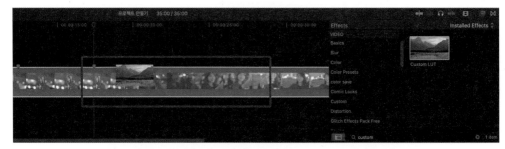

[그림 8-33]

드래그 & 드롭하여 영상에 적용합니다.

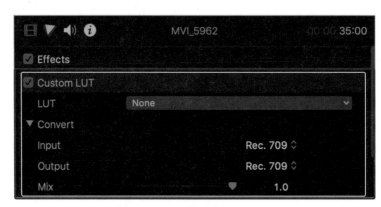

[그림 8-34]

이제 인스펙터를 클릭해 보면, Custom LUT라는 효과가 적용된 모습을 볼 수 있습니다.

[그림 8-35]

LUT라고 된 곳을 클릭하여 메뉴가 나타나면, [Choose Custom LUT…]를 클릭합니다.

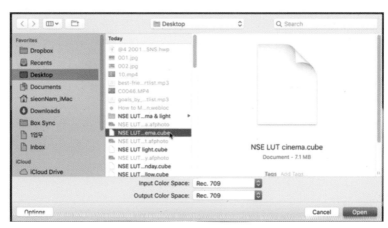

[그림 8-36]

조금 전에 다운로드한 파일을 선택해서 불러옵니다.

NSE LUT cinema
NSE LUT light

[그림 8-37]

이제 메뉴에 NSE LUT cinema와 NSE LUT light라고 하는 두 개의 LUT 파일이 추가됩니다.

[그림 8-38]

이제 원하는 LUT 파일을 지정해 주면, 영상에 색 보정이 적용됩니다.

Custom LUT 기능을 이용하면 다양한 LUT 파일을 내 영상에 활용할 수 있습니다. LUT 파일은 대부분 '.cube'라는 이름의 확장자로 만들어집니다. '.cube'라는 확장자를 가진 LUT 파일은 파이널 컷 프로 X를 비롯해, 프리미어 프로(Premiere Pro)와 같은 동영상 편집 프로그램, 포토샵(Photoshop)과 어피니티 포토(Affinity Photo) 같은 이미지 편집 프로그램 등에서 모두 사용할 수 있습니다.

[그림 8-39] NSE LUT cinema(위), NSE LUT light(아래)

무료로 공유된 LUT 파일인 NSE LUT cinema와 NSE LUT light는 가볍게 색 보정하기를 원하는 사용자를 위한 색 보정 파일입니다. 다시 말해서 색 보정이 약하게 들어갑니다. 따라서 LUT를 적용한 후 색감이 연하다는 느낌이 든다면, 앞서 배웠던 색 교정과 색 보정을 추가로 작업해 줄 수 있습니다.

NSE LUT 파일 설명

NSE LUT cinema는 영화 같은 느낌의 푸른 톤입니다. 시원한 분위기를 가졌지만 살짝 어둡게 표현될 수 있습니다. 전체적으로 차분한 느낌을 줍니다.

NSE LUT light는 따뜻한 느낌의 노란색 톤을 가집니다. 원본 영상의 색감을 최대한 해치지 않으면서 노란색 톤을 강화하여 전체적으로 조금 색이 진해지도록 표현됩니다.

기존의 LUT들이 대부분 색감을 진하게 교정하여 픽처 프로파일인 log 촬영을 하지 않는 분들은 LUT를 사용하기가 어려웠습니다. 색이 칠해진 영상에 색을 덧칠하도록 적용되기 때문입니다. NSE LUT는 원본으로 촬영하는 분들(오토 촬영) 또는 스마트폰으로 촬영하는 분들 그리고 캐논 M50처럼 미러리스지만 log 촬영을 지원하지 않는 기종을 사용하는 분들이 명확한 색 보정까지는 아니더라도 분위기를 연출할 만한 LUT를 필요로 하는 분들에게 적합한 색 보정 Look Up Table입니다.

통일감 있는 색감 연출을 위한 매치 컬러

●● 결과 미리보기

파이널 컷 프로 X에 있는 매치 컬러(Match Color) 기능을 활용하면, 영상 또는 사진에 있는 색감을 그대로 가져와서 자신의 영상에 적용할 수 있습니다. 매치 컬러 기능은 파이널 컷 프로 X의 강력한 기능의 하나이지만, 사용법이 조금 까다로운 측면이 있습니다. 하지만 통일감 있는 색감을 연출하려면 꼭 필요한 기능이므로 알아 두면 유용하게 활용할 수 있습니다.

[그림 8-41] 같은 날 촬영했지만 색감이 다른 두 영상

매치 컬러가 필요한 이유

서로 다른 종류의 카메라 2대를 이용하여 같은 인물 혹은 같은 풍경을 촬영한다면, 설정값이 똑같다고 해도 결과물의 색감이 다르게 나타납니다. 하나는 카메라로, 하나는 스마트폰으로 촬영했을 때도 색감이 다릅니다. 설령 1대의 카메라로 촬영했다고 하더라도 렌즈를 교환해서 촬영하면 여러 조건에 의해 색감이 다르게 나타날 수 있습니다. 날씨가 바뀔 때도, 며칠 뒤에 NG가 난 부분을 재촬영할 때도 색감은 다르게 나타납니다. 색감이 확연하게 차이가 나는 영상을 섞어서 편집하게 되면 일관성이 사라지고 마치 서로 다른 영상이 붙어 있는 것처럼 보이므로 시청자의 몰입에 방해가 됩니다. 결국 한 편의 영상에서 색감을 통일하는 건 편집 단계, 색 보정 단계에서 아주 중요한 포인트입니다.

 꿀팁

매치 컬러는 소프트웨어적으로 색감을 적용하므로 완벽하지 않습니다. 따라서 매치 컬러를 100% 신뢰하기보다는 색감을 통일하는 데 조금 도움을 받는다는 생각으로 접근해야 합니다. 최종본은 편집자가 직접 보정해 주어야 합니다.

매치 컬러 적용하기

[그림 8-42]

먼저 색감을 통일할 영상 클립을 타임라인으로 가져옵니다.

이때 색감의 기준이 될 프레임에 마커를 추가해 두면, 나중에 편집을 좀 더 수월하게 할 수 있습니다.

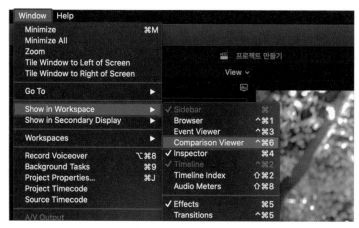

[그림 8-43]

[Window] - [Show in Workspace] - [Comparison Viewer]를 활성화합니다.

Comparison Viewer는 최근에 추가된 기능으로 비교 뷰어로서 두 개의 클립을 서로 비교하면서 맞춰 볼 수 있는 유용한 기능을 제공합니다. 색 보정에서 자주 사용되는 뷰어이며 특히 매치 컬러를 이용할 때 활용하면 좋습니다.

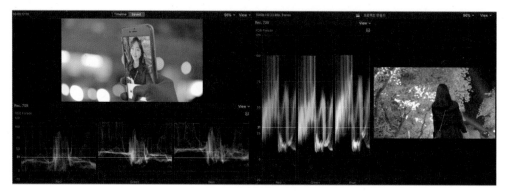

[그림 8-44]

Comparison Views를 처음 실행하면, [그림 8-44]처럼 정리되지 않은 화면으로 나타납니다. 깔끔하고 보기 좋은 편집을 위해 우선 편집 화면을 정리해 봅니다.

[그림 8-45]

우선 왼쪽 화면부터 설정합니다. 우측 가운데에 있는 [View] 버튼을 클릭하여 첫 번째에 있는 레이아웃으로 선택해 주고 아래쪽 DISPLAY에서 [Vertical Layout]을 선택합니다.

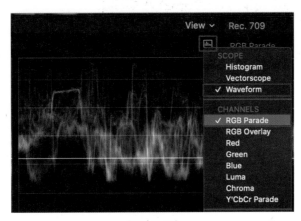

[그림 8-46]

그런 다음 [View] 버튼 아래쪽에 있는 스코프 버튼을 클릭한 후 [Waveform]과 [RGB Parade]로 설정합니다.

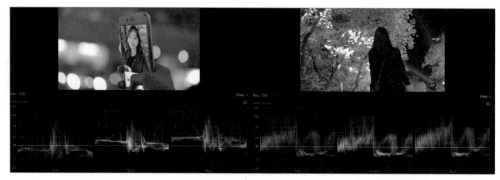

[그림 8-47]

오른쪽 화면도 똑같은 작업을 통해 화면을 전체적으로 편집하기 쉽고 보기 편하도록 바꿔 줍니다.

꿀팁

위 설정은 필자가 주로 사용하는 설정이며 사용자 입맛에 따라 적절하게 조절해도 됩니다.

[그림 8-48]

왼쪽 화면 상단에 있는 탭을 [Timeline]에서 [Saved]로 변경합니다. 변경하는 이유는 원하는 프레임의 컬러를 사용자가 지정하기 쉽게 하기 위함입니다.

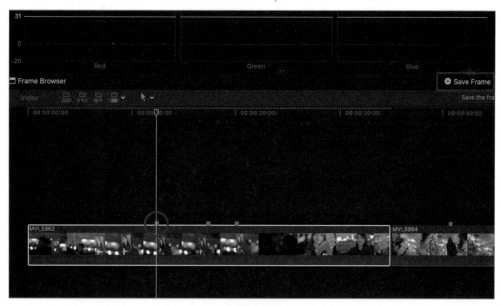

[그림 8-49]

이제 왼쪽 클립에서 마커를 추가한 부분(혹은 원하는 프레임)으로 재생 헤드를 이동시킨 뒤 [Save Frame]을 클릭하여 프레임을 저장합니다.

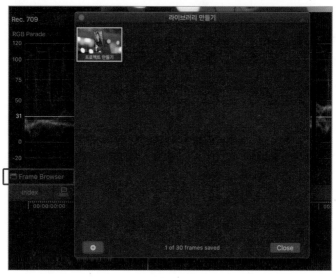

[그림 8-50]

프레임은 최대 30개까지 저장할 수 있으며, 왼쪽에 있는 [Frame Browser]를 클릭하여 저장한 프레임을 쉽게 찾을 수 있습니다.

[그림 8-51]

이제 재생 헤드를 두 번째 클립의 마커(혹은 원하는 프레임)로 이동시킵니다.

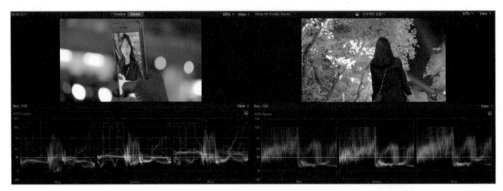

[그림 8-52]

[그림 8-52]처럼 화면이 만들어졌다면, 매치 컬러 준비 과정이 끝난 셈입니다.

[그림 8-53]

타임라인에서 두 번째 클립을 선택한 후 요술봉 모양의 버튼을 찾아 클릭한 후 [Match Color...]를 선택합니다.

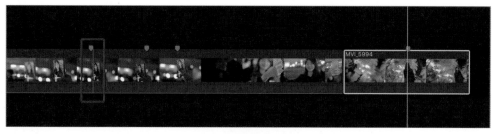

[그림 8-54]

마우스 모양이 바뀌면, 색감을 가져올 클립(여기에서는 앞에 있는 왼쪽 영상에서 마커 추가 부분) 을 클릭합니다. 지금 과정은 파이널 컷 프로 X에서 이렇게 이야기하는 것과 같습니다. "이 부분의 색감을 지금 선택한 영상에 적용해 줘!"

[그림 8-55]

선택이 완료되었다면, 아래쪽에 있는 [Apply Match]를 클릭하여 매치 컬러를 적용합니다.

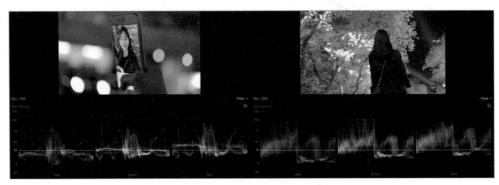

[그림 8-56]

이제 영상의 색감이 전체적으로 왼쪽의 영상과 비슷합니다. 아래쪽의 RGB Parade 그래프를 살펴보면, 완벽하진 않지만 어느 정도 비슷한 그래프를 보여 준다는 걸 알 수 있습니다.

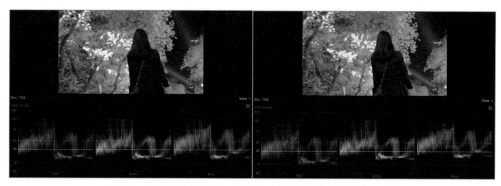

[그림 8-57] 매치 컬러 적용 전(왼쪽)과 적용 후(오른쪽) 그래프 변화

그러나 이 작업만으로는 색감 통일을 완성도 있게 진행하기에는 부족합니다. 촬영된 영상의 색감이나 화면 자체가 다르기 때문입니다. 따라서 완성도 있는 색감 통일은 앞에서 배운 색 교정과 색 보정 작업을 추가로 진행해 주어야 합니다.

처음부터 색 교정과 색 보정으로 색감을 통일하는 것보다는 매치 컬러 작업을 해 준 다음 색 보정을 진행하면 더욱 빠르고 쉽게 일관성 있는 색감의 영상을 만들 수 있습니다.

영상을 흑백으로 만들기

동영상을 촬영할 때부터 흑백으로 촬영하는 일은 드뭅니다. 흑백으로 촬영하면 흑백 영상으로만 사용할 수 있기 때문입니다. 반면에 색감이 있는 형태로 촬영한 다음 흑백으로 만드는 건 아주 쉽고 자유도가 높습니다. 흑백 영상은 특유의 분위기가 있어서 자주 사용됩니다. 종종 과거를 회상하는 장면이나 슬픈 감정을 보여 줄 때 활용할 수 있습니다.

[그림 8-59] 여러 색감의 흑백 화면들

한 가지 알아 둘 점은 흑백의 색감도 종류가 여러 가지라는 점입니다. 여러 개의 흑백 화면 중에서 잘 어울리는 색감을 찾아내는 게 중요합니다.

여기에서는 파이널 컷 프로 X에서 가장 쉽게 흑백 화면을 만드는 방법 두 가지를 소개합니다.

컬러 보드로 흑백 영상 만들기

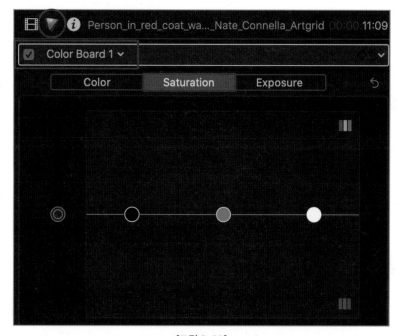

[그림 8-60]

인스펙터에서 컬러 인스펙터로 들어간 다음 [Color Board]로 설정합니다. 그리고 [Saturation] 탭을 클릭합니다.

[그림 8-61]

마스터 값을 아래쪽으로 끝까지 내려 줍니다. (채도를 다 뺀 색감) 손쉽게 흑백 영상이 만들어집니다.

흑백 화면 효과로 흑백 영상 만들기

[그림 8-62]

이펙트 창 검색창에 'black'이라고 입력한 다음 [Black & White] 효과를 찾은 후 영상에 드래그 & 드롭하여 적용합니다.

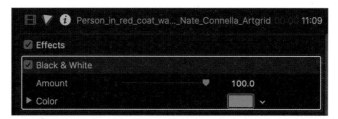

[그림 8-63]

인스펙터에서 Black & White 효과가 추가된 모습을 볼 수 있습니다.

[그림 8-64]

효과가 적용되면서 영상이 흑백으로 바뀝니다.

[그림 8-65]

인스펙터에서 [Amount] 값을 50% 정도로 설정하면 흑백인 것 같으면서도 색감이 살짝 보이는 매력적인 영상의 색감을 낼 수 있습니다.

[그림 8-66]

인스펙터 아래쪽에 있는 [Color]를 변경하면 다양한 색감의 흑백 영상을 만들 수 있습니다.

원하는 색상만
다른 색상으로 바꾸기

●● 결과 미리보기

파이널 컷 프로 X에서 원하는 색상을 다른 색상으로 쉽게 변경할 수 있습니다. 색 보정할 때 사용
할 수 있는 컬러 커브를 이용합니다. 단, 이때는 영상에서 색감이 두드러지게 구분되어야 편집이
쉬워집니다.

[그림 8-68]

[그림 8-68]처럼 피사체의 색이 붉은색으로 배경과 구분되어 있을 때 원하는 결과가 나옵니다. 만약 배경에도 비슷한 색감이 있다면 원하는 결과를 만드는 게 까다로워집니다. 파이널 컷 프로 X에서 색상을 변경하는 방법은 크게 두 가지가 있는데 하나씩 살펴봅니다.

◖◗ 영상을 흑백으로 만들면서 특정 색만 살리기

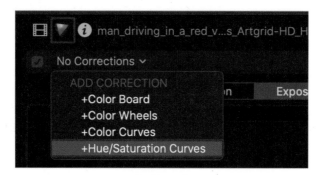

[그림 8-69]

편집할 영상을 타임라인으로 가져온 후 인스펙터에서 컬러 인스펙터로 들어간 다음 [Hue/Saturation Curves]를 클릭합니다.

[그림 8-70]

인스펙터에서 HUE vs SAT을 찾습니다.

[그림 8-71]

오른쪽에 있는 스포이트 버튼을 눌러서 피사체에 클릭하면 피사체의 색상을 가져올 수 있습니다.

[그림 8-72]

피사체의 색상이 커브에 표시됩니다. (피사체의 색상에 따라 점의 위치는 다를 수 있습니다.)

[그림 8-73]

피사체 고유의 색(커브 그래프에서 세로선이 있는 점)을 제외하고 나머지 점들을 클릭하여 아래쪽으로 끝까지 내려 줍니다. (채도를 빼는 작업입니다.)

[그림 8-74]

배경은 흑백으로 바뀌고 피사체의 색상만 유지되는 색으로 변경되었습니다.

특정한 색을 원하는 색으로 바꾸기

●● 결과 미리보기

영상에서 구분되는 색이 있다면 해당 색을 바꿀 수도 있습니다. 가령, [결과 미리보기]처럼 자동차의 색상을 붉은색이 아닌 초록색(혹은 원하는 색)으로 바꿀 수 있습니다.

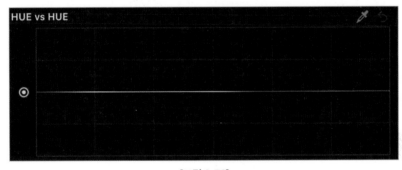

[그림 8-76]

편집할 영상을 타임라인으로 가져온 후 인스펙터에서 컬러 인스펙터로 들어간 다음 [Hue/Saturation Curves]를 클릭합니다. 이번에는 인스펙터에서 HUE vs HUE를 찾습니다. 스포이트를 클릭하여 색상을 변경하고 싶은 피사체를 선택합니다.

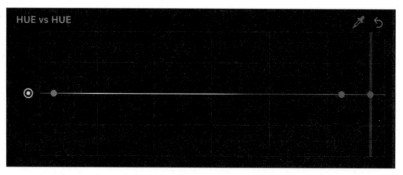

[그림 8-77]

피사체의 색상이 커브에 표시됩니다. (피사체의 색상에 따라 점의 위치는 다를 수 있습니다.)

[그림 8-78]

이번에는 피사체의 색상을 직접 변경해야 하므로 세로선이 있는 점을 클릭하여 색상을 바꿔 줍니다.

[그림 8-79]

원하는 색상이 나오면 색상 변경 작업이 끝납니다.

학습
목표

동영상 편집에는 다양한 기법이 있습니다. 사진이 멈춰진 시간, 그러니까 특정한 시점의 장면을 보여 준다면, 영상은 시간의 흐름을 보여 주는 콘텐츠입니다. 타임 랩스는 시간의 흐름을 빠르게 보여 주는 기법이고, 반대로 슬로 모션은 시간의 흐름을 느리게 보여 주는 기법입니다. 시간의 흐름을 어떤 식으로 연출할지는 편집자의 선택 사항이지만 자주 사용되는 기법들이 있습니다. 이번 장에서는 영상 편집자가 즐겨 사용하는 점프 컷과 J컷, L컷 등 응용 컷 편집 기법과 컴파운드 클립 만들기, 조정 레이어 활용법, 시간의 흐름을 역동적으로 보여 주는 스피드 램프 기법 등 파이널 컷 프로 X 영상 편집자가 알아 두면 유용한 기능들을 살펴봅니다.

이것만 알면
나도 금손!
응용 편집

GAP 클립으로
멀티 스토리 라인 사용하기

▶ 유튜브 동영상 강좌

GAP 클립을 사용하는 이유
https://youtu.be/rS9x66ekfEI

일반적인 영상 편집 화면을 살펴보면 여러 개의 클립이 사용된다는 걸 알 수 있습니다. 영상이 필요하고 자막도 있어야 하며 배경 음악과 효과음도 추가해야 합니다. 영상에 각종 효과를 적용하고 속도를 변경할 수도 있습니다. 효과적인 연출을 위해서 자막을 여러 개 넣거나 효과음을 중첩하여 삽입해야 할지도 모릅니다.

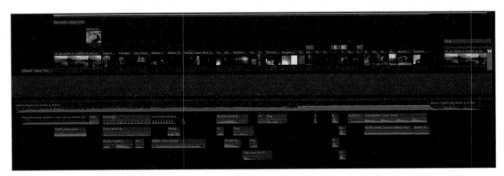

[그림 9-1] GAP 클립을 활용한 파이널 컷 프로 X의 타임라인

여러 개의 클립을 이어 붙이면서 작업한다는 건 바꿔 이야기하면 여러 개의 클립을 적재적소에 넣어야 한다는 뜻입니다. 클립이 많아질수록 관리가 어려워진다는 단점이 나타납니다. 파이널 컷 프로 X의 기본 개념은 마그네틱 타임라인을 사용하여 하나의 스토리 라인에서 하나의 트랙에 추가 요소들을 이어 붙이는 스타일입니다. 이 마그네틱 타임라인은 파이널 컷 프로 X 고유의 방식이며 영상 편집에 큰 도움을 주지만, 때에 따라서는 마그네틱 타임라인을 사용하지 않고 싶을 때가 있습니다.

▶ GAP 클립을 사용하는 이유

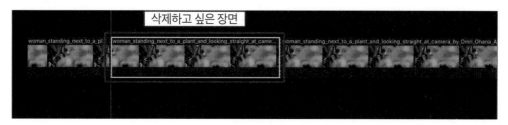

[그림 9-2]

예를 들어 [그림 9-2]처럼 영상을 편집하는 과정에서 가운데 클립만 삭제하고 싶다고 해 봅니다. 마그네틱 타임라인에서는 가운데 클립을 삭제하면 뒤에 있는 클립이 앞에 자동으로 따라오면서 붙습니다. 이런 스타일은 길게 촬영된 하나의 영상을 컷 편집할 땐 매우 유용하지만, 짧게 촬영된 여러 개의 장면을 바꿔 가면서 이어 붙이는 작업을 할 때 대단히 불편합니다. 또 다른 문제는 영상의 총 길이가 삭제한 길이만큼 줄어든다는 점입니다. 가령, 3분짜리 영상을 만들고 있다고 할 때, 최종 길이를 3분으로 맞춰 두었는데, 갑자기 바꾸고 싶은 장면이 보여서 특정 부분을 삭제하면 영상의 총 길이가 줄어들면서 3분으로 맞춰 둔 길이가 깨져 버립니다. 이렇게 되면, 특정 장면 삭제 후 다시 영상의 총 길이를 3분으로 맞춰 주는 작업을 해 주어야 하므로 같은 작업을 여러 번 하는 셈이라서 비효율적입니다.

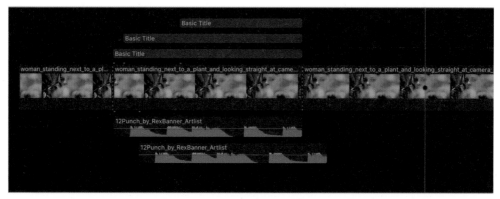

[그림 9-3]

PART 2에서 설명한 연결 포인트의 개념도 영상을 삭제할 때는 때때로 까다로운 작업을 요구합니다. [그림 9-3]처럼 삭제하고 싶은 구간에 자막과 배경 음악, 효과음 등을 삽입한 상태라고 해 봅니다. 연결 포인트가 삭제하고 싶은 클립에 붙어 있습니다. 만약 영상과 자막을 함께 삭제하고 싶다면 문제가 없겠지만, 자막과 음악은 그대로 유지하면서 영상 클립만 삭제하고 싶을 땐 편집이 까다로워집니다.

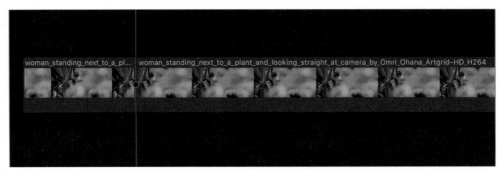

[그림 9-4] 가운데 장면을 삭제한 후 타임라인의 모습

그냥 삭제해 버리면 연결된 자막과 음악 모두 함께 삭제됩니다. 이때는 파이널 컷 프로 X에 있는 replace 기능을 이용하면 해결할 수 있지만, replace 기능 자체가 직관적이지 않다는 문제가 또 발생합니다.

위와 같은 부분들은 파이널 컷 프로 X의 마그네틱 타임라인과 연결 포인트라는 고유의 개념 때문에 나타납니다. 다른 영상 편집 소프트웨어처럼 멀티 트랙으로 편집할 수 있다면, 여러 가지로 유용합니다. 마그네틱 타임라인을 무시하는 방식으로 영상 편집을 하고 싶다면, GAP 클립을 활용합니다. GAP 클립을 이용하면, 마그네틱 타임라인이 필요할 땐 마그네틱 타임라인으로 편집하고, 그렇지 않을 땐 멀티 트랙으로 편집할 수 있어 편집의 자유도가 올라갑니다.

GAP 클립 추가하기

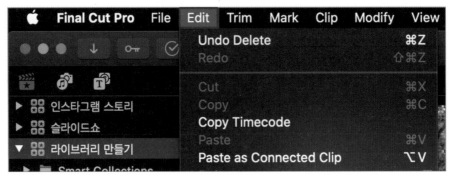

[그림 9-5]

메뉴에서 [Edit]으로 들어갑니다.

[그림 9-6]

[Insert Generator] - [Gap]을 클릭하여 GAP 클립을 추가합니다.

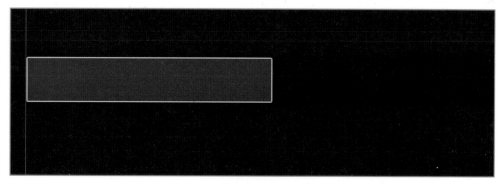

[그림 9-7]

타임라인에 회색으로 보이는 GAP 클립이 추가됩니다. 단축키는 옵션 + W입니다.

 꿀팁

GAP 클립은 타임라인에서는 회색 클립으로 보이지만, 영상 결과물에는 아무런 영향을 주지 않는 '비어 있는' 클립입니다. 영상 결과물에 영향을 주지 않으므로 자유롭게 사용합니다. 타임라인의 공간을 확보하거나 멀티 트랙으로 편집하고 싶을 때 활용하면 좋습니다.

GAP 클립을 사용하여 멀티 스토리 라인 사용하기

[그림 9-8]

이제 편집할 영상을 타임라인에 추가할 때 GAP 클립 위에 추가합니다.

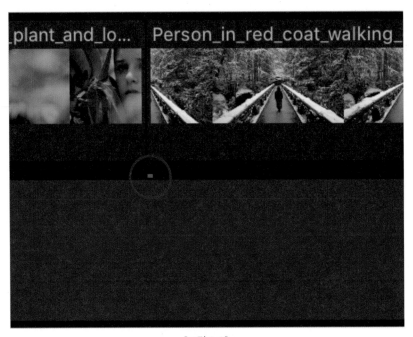

[그림 9-9]

이렇게 하면 영상의 연결 포인트가 GAP 클립에 붙어 있다는 걸 알 수 있습니다. 영상 클립의 연결 포인트가 GAP 클립에 있어 GAP 클립을 삭제하지 않는 이상 영상을 개별적으로 관리할 수 있으며 GAP 클립의 길이를 유지만 하면, 마그네틱 타임라인을 무시한 상태로 편집을 이어 갈 수 있습니다.

[그림 9-10]

[그림 9-10]처럼 가운데에 있는 영상을 삭제해도 총 길이는 유지되며 다른 영상의 위치는 변하지 않습니다. 아래쪽에 GAP 클립을 추가하고 그 위에 영상 클립들을 배치하면, 각 영상 클립을 자유자재로 이동 및 삭제할 수 있다는 장점이 있습니다.

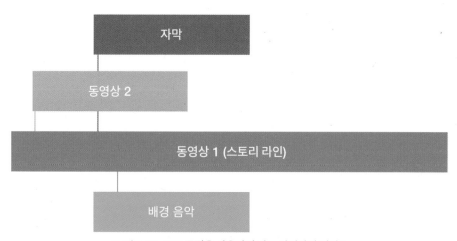

[그림 9-11] GAP 클립을 사용하지 않는 타임라인 개념도

GAP 클립을 사용하지 않는다면, [그림 9-11]처럼 스토리 라인이 되는 영상에 자막과 배경 음악 등이 연결되어 전체가 하나의 묶음으로 움직입니다.

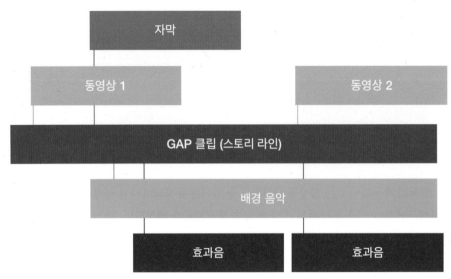

[그림 9-12] GAP 클립을 사용하는 타임라인 개념도

GAP 클립을 추가하여 활용하면 [그림 9-12]처럼 클립들이 배치됩니다. 연결 포인트는 GAP 클립에 위치합니다. GAP 클립을 기준으로 위쪽에는 영상과 자막 등이 배치됩니다. GAP 클립 아래쪽은 배경 음악이나 효과음 같은 오디오 파일들을 배치합니다.

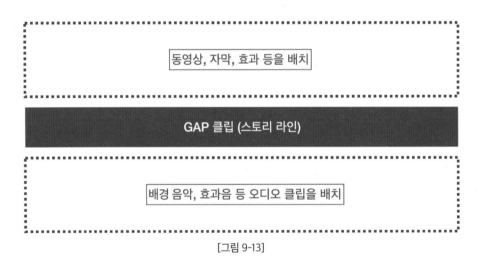

[그림 9-13]

[그림 9-13]처럼 GAP 클립을 기준으로 아래위로 클립들의 종류를 나눠 배치할 수 있어 많은 클립이 배치되는 영상을 편집할 때 타임라인을 직관적으로 살펴볼 수 있습니다.

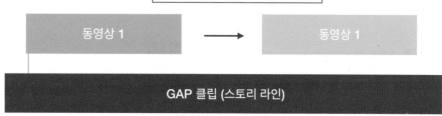

다른 클립에 영향을 주지 않으면서
영상 클립만 단독으로 이동 가능

동영상 1 → 동영상 1

GAP 클립 (스토리 라인)

[그림 9-14]

지금부터는 GAP 클립 위에 붙은 동영상을 단독으로 이동할 수 있습니다. 이동뿐만 아니라 위치 변경 없이 삭제도 가능합니다.

 꿀팁

GAP 클립의 활용은 영상의 위치나 길이가 중요할 때 빛납니다. 예를 들어 음악에 딱딱 맞는 영상을 만들고 싶다면, GAP 클립을 활용하는 게 편합니다. 중간에 있는 클립을 삭제해도 영상과 음악의 싱크를 유지할 수 있습니다.

레벨 업 | GAP 클립의 용량은 얼마일까?

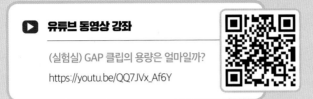

▶ **유튜브 동영상 강좌**

(실험실) GAP 클립의 용량은 얼마일까?
https://youtu.be/QQ7JVx_Af6Y

GAP 클립을 타임라인에 추가할 때 한 가지 염려스러운 부분은 'GAP 클립도 하나의 클립이므로 용량이 있지 않을까?' 하는 부분입니다. 혹시 용량이 있다면, 최종 결과물에 반영되므로 영상이 무거워지기 때문입니다. 직접 테스트해 봅니다.

[그림 9-15]

3분 20초의 영상을 유튜브에 업로드한다고 가정하고 1080p 화질로 출력한 결과물입니다. 용량을 살펴보면 MB 기준으로 똑같다는 걸 알 수 있습니다.

용량 차이가 없다는 결과가 나왔습니다. GAP 클립은 비어 있는 클립이므로 용량을 거의 차지하지 않습니다. 그러나 아예 용량이 없다고 보는 건 다소 어렵습니다. 아주 약간의 용량은 차지할 것으로 생각하지만, 용량이 있다고 해도 실험 결과에서 알 수 있듯 유의미하지 않습니다. 용량 걱정 없이 GAP 클립을 사용하도록 합니다.

몰입도를 증폭시키는
편집 기법(점프 컷, J컷, L컷)

▶ **유튜브 동영상 강좌**

편집자가 알아야 할 3가지 컷

https://youtu.be/HTC0x9aKQEQ

동영상을 편집할 때 유용하게 사용할 수 있는 3가지의 컷 기법이 있습니다. 가장 기본적인 컷 편집 기법들이며 언제, 어떤 영상에 사용해도 부족함이 없는 기법입니다. 점프 컷과 J컷, L컷이라는 이름의 이 기법들은 영화나 드라마 등에 자주 사용되지만 VLOG 등 평범한 영상에도 잘 어울립니다.

▶ 점프 컷

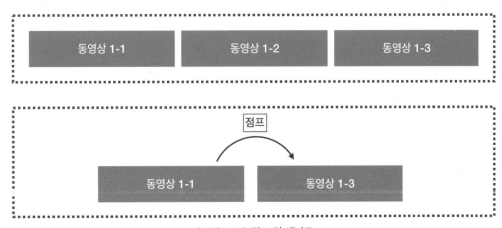

[그림 9-16] 점프 컷 개념도

점프 컷은 이름 그대로 화면이 점프가 되도록 컷하는 방식입니다. 동영상은 시간의 흐름을 보여 준다고 이야기했는데, 중간 부분을 컷해서 삭제하고 앞뒤의 영상을 붙이면 마치 시간을 건너뛴 듯한 장면이 만들어집니다. 일반적인 컷 편집이 바로 이 점프 컷에 해당한다고 이해하면 쉽습니다.

[그림 9-17]

사람이 앞으로 걸어가는 영상입니다. 원래대로라면 천천히 앞으로 걸어가는 장면이 재생되는데 점프 컷을 하면 중간을 건너뛰고 갑자기 앞으로 멀리 간 것처럼 연출됩니다. 점프 컷을 하고 싶은 구간을 정한 다음 블레이드(Blade) 툴로 영상을 잘라 냅니다.

[그림 9-18]

그리고 가운데 있는 클립을 삭제합니다.

[그림 9-19]

점프 컷이 빠르게 만들어집니다.

[그림 9-20]

영상을 재생해 보면 중간을 건너뛰고(시간을 건너뛰고) 갑자기 앞으로 가는 듯한 장면이 나옵니다.

 꿀팁

점프 컷을 여러 번 적용하면, 계속 점프가 되면서 시간의 흐름이 빠르게 지나가는 듯한 역동적인 동영상을 만들 수 있습니다.

J컷

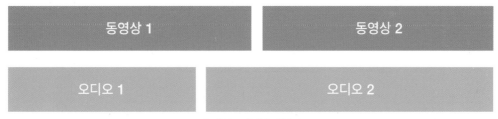

[그림 9-21] J컷 개념도

J컷은 아주 재미있는 편집 기법입니다. 화면과 음악이 같이 나오는 게 아니라 화면보다 음악이 먼저 재생되는 방식입니다. 영상을 이용해도 되며 앞에 공간을 두어 J컷으로 만들 수 있습니다. 예를 들어 화면에는 아무것도 표시되지 않거나 혹은 자막만 표시되면서 파도 소리가 들리고 나중에 파도치는 영상이 나오는 형식입니다. 영상의 인트로나 영화의 도입부 혹은 특정 장면에서 자주 사용되는 기법이며 최근에는 감성 영상 등에서도 자주 볼 수 있습니다.

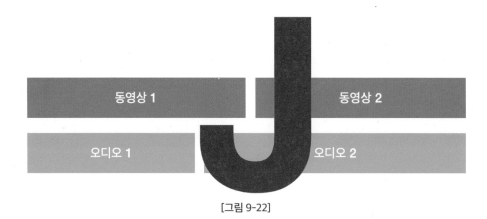

[그림 9-22]

이름이 J컷인 이유는 영상과 음악의 배치가 마치 알파벳 J 모양처럼 만들어지기 때문이라고 기억하면 이해하기 쉽습니다.

 꿀팁

동영상을 시청할 때 화면보다 소리가 먼저 나온다면 대부분 J컷 편집입니다. 유튜브 동영상으로 직접 들어 봅니다.

▶ **유튜브 동영상**

J컷 도입부 샘플 영상
https://youtu.be/QeFK_GHbWXE

[그림 9-23]

파이널 컷 프로 X의 타임라인에서는 기본적으로 공간을 허용하지 않으므로 공간을 만들어 주기 위해서 GAP 클립을 삽입합니다. (꼭 GAP 클립일 필요는 없습니다. 자막을 넣거나 오디오가 다른 영상을 넣어도 됩니다.)

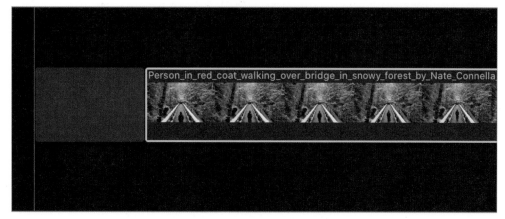

[그림 9-24]

GAP 클립 뒤에 영상을 배치합니다.

[그림 9-25]

음악을 앞에서부터 재생되게 배치합니다. 간편하게 J컷이 만들어집니다.

오디오가 있는 영상을 J컷 하기

배경 음악 대신 목소리가 녹음된 영상을 활용한 J컷을 만들어 봅니다. 이 방식은 화면보다 목소리가 먼저 나오고 나중에 화면이 나오는 결과물이 나옵니다.

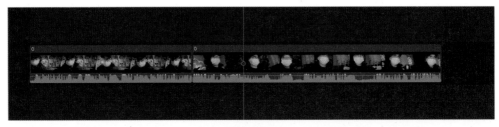

[그림 9-26]

오디오가 포함된 영상을 타임라인으로 불러옵니다. J컷으로 만들기 위해서 2개의 클립을 배치합니다.

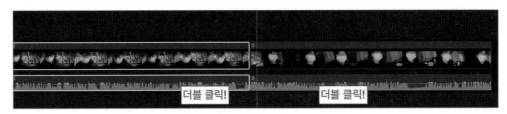

[그림 9-27]

이제 오디오 클립을 이동시켜 주어야 합니다. 이때 오디오를 영상과 분리하는 [Detach Audio] 기능을 이용하는 방법도 있지만, 여기에서는 좀 더 쉬운 방법으로 소개합니다. 영상에 포함된 오디오 부분을 마우스로 더블 클릭하면 오디오 클립만 조절할 수 있도록 타임라인이 바뀝니다.

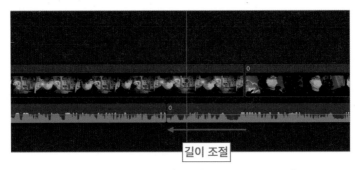

[그림 9-28]

이제 J컷 모양이 만들어지도록 오디오의 길이를 조절합니다. 앞 클립의 오디오는 줄이고 뒤에 있는 클립의 오디오를 앞으로 당겨 늘려 줍니다.

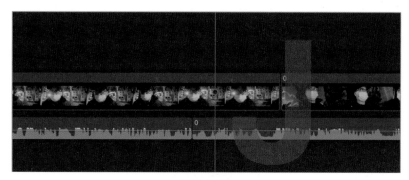

[그림 9-29]

J컷 모양의 타임라인이 만들어집니다. 이제 재생해 보면서 적절하게 길이를 조절해 줍니다.

J컷 적용된 부분

[그림 9-30]

만약, 타임라인을 다시 원상태로 되돌리고 싶다면 오디오 부분을 다시 더블 클릭하면 원래대로 돌아옵니다. 이때 오디오 부분을 유심히 살펴보면, 오디오 파형이 보이지 않는 곳이 있습니다. 이 부분이 J컷이 적용된 부분을 뜻합니다. 재생해 보면 현재 영상의 오디오가 아니라 뒤에 있는 클립의 오디오가 재생됩니다.

▶ L컷

[그림 9-31] L컷 개념도

L컷은 J컷과 정확하게 반대되는 방식입니다. J컷은 오디오가 먼저 나오고 영상이 나오는 방식이었다면, L컷은 영상이 끝난 뒤에도 오디오가 계속 이어지는 방식입니다. 비 내리는 화면과 소리를 들려주다가 화면이 다른 것으로 바뀌었는데도 계속 비 내리는 소리가 들리는 것처럼 만드는 기법입니다. 이렇게 만들면 소리가 계속 이어지므로 앞의 영상과 뒤의 영상이 계속 이어지는 듯한, 다시 말해서 스토리가 이어지게 만들 수 있어 유용합니다. 영상의 아웃트로나 영화에서는 엔딩 크레디트 혹은 특정 장면에서 사용할 수 있습니다.

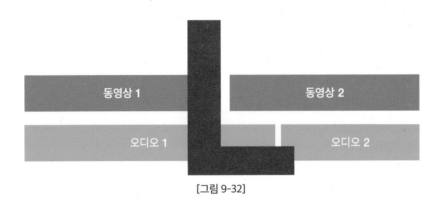

[그림 9-32]

L컷은 영상과 오디오의 배치가 알파벳 L 모양입니다. 만드는 방식은 J컷과 방향만 다를 뿐 동일합니다. 뒤에 이어지는 영상은 GAP 클립을 사용하여 공간을 보여 주거나 다른 영상을 배치하여 보여 줄 수 있습니다.

▶ 오디오가 있는 영상을 L컷 하기

목소리가 녹음된 영상 두 개를 이용하여 L컷을 만들어 봅니다. 이 방식은 화면이 끝나도 오디오가 이어서 계속 재생되어야 합니다.

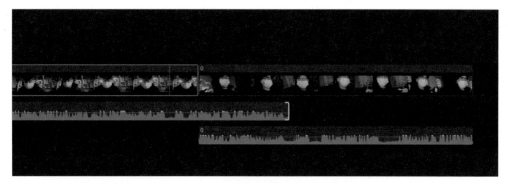

[그림 9-33]

오디오가 포함된 영상을 타임라인으로 불러옵니다. L컷으로 만들기 위해서 2개의 클립을 배치합니다.

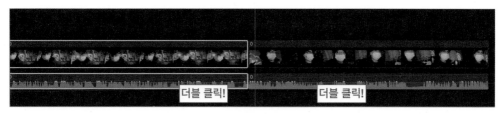

[그림 9-34]

이제 오디오 클립을 이동시켜 주어야 합니다. 영상에 포함된 오디오 부분을 마우스로 더블 클릭하면 오디오 클립만 조절할 수 있도록 타임라인이 바뀝니다.

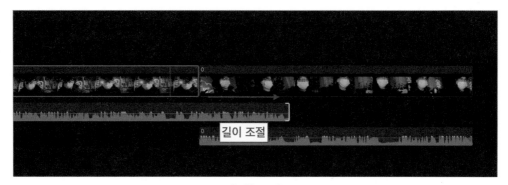

[그림 9-35]

앞부분의 오디오 클립 길이를 뒤로 늘려 줍니다.

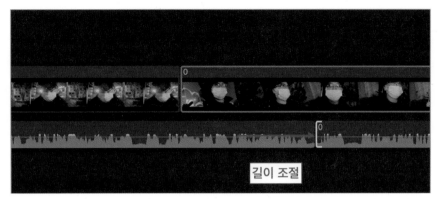

[그림 9-36]

뒷부분의 오디오 클립을 뒤로 이동시켜 줄여 주면서 정리해 줍니다.

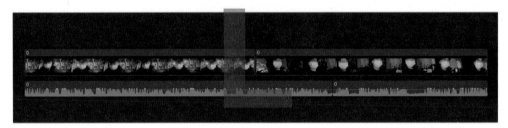

[그림 9-37]

L컷이 만들어집니다. 영상을 재생해 보면 이제 앞의 영상이 끝나도 오디오가 계속 이어진다는 걸 알 수 있습니다.

하나의 효과를
여러 곳에 적용하는
속성 복사·붙여 넣기

▶ **유튜브 동영상 강좌**

편집 속도를 올려 주는 속성 복사·붙여 넣기

https://youtu.be/9_jFblHCK-w

짧은 동영상을 만들 때도 타임라인에는 여러 개의 클립이 들어갑니다. 또 하나의 클립에는 볼륨 조절이나 각종 효과가 잔뜩 들어갑니다. 이런 효과들을 하나하나 직접 모든 클립에 적용하는 건 매우 번거롭고 시간이 오래 걸리며 정확하게 통일하기는 어렵습니다. 하나의 클립을 신경 써서 작업하고, 해당 클립에 적용된 속성들을 다른 클립에 붙여 넣을 수 있다면 편집 시간을 대폭 줄일 수 있습니다.

[그림 9-38]

샘플 영상 클립 4개를 준비해 타임라인에 배치합니다.

[그림 9-39]

제일 앞에 있는 클립에만 효과를 적용한 후 나머지 클립에는 속성 복사·붙여 넣기를 활용하여 빠르게 작업을 이어 가 봅니다.

[그림 9-40]

시각적으로 구분하기 쉽도록 화면을 초록색 톤으로 변경합니다.

[그림 9-41]

화면 크기도 130%로 확대합니다.

[그림 9-42]

효과 적용이 끝났다고 가정하고 첫 번째 클립을 복사합니다. 단축키는 커맨드 + C입니다.

[그림 9-43]

붙여 넣을 대상이 되는 클립을 선택합니다.

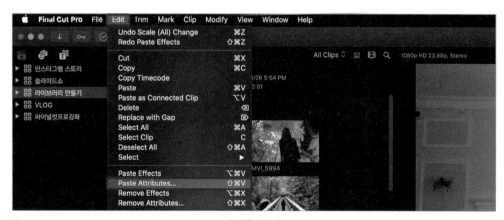

[그림 9-44]

메뉴에서 [Edit]으로 들어간 다음 [Paste Attributes...]를 클릭합니다. 속성 붙여 넣기라는 뜻입니다.

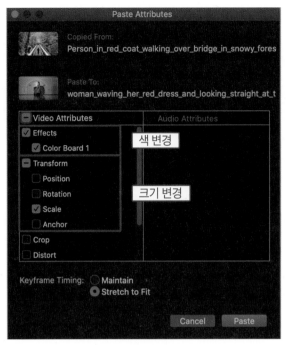

[그림 9-45]

속성 붙여 넣기 메시지 창이 나타납니다. 여기에서 붙여 넣고 싶은 효과를 개별적으로 선택하여 적용할 수 있습니다. 지금은 색상 변경(초록색), 크기 변경(130%로 조절)을 하였으므로 변경된 부분에 대해서만 체크 표시가 된 모습입니다. 붙여 넣고 싶은 부분만 체크한 후 아래쪽에 있는 [Paste] 버튼을 클릭합니다.

[그림 9-46]

화면의 색이 앞에서 적용했던 효과처럼 변경되고 크기도 변경됩니다. 어떤 효과를 적용하느냐에 따라 결과는 다르게 나옵니다. 중요한 포인트는 하나의 클립을 신경 써서 작업하면 나머지 클립에는 손쉽게 적용할 수 있다는 점입니다. 나머지 클립에도 같은 방식으로 적용하면 전체를 손쉽게 편집할 수 있습니다. 화면 효과뿐만 아니라 오디오 효과(볼륨 조절 등)에도 적용할 수 있으니 적극적으로 활용해 보도록 합니다.

 궁금해요 속성 복사·붙여 넣기는 언제 사용하나요?

보통 영상 클립이 많은 환경에서 동일한 효과를 다른 클립에도 적용하고 싶을 때 사용합니다. 좀 더 쉬운 방법으로 Adjustment layer(조정 레이어)를 사용하거나 컴파운드 클립을 활용하는 방법도 있습니다. 하지만 편집 환경에 따라서는 특정 구간에 컴파운드 클립이나 조정 레이어를 사용하지 못하기도 합니다. 이럴 땐 속성 복사·붙여 넣기를 사용하면 아주 유용합니다. 컴파운드 클립과 조정 레이어에 대한 설명은 뒷장에서 다룹니다.

편집 화면을 쉽게 구분하자! Roles 기능

▶ **유튜브 동영상 강좌**

영상 편집을 쉽게 만들어 주는 Roles 기능

https://youtu.be/Fzk2bc-8y-s

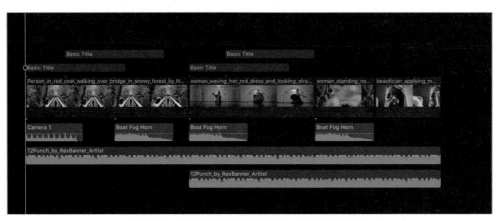

[그림 9-47] 평범한 파이널 컷 프로 X 타임라인의 모습

영상 편집자에게 타임라인을 직관적으로 살펴보는 일은 매우 중요한 부분입니다. 영상을 재생해 보지 않고도 어떤 부분에 어떤 효과, 어떤 자막, 어떤 음악, 어떤 효과음이 들어 있는지 빠르게 파악할 수 있어야 합니다. 그래야만 원하는 부분을 빨리 찾을 수 있고 구분하기 쉬워서 전체적인 그림을 그릴 수 있습니다. 일반적인 파이널 컷 프로X의 타임라인은 [그림 9-47]처럼 여러 개의 클립이 복잡하게 얽혀 있는 모습을 보입니다. 배경 음악과 효과음, 자막 등이 여기저기에 붙어 있는 모습입니다.

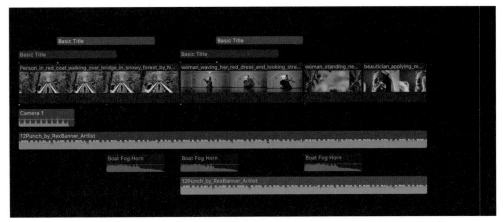

[그림 9-48] Roles 기능 역할 지정으로 타임라인을 알아보기 쉽도록 바꾼 화면

파이널 컷 프로 X에 있는 Roles 기능은 여러 개의 클립이 중첩되어 복잡한 구성을 할 때 타임라인을 직관적으로 파악할 수 있도록 해 주는 기능입니다. Role별로 색상을 지정하면, 직접 클릭해 보지 않아도 해당 클립이 어떤 역할을 하는지 유추할 수 있습니다. 예를 들어 붉은색은 볼륨 조절한 효과음, 초록색은 일반적인 배경 음악, 주황색은 볼륨 조절이 된 배경 음악, 보라색은 일반 자막, 황토색은 예능형 자막 같은 형식으로 지정하는 겁니다. 더불어 각 Role별로 잠시 비활성화하는 식으로 편집에 직접적인 도움을 주기도 합니다. 다른 사람과 협업할 때도 큰 도움이 됩니다.

▶ Roles 기능의 기본

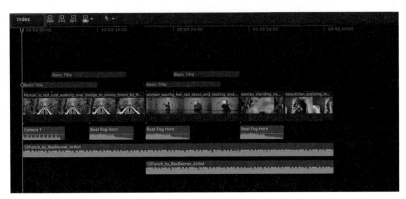

[그림 9-49]

타임라인 화면에서 좌측에 보면 [Index]라고 표시된 곳이 있습니다. 이 버튼을 누르면 Roles 기능이 나타납니다.

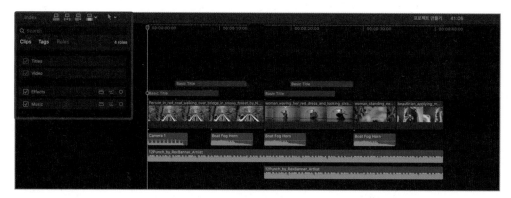

[그림 9-50]

화면 왼쪽에 Roles 기능이 열립니다. 여러분들이 파이널 컷 프로 X을 이용해서 자막을 추가하면 무조건 보라색으로 추가된다는 걸 눈치챘을 겁니다. 효과음은 대부분 청록색으로 추가되며 배경 음악은 초록색으로 추가됩니다. (음악은 파란색으로 추가될 때도 있습니다.) 영상은 파란색으로 추가됩니다.

[그림 9-51]

이렇게 색상이 정해진 이유는 Role에서 해당 클립의 역할이 지정되었기 때문입니다. 예를 들어 [그림 9-51]에서 Video(영상)는 파란색으로 지정되어 있습니다. Titles(자막)는 보라색입니다. 이렇게 자동으로 역할이 지정되어 색상이 정해진 모습을 보입니다. 편집자의 선택에 따라 구분을 위해서 색상을 변경할 수 있습니다.

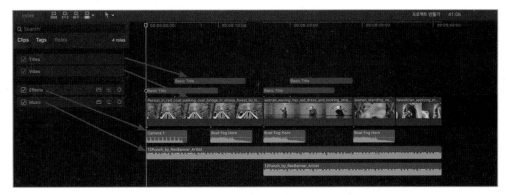

[그림 9-52]

파이널 컷 프로 X에 클립을 추가하면 프로그램이 자동으로 역할을 부여합니다.

Roles 기본 기능 활용하기

[그림 9-53]

Roles 기능 앞에 있는 체크 버튼을 활용하면, 해당 역할이 지정된 모든 클립을 비활성화할 수 있습니다.

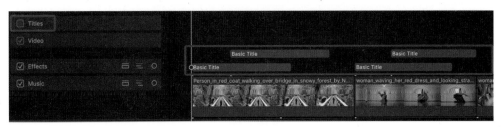

[그림 9-54]

Titles 역할을 비활성화해 봅니다. 체크를 해제하면 타임라인에서 해당 역할군에 포함된 모든 클립이 비활성화되면서 회색으로 바뀝니다. 영상을 재생해 보면 Titles에 포함된 클립(여기에서는 자막)이 나타나지 않습니다. 모든 자막을 잠시 꺼 두고 편집을 이어 갈 수 있습니다. 마찬가지로 효과음을 모두 끄거나 배경 음악을 잠시 꺼 둔 채로 작업을 이어 갈 수도 있으며 영상을 끄고(Video Role 체크 해제) 자막이나 음악에 집중해서 편집한 후 다시 영상을 켜 주는 방식으로 편집하는 것도 좋은 방법입니다.

▶ Roles 기능 편집하여 활용하기

유튜브 동영상 강좌

직관적으로 바꾸는 Roles 활용법
https://youtu.be/TktTg-xs7FY

이제 Roles 기능을 편집자의 입맛에 맞게 변경하여 활용하는 방법도 알아봅니다. Roles 기능의 편집은 크게 색상 변경, 역할군 지정이 있습니다.

[그림 9-55]

Roles 화면 아래쪽에 있는 [Edit Roles…]를 클릭합니다.

[그림 9-56]

또는 인스펙터에서 info 인스펙터를 클릭한 후 [Edit Roles...]를 클릭해도 됩니다.

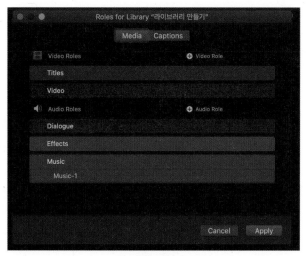

[그림 9-57]

Role 편집 화면이 나타납니다. 여기에서 역할을 지정하거나 색상을 변경할 수 있습니다. 역할은 비디오 롤(Video Roles)과 오디오 롤(Audio Roles)로 나뉩니다.

 꿀팁

Role은 라이브러리 단위로 적용됩니다. 즉, 하나의 라이브러리에서 Role을 공유합니다. 이벤트나 프로젝트가 달라도 Roles 역할은 공유되므로 한 번 잘 만들면 편하게 활용할 수 있습니다.

[그림 9-58]

더하기 버튼을 클릭하여 비디오 롤을 추가한 다음 이름을 예능 자막이라고 입력합니다. 이제 일반 자막이 아닌 예능형 자막은 해당 역할을 부여할 예정입니다.

[그림 9-59]

오디오 롤에도 역할을 하나 추가합니다. 더하기 버튼을 클릭한 후 효과가 적용된 배경 음악이라는 역할을 추가합니다.

[그림 9-60]

역할을 지정하고 싶은 클립을 마우스로 선택합니다.

[그림 9-61]

인스펙터에서 info 인스펙터로 들어간 다음 역할군을 방금 만든 역할로 변경합니다.

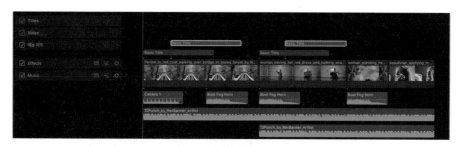

[그림 9-62]

Roles 화면에 방금 추가한 역할군이 나타나며 타임라인에서는 선택한 클립의 색상이 변경됩니다.

[그림 9-63]

배경 음악에도 역할을 지정해 봅니다. 이런 식으로 원하는 역할을 만들고 해당 역할군을 지정해 주면 편리하게 편집을 이어 갈 수 있으며 타임라인을 직관적으로 구성하는 데 도움이 됩니다.

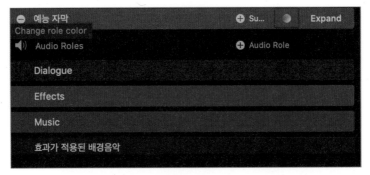

[그림 9-64]

롤 편집 화면에서 역할군에 마우스를 올리면 색상을 변경할 수 있는 버튼이 나옵니다.

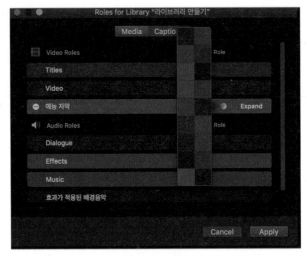

[그림 9-65]

이 버튼을 활용하여 Role에 적절한 색을 지정합니다. 이왕이면 다른 역할과 겹치지 않는 색상이 좋습니다.

궁금해요 *내가 원하는 색상을 지정할 순 없나요?*

안타깝게도 원하는 색상을 지정하는 기능은 없습니다. 또한 색상이 다양하지 않고 비슷한 색상이 많다는 단점도 있습니다.

 꿀팁

[그림 9-66]

역할군 아래에 세부 역할(sub role)을 만들 수 있습니다. 그러나 대형 프로젝트가 아니면 서브 롤까지는 필요하지 않습니다. 몇 개의 역할을 추가하는 것만으로도 충분합니다. Roles 관리가 하나의 '일'이 되어서는 곤란합니다. Roles는 편집을 직관적이고 쉽게 만들어 주는 기능이라는 점을 꼭 기억해 두도록 합니다.

컴파운드 클립 만들기

파이널 컷 프로 X에는 컴파운드 클립(Compound Clip)이라고 하는 재미있고 유용한 기능이 있습니다. 컴파운드 클립은 직역하면 복합 클립이 됩니다. 여러 개의 객체를 하나로 묶어서 그룹으로 만드는 기능입니다. 컴파운드 클립은 여러 상황에서 사용됩니다. 이 책에서는 'PART 4 구멍 뚫린 투명 자막 만들기'에서 이미 컴파운드 클립을 한 번 사용한 적이 있습니다.

컴파운드 클립은 여러 개의 객체를 마치 하나의 클립처럼 다룰 수 있도록 해 줍니다. 컴파운드 클립을 만드는 방법은 아주 간단합니다.

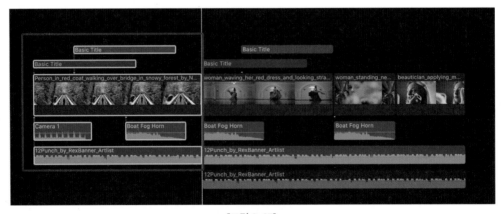

[그림 9-67]

영상과 자막, 효과음과 배경 음악이 포함된 클립들을 하나의 그룹으로 만들어 봅니다.

[그림 9-68]

마우스 오른쪽 버튼을 클릭한 후 [New Compound Clip...]을 클릭합니다.

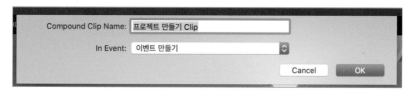

[그림 9-69]

컴파운드 클립의 이름과 컴파운드 클립이 포함될 이벤트를 지정합니다. 그런 다음 [OK] 버튼을 누릅니다.

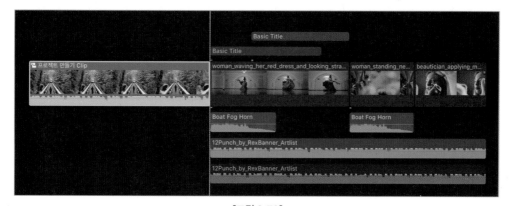

[그림 9-70]

컴파운드 클립이 생성됩니다.

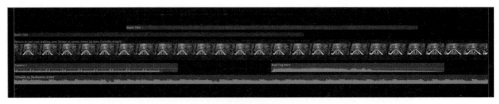

[그림 9-71]

컴파운드 클립을 구성하는 내부 클립들을 변경 혹은 확인하려면, 컴파운드 클립을 더블 클릭합니다.

컴파운드 클립은 영상에 고급 효과가 적용될수록 자주 사용됩니다. 때로는 컴파운드 클립을 2중, 3중으로 겹쳐서 만들어야 하는 경우도 있습니다. 따라서 컴파운드 클립의 활용법을 꼭 숙지하고 넘어가야 합니다.

레벨 업 | 컴파운드 클립 해제하기

▶ **유튜브 동영상 강좌**

컴파운드 클립 해제하는 방법
https://youtu.be/ajcrRLi51As

타임라인에 있는 객체들을 컴파운드 클립으로 만들면 하나의 그룹으로 묶입니다. 이렇게 묶인 컴파운드 클립은 여러 장면에서 유용하게 활용할 수 있지만, 객체들이 하나로 묶인 까닭에 각 객체에 변경 사항을 적용할 때는 번거로워집니다.

[그림 9-72]

컴파운드 클립을 만들었다가 다시 해제하는 방법이 있습니다. 먼저 타임라인에서 컴파운드 클립을 선택한 후 파이널 컷 프로 X 메뉴에서 [Clip]으로 들어간 다음 [Break Apart Clip Items]를 클릭합니다. 이렇게 하면 컴파운드 클립이 해제되어 각 클립이 다시 분리됩니다.

야경 영상에 꼭 필요한 동영상 노이즈 제거

▶ **유튜브 동영상 강좌**

파이널 컷 프로 X 노이즈 제거하기
https://youtu.be/IhSWNZyb-wU

야간에 인물 영상을 촬영하거나 야경을 촬영할 때는 카메라의 ISO가 올라갑니다. ISO 값은 화면을 밝게 해 주는 대신 노이즈를 발생시킵니다. 사진은 삼각대를 설치하고 셔터 스피드를 길게 잡는 방법으로 촬영하면(장노출이라고 부르는), 노이즈 없는 결과물을 만들 수 있습니다. 하지만 동영상은 셔터 스피드를 자유롭게 조절할 수 없고 조리개도 고정으로 촬영해야만 하나의 클립을 같은 밝기로 촬영할 수 있는 까닭에 ISO를 높이는 방법으로 야간 촬영이 이뤄집니다. 카메라 성능에 따라 ISO에 따른 노이즈 억제력은 다릅니다. 야간 또는 어두운 환경에서 촬영하는 영상은 ISO를 조금 올려서 촬영할 수밖에 없는 특성상 야간에 촬영한 영상은 대체로 노이즈가 발생합니다. 이때 파이널 컷 프로 X에 있는 기본 기능 중 노이즈를 제거해 주는 Noise Reduction(노이즈 리덕션)을 이용하면 간편하게 노이즈를 제거할 수 있습니다.

[그림 9-73] 노이즈가 발생한 영상

위 이미지는 밤에 촬영한 인물 영상 화면입니다. 원본 영상이며 아무런 효과를 적용하지 않은 상태입니다. 조리개 값이 낮은 밝은 렌즈로 촬영했지만, 조명이 많지 않고 매우 어두운 환경이었던 탓에 배경에 노이즈가 발생한 걸 볼 수 있습니다. 영상에서 아주 약간의 노이즈는 유의미하지 않습니다. 하지만 노이즈가 진하게 보이면, 영상의 화질이 나쁜 것처럼 보여 가능하면 노이즈가 없는 게 좋습니다.

[그림 9-74]

파이널 컷 프로 X 이펙트 패널에서 아래 검색창에 'Noise'라고 검색하면 [Noise Reduction]이라는 효과를 찾을 수 있습니다. 이 효과는 영상의 노이즈를 제거하는 역할을 합니다. 이제 이 효과를 영상에 드래그&드롭하여 적용합니다.

[그림 9-75]

파이널 컷 프로 X의 노이즈 제거 작업은 시간이 꽤 소요됩니다. 물론 작업은 파이널 컷 프로 X이 알아서 합니다. 편집자는 기다려 주기만 하면 됩니다. Noise Reduction을 적용하고 나면 영상 미리보기 화면 좌측 하단에 노이즈 리덕션 처리 중(Processing Noise Reduction...)이라는 메시지가 나타납니다. 이 메시지가 나타나는 상태에서는 아직 노이즈가 제거되지 않아 화면에서 노이즈가 보여서 마치 노이즈 제거 효과가 적용되지 않은 것처럼 보입니다. 렌더링이 끝날 때까지 기다려 줍니다.

[그림 9-76]

인스펙터에는 두 개의 값이 있습니다. Amount 값과 Sharpness 값입니다.

1 Amount: 노이즈 감소량을 결정합니다. Low → Medium → High → Maximum 순으로 노이즈 감소량이 정해집니다. Maximum이 가장 강하게 노이즈 감소를 적용합니다. 노이즈가 심하다면 Maximum을 사용하도록 합니다.

2 Sharpness: 노이즈 감소를 적용하면, 노이즈 제거를 위해 영상의 선명도가 감소합니다. 즉, 영상이 전체적으로 흐릿해집니다. 이때 선명도를 다시 살려 주는 값이 바로 Sharpness입니다. 선명도는 None → Very Low → Low → Medium → High → Very High → Maximum 순으로 강하게 적용됩니다. Sharpness 값을 올리면, 가장자리가 선명해지는 대신 영상이 떨리는 것처럼 보입니다. 일반적으로 Sharpness 값은 너무 크지 않게 설정합니다. Low를 추천합니다.

노이즈 제거 적용 전

노이즈 제거 적용 후

[그림 9-77]

Noise Reduction 적용 전과 적용 후의 모습입니다. 노이즈가 자연스럽게 제거된 모습을 볼 수 있습니다. 하지만 노이즈가 제거되는 과정에서 영상의 일부 색감이 사라지고 영상이 전체적으로 흐릿하게 바뀝니다. 사라진 색감은 색 보정 작업으로 살려 줄 수 있으며 흐릿하게 바뀌는 부분은 Sharpness를 조절해 자연스럽게 보이도록 편집합니다.

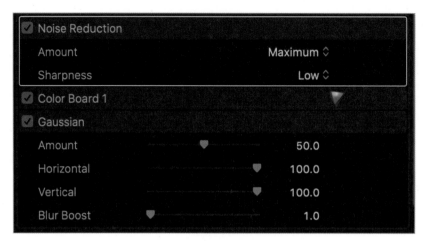

[그림 9-78]

Noise Reduction은 아래쪽에 있기보다는 제일 위에 배치되도록 만들어야 합니다. 영상에 여러 개의 효과가 적용될 때 활용하는 방법입니다. 확실한 노이즈 제거를 원한다면 Noise Reduction 효과를 제일 마지막에 적용합니다.

 꿀팁

Noise Reduction을 이용하면 간편하게 노이즈를 제거할 수 있지만, 완벽하게 제거되지는 않습니다. 더불어 Noise Reduction은 소프트웨어적으로 노이즈를 제거하는 것이므로 강하게 적용하면 영상 전체가 다소 흐릿하게 변합니다. 따라서 영상을 촬영할 때 최대한 노이즈가 없도록 촬영하는 게 최선이며 파이널 컷 프로 X의 Noise Reduction은 불가피한 상황에서 사용하는 차선책임을 기억해 두도록 합니다.

영상 편집을 획기적으로 도와줄 조정 레이어(adjustment layer) 활용법

▶ **유튜브 동영상 강좌**

adjustment layer 활용하기
https://youtu.be/tz7iK6lCpcM

[그림 9-79] 조정 레이어를 사용하지 않는 편집 방식

파이널 컷 프로 X으로 영상을 편집할 때 여러 클립에 효과를 공통으로 적용하려면 속성 복사·붙여 넣기 등의 기능을 이용합니다. 각 클립이 컷 편집되면 여러 개의 클립으로 분리되어 각각 적용해 주어야 하는 셈입니다. 그런데 클립의 수가 많아지면, 이런 방식은 매우 비효율적이며 관리하기도 어렵습니다. 예를 들어 A라는 효과를 적용해 두었는데 나중에 B 효과로 바꾸고 싶으면 모든 클립에 다시 속성 복사·붙여 넣기를 해야 한다는 단점이 발생합니다. 이럴 때 조정 레이어를 사용하면 영상 편집 효율을 획기적으로 개선할 수 있습니다. 여기에서는 조정 레이어(adjustment layer, 어드저스트먼트 레이어)라는 용어를 사용합니다.

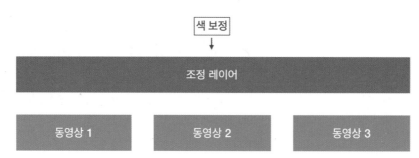

[그림 9-80] 조정 레이어를 사용하는 편집 방식

조정 레이어는 편집하는 전체 영상에 공통으로 적용되는 효과를 관리할 때 사용합니다. 예를 들어 색 보정을 할 때, 클립에 각각 적용하기보다는 영상 전체에 적용되어야 통일감 있는 색을 보여 줍니다.

조정 레이어 다운로드하기

해당 링크로 접속하여 조정 레이어를 다운로드합니다. https://sellfy.com/p/Nxcc/

[그림 9-81]

파이널 컷 프로 X 편집자이자 유튜브에서 유명한 Ryan Nangle이라는 분이 공유해 둔 파이널 컷 프로 X용 조정 레이어입니다. 무료로 다운로드할 수 있습니다. 링크 접속 후 초록색 버튼으로 된 [Buy now with 0% off] 버튼을 클릭합니다.

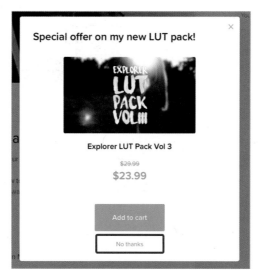

[그림 9-82]

Special offer 광고 창이 나타나면 아래쪽에 있는 'no thanks' 버튼을 클릭하여 다음으로 넘어갑니다.

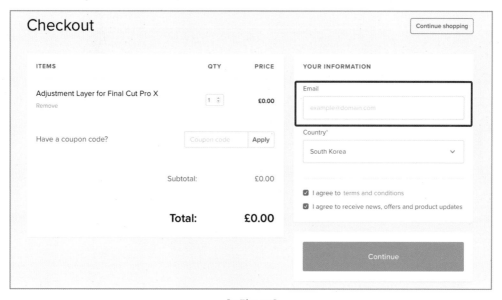

[그림 9-83]

체크아웃 창이 나타나면 이메일 주소를 정확하게 입력합니다. 이메일 주소로 다운로드 링크를 보내 주므로 다른 건 몰라도 이메일은 정확하게 입력해야 합니다. 이메일 주소를 입력한 후 아래쪽에 있는 초록색 버튼인 'Continue'를 클릭합니다.

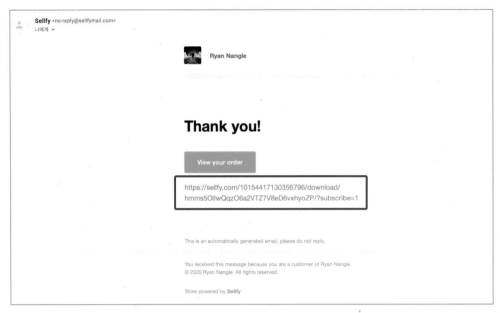

[그림 9-84]

이제 입력한 이메일 주소로 접속해 보면 다운로드 링크가 포함된 이메일이 도착한 걸 볼 수 있습니다. 해당 링크를 클릭합니다. (만약 기다려도 이메일이 도착하지 않는다면, 스팸 메일함을 확인해 봅니다.)

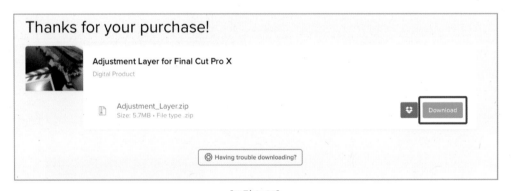

[그림 9-85]

초록색 다운로드 버튼을 클릭하여 조정 레이어를 다운로드받습니다.

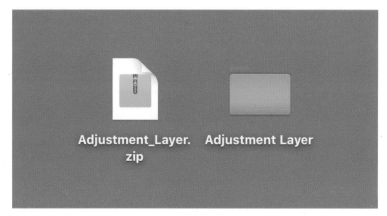

[그림 9-86]

다운로드한 압축 파일을 더블 클릭하여 압축을 해제합니다.

[그림 9-87]

MAC 파인더에서 사용자 - (내 MAC 이름) - 동영상 - Motion Templates - Titles 폴더에 해당 폴더를 복사 붙여 넣기 또는 드래그 & 드롭하여 추가합니다.

조정 레이어 활용하기

[그림 9-88]

이제 파이널 컷 프로 X을 실행한 후 타이틀/제너레이터 패널에서 Titles 항목 아래에 'Adjustment Layer'라는 항목이 추가됩니다. (만약 추가되지 않는다면, 파이널 컷 프로 X을 재실행합니다.)

여기에는 총 3개의 조정 레이어가 포함되어 있습니다. Long, Medium, Short가 있는데, 단순히 길이를 구분하는 용도이며 조정 레이어에는 아무런 값도 없어 어떤 걸 사용해도 관계없습니다.

[그림 9-89]

예제로 다룰 영상 4개를 타임라인에 추가합니다. 이 4개의 영상 클립에 조정 레이어를 활용하여 한꺼번에 색 보정을 적용해 봅니다.

[그림 9-90]

조정 레이어를 타임라인으로 드래그 & 드롭하여 영상 위에 배치합니다. 반드시 영상 위에 배치해야 하며 아래쪽에 배치하면 효과가 적용되지 않습니다.

[그림 9-91]

효과가 적용되어야 하는 구간만큼 조정 레이어의 길이를 늘입니다.

[그림 9-92]

이제 색 보정을 영상 클립에 적용하는 게 아니라 조정 레이어에 적용합니다. 이렇게 하면 조정 레이어 아래에 있는 모든 영상에 동일한 색 보정이 적용됩니다. 조정 레이어를 클릭합니다.

[그림 9-93]

조정 레이어를 클릭한 상태에서 컬러 인스펙터를 이용해 색 보정 작업을 진행합니다. 이때의 색 보정은 영상 자체에 적용되는 게 아니라 조정 레이어에 적용됩니다.

[그림 9-94]

조정 레이어에 색 보정을 적용하여 조정 레이어 아래에 있는 모든 영상에 한꺼번에 동일한 색 보정을 적용합니다.

꿀팁

조정 레이어에 공통 요소(색 보정 등)를 적용하면, 관리와 수정이 쉬워집니다. 조정 레이어를 여러 개 사용할 수 있으며 각 구간을 다르게 적용할 수도 있습니다. 다양한 방식이 있으니 조정 레이어를 영상 편집에 적극적으로 활용해 보도록 합니다.

스피드 램프!
빨랐다가 느려지고, 느렸다가
빨라지는 고급 편집 기법

▶ **유튜브 동영상 강좌**

스피드 램프 활용법과 편집 꿀팁
https://youtu.be/JyaRTFPVfHY

사람들이 동영상을 좋아하는 이유는, 사진은 멈춰진 시간을 보여 주는 콘텐츠인데, 이와 달리 동영상은 시간의 흐름을 보여 주는 콘텐츠이기 때문입니다. 동영상의 최대 매력이 시간의 흐름을 보여 줄 수 있다는 점이라고 해도 과언이 아닙니다. 청각 요소와 함께 시간의 흐름을 보여 주는 방식이므로 다른 콘텐츠와는 다르게 풍성하고 입체적인 구성이 가능합니다.

아무런 편집이 없는 동영상은 시간의 흐름을 현실적으로 보여 줍니다. 즉, 우리가 현실에서 만나는 속도와 같은 속도로 만들어집니다. 영상의 속도 조절은 'PART 2 시간의 흐름을 비현실적으로 표현하는 영상 속도 조절'에서 이미 한차례 배운 적이 있습니다. 영상의 속도를 빠르게 하거나 느리게 하면 시간의 흐름을 비현실적으로 연출하여 독특한 영상이 만들어집니다. 이렇게 빠르게 혹은 느리게 움직이는 영상을 반복적으로 보여 주는 기법을 스피드 램프 혹은 스피드 램핑이라고 부릅니다. 하나의 클립을 여러 구간으로 나누어 속도를 바꾸는 방식이라고 이해하면 쉽습니다. 파이널 컷 프로 X에서 스피드 램프 기능을 구현하는 방법에는 크게 두 가지가 있습니다.

📔 파이널 컷 프로 X의 스피드 램프 기능 활용하기

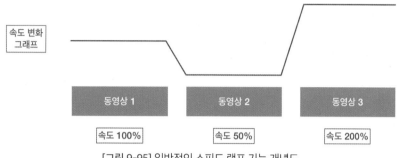

[그림 9-95] 일반적인 스피드 램프 기능 개념도

일반적으로 사용되는 스피드 램프 구현 방법은 파이널 컷 프로 X에 자체적으로 포함된 스피드 램프 기능을 이용합니다. 이 기능을 이용하여 스피드 램프를 적용하면 속도 변화가 부드럽게 바뀌는 특징이 있습니다. 속도 구간의 전환을 부드럽게 만들고 싶을 때 사용합니다.

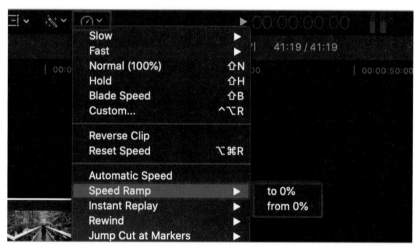

[그림 9-96]

영상 뷰어 창 아래에 있는 리타이밍 버튼을 클릭한 후 [Speed Ramp]로 들어가면 2개의 스피드 램프 기능을 확인할 수 있습니다.

1 to 0%: 영상을 점점 느리게 만들어서 0%까지 만듭니다.

2 form 0%: 0% 속도로 시작해서 영상을 점점 빠르게 만듭니다.

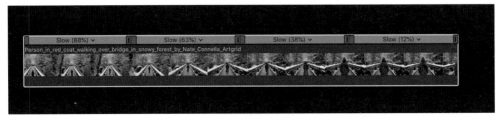

[그림 9-97]

100% 속도를 가진 영상에 스피드 램프 to 0%를 적용하여 점점 느리게 연출되는 스피드 램프를 적용한 모습입니다. 속도 변화 구간은 4개이며 각 구간의 속도가 다릅니다. 이 속도를 편집자가 자유롭게 조절할 수 있습니다.

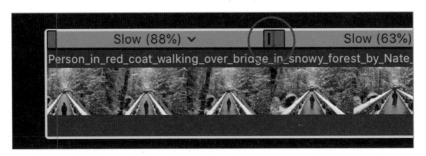

[그림 9-98]

속도 조절은 영상 위에 표시된 핸들을 이용합니다. 이 핸들을 마우스로 클릭한 상태에서 좌우로 움직이면 속도가 조절됩니다. 왼쪽으로 옮기면 속도가 빨라지고, 오른쪽으로 움직이면 속도가 느려집니다.

[그림 9-99]

일반적인 스피드 램프 구성은 빨랐다가 느려지고, 느렸다가 빨라지는 형태입니다. 혹은 느렸다가 빨라지고, 다시 또 느렸다가 빨라지는 형태입니다. 즉, 한 번 빨랐으면 한 번 느려지고, 한 번 느렸다면 다시 빨라지거나 원래 속도(100%)로 돌아오는 방식으로 편집합니다. 파이널 컷 프로 X의 스피드 램프 기능으로 적용한 속도 조절은 아주 부드럽게 보이며 속도 조절 구간의 변화가 자연스럽다는 것이 장점입니다.

 꿀팁

스피드 램프를 연출할 때 속도 변화에 제약을 두지 맙니다. 예를 들어 50%로 느려졌다면 다시 빨라지는 게 공식이지만, 역으로 25%로 더 느리게 만들어도 좋습니다.

영상 클립을 잘라서 스피드 램프로 만들기

[그림 9-100] 컷을 활용한 스피드 램프 기능 개념도

스피드 램프를 구현하는 두 번째 방법은 수동으로 영상의 속도를 지정하는 방식입니다. 이 방식은 파이널 컷 프로 X에 있는 스피드 램프 기능을 이용했을 때와는 느낌이 다소 다릅니다. 속도가 변화될 때 마치 뚝! 끊어진 듯한 느낌이 납니다. 이 방식은 필자가 즐겨 사용하는 스피드 램프 편집 기법입니다. 속도 변화가 극명하게 연출되므로 시청자에게 속도가 변했다는 사실을 의도적으로 보여 줄 수 있습니다. 여기에 더해 속도 변화 구간에 화면 전환 효과를 넣을 수 있다는 장점도 있습니다. 속도가 변화되는 시점에 효과음을 넣어 준다면 더욱 좋습니다.

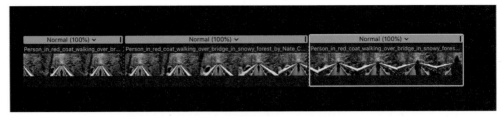

[그림 9-101]

먼저 스피드 램프를 적용하고 싶은 구간만큼을 블레이드 툴로 잘라 냅니다.

[그림 9-102]

그런 다음 영상 위 혹은 뷰어 창 아래에 있는 리타이밍 버튼으로 속도를 원하는 대로 조절합니다.

[그림 9-103]

위 타임라인의 모습은 영상의 속도가 100%로 원래 속도대로 진행되다가 갑자기 속도가 느려졌다 가(슬로), 다시 갑자기 빨라지는 형태의 스피드 램프입니다. 빨랐다가 느렸다가를 조합하여 영상 을 구성하면 시간의 흐름이 계속 바뀌는 셈이므로 영상을 입체적으로 만들 수 있습니다.

두 가지 방법 중 어떤 방법이 더 좋은지는 정해진 게 없습니다. 편집자의 스타일에 따라 혹은 스피 드 램프가 연출되는 부드러움의 정도에 따라 적절한 방식을 활용합니다.

꿀팁

적용한 스피드 램프를 취소하는 방법

[그림 9-104]

간단하게 위 행에 영상의 속도를 다시 100%로 만들어 줍니다. 혹은 되돌리기 기능(단축키 커맨드 + Z)을 이용합니다.

배경색이 있는 영상 만들기 (필터 효과)

● 결과 미리보기

색 보정을 추가로 하지 않고 마치 스마트폰 앱에 있는 필터 효과만을 영상에 적용하고 싶은 때도 있습니다. 그렇다면 파이널 컷 프로 X에서는 아주 손쉽게 필터 효과를 연출할 수 있습니다.

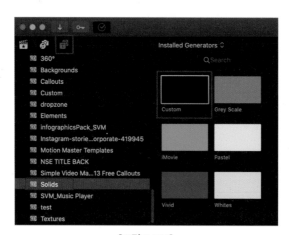

[그림 9-106]

텍스트 제너레이터 패널에서 [Solids]를 클릭한 다음 [Custom]을 찾습니다.

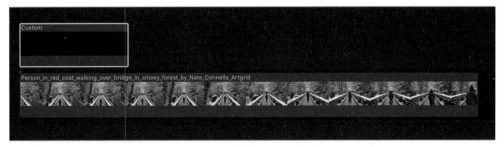

[그림 9-107]

[Custom]을 영상 위에 배치합니다.

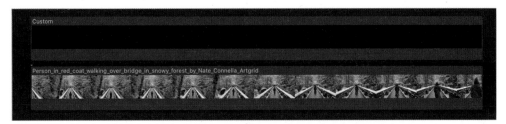

[그림 9-108]

영상 전체 길이에 맞게 [Custom]을 늘려 줍니다.

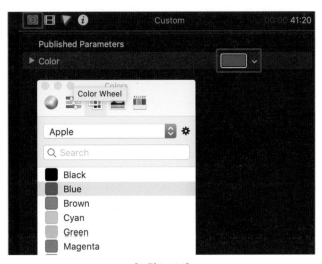

[그림 9-109]

인스펙터에서 [Custom]의 색상을 원하는 색으로 변경합니다.

[그림 9-110]

이제 비디오 인스펙터에서 [Custom]의 Opacity 값을 적절하게 줄여 줍니다. 이렇게 하면 색상과 영상이 겹쳐 보이면서 마치 필터가 적용된 듯한 색감을 만들어 냅니다.

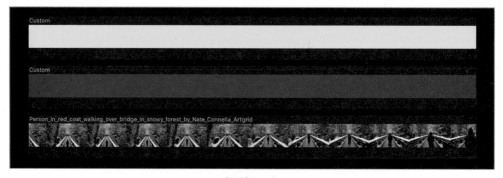

[그림 9-111]

[Custom] 여러 개를 동시에 적용하면, 색상의 조합을 이용할 수 있으며 알록달록하면서도 예쁜 영상의 필터를 만들 수 있습니다.

배경색 안에 들어간 화면 만들기

배경색 안에 화면이 들어간 스타일의 영상은 유튜브의 VLOG 등에서 자주 볼 수 있는 편집 기법입니다. 여성스러운 느낌이나 감성적인 영상을 만들 때 활용하면 좋은 방법이며 화면을 둘러싼 색상이 있어서 색상 자체만으로 분위기를 전달할 수 있습니다.

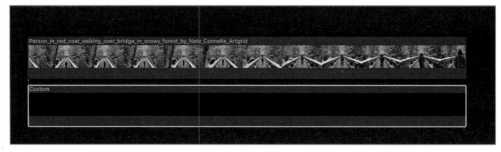

[그림 9-113]

텍스트 제너레이터 패널에서 Solids로 들어간 다음 [Custom]을 찾은 후 이번에는 영상 아래에 배치합니다.

[그림 9-114]

인스펙터에서 원하는 색상으로 변경합니다.

[그림 9-115]

영상 클립을 클릭한 후 인스펙터를 열어 줍니다.

[그림 9-116]

인스펙터에서 [Scale(All)]의 값을 80%(혹은 원하는 값)로 설정합니다.

영상을 만화처럼 만들어 주는 코믹 효과

🔵🔵 **결과 미리보기**

파이널 컷 프로 X 최신 버전에는 Comic Look(코믹 룩)이라고 하는 재미있는 효과가 추가됩니다. Comic Look은 영상을 만화처럼 만들어 주는 효과입니다. 영상의 화면을 만화처럼 표현하려면 별도의 유료 플러그 인이나 모션 5 등의 까다로운 작업이 필요했습니다. 그런데 이제 파이널 컷 프로 X에서 자체적으로 지원해 주어 편리하게 영상을 만화처럼 만들 수 있습니다.

코믹 효과는 특히 동영상을 다채로운 만화처럼 만들 때 활용하면 좋습니다. 프리즈 프레임 인트로와 함께 사용하면 더욱 효과적입니다.

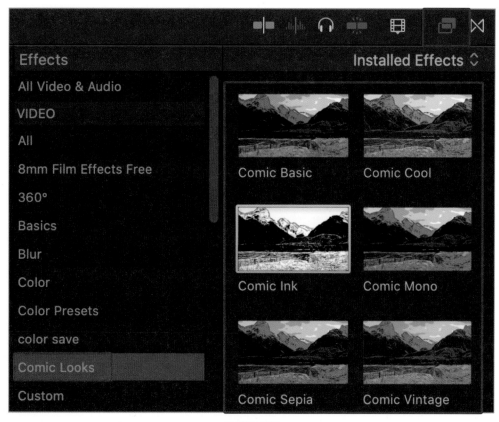

[그림 9-118]

파이널 컷 프로 X 이펙트 채널에서 [Comic Looks]를 찾습니다. 여기에는 총 6개의 코믹 효과가 포함됩니다. 해당 효과를 드래그 & 드롭하여 영상에 적용하면 만화 효과가 나타납니다.

유튜브에서 다른 사람의 동영상을 보다가 '어, 저런 효과는 어떻게 만든 걸까?'라는 궁금증이 생길 때가 있습니다. 1인 미디어 영상 크리에이터들에게 인기 있는 효과들은 대체로 적용이 간편하면서도 독특한 느낌이 납니다. 예를 들어 REC 녹화 화면 효과는 VLOG나 일상 영상에 자주 사용됩니다. 노래방 자막 스타일은 음악과 관련된 채널에서, 엔딩 크레딧은 영화 스타일의 영상에서 자주 볼 수 있습니다. 이런 기법들을 적용하면 여러분의 동영상이 훌륭한 결과물로 완성됩니다. 이번 장에서는 유튜브에서 자주 사용되는 효과들을 살펴보고 적용하는 방법을 알아봅니다. 더불어 4K 영상 편집을 위한 프락시 미디어 편집과 유튜브 동영상에 최적화된 컴프레스 설정까지 함께 다룹니다.

유튜버라면
반드시 알아야 할
편집 스킬

흔들린 영상을 후보정으로 고치는 손 떨림 방지 효과

▶ **유튜브 동영상 강좌**

흔들린 동영상 후보정하기
https://youtu.be/KSFSJZwtAkw

동영상을 촬영할 때 카메라를 손에 들고 촬영하면, 움직임을 촬영하는 동영상 특성상 흔들림이 있습니다. 심하게 흔들리는 동영상은 어지러움을 유발합니다. 집중을 방해하기도 합니다. 기본적으로 많이 흔들리는 영상은 사용하지 않는 게 좋으며, 흔들리지 않도록 촬영하는 게 최선입니다. 카메라 바디에 손 떨림 방지 기능이 있는 게 유리하며 렌즈에도 손 떨림 방지 기능이 있으면 좋습니다. 여기에 더해 동영상의 흔들림을 최소화하고 싶다면, 보조 장비로 짐벌(Gimbal)이나 삼각대 등을 활용합니다. 하지만 짐벌은 가격이 비싼 편이며 삼각대는 움직이면서 촬영하지 못한다는 단점이 있습니다. 다행스럽게도 파이널 컷 프로 X에는 흔들린 영상을 소프트웨어적으로 보정할 수 있는 Stabilization 기능이 있습니다.

[그림 10-1]

파이널 컷 프로 X의 Stabilization은 인스펙터에서 찾을 수 있습니다. 흔들림 보정을 원하는 영상을 클릭한 후 인스펙터에서 Stabilization 항목을 찾습니다. 기본값은 체크 해제입니다.

[그림 10-2]

Stabilization을 체크하면 해당 영상에 흔들림 보정이 적용됩니다. (PART 9에서 배운 노이즈 제거 효과와 마찬가지로 영상에 흔들림 보정이 적용되는 시간이 필요합니다.)

[그림 10-3]

Stabilization을 적용한 직후 파이널 컷 프로 X은 동영상을 분석하기 시작합니다. 내부적으로는 영상의 움직임을 분석합니다. 이 분석 작업은 영상의 길이 등에 따라 분석하는 시간이 오래 걸릴 수 있습니다.

원본

Stabilization 적용

[그림 10-4]

분석 작업이 끝나면 영상이 원본보다 조금 확대된 걸 볼 수 있습니다. Stabilization을 적용하면 불가피하게 영상이 약간 확대됩니다. 즉, 화각을 조금 손해 봅니다. 확대되는 이유는 흔들림을 최소화하는 과정에서 이미지를 늘려야 하기 때문입니다. 좀 더 세부적으로 이야기하자면, 예를 들어 화면이 왼쪽으로 이동할 때 같은 거리만큼 오른쪽으로 이동하도록 보정합니다. 반대 방향도 똑같습니다. 하지만 일반적인 영상을 편집하는 편집자가 이런 세부적인 구조까지 외울 필요는 없습니다. 단순히 Stabilization을 적용하면 화면이 조금 확대된다는 정도만 알면 됩니다.

확대되는 크기는 영상의 흔들림 정도에 따라 달라지며 이 부분은 파이널 컷 프로 X이 자동으로 판단합니다. 흔들림이 심하면 더 많이 확대됩니다. 영상이 확대되는 과정에서 영상의 품질(화질)이 떨어질 수 있습니다. 하지만 눈에 띌 만큼 티가 나지는 않습니다. 결국 화질과 화각을 조금 포기하는 대신 흔들림을 잡을 수 있는 기능입니다. 흔들린 영상은 시청자들이 쉽게 파악할 수 있지만, 화질이 조금 떨어지는 영상은 시청자들이 쉽게 눈치채지 못합니다. 따라서 화질과 흔들림 둘 중 하나만 잡아야 한다면, 흔들림을 잡는 게 낫습니다.

[그림 10-5]

Stabilization의 기본 Method는 Automatic입니다. Automatic은 영상을 분석하여 가장 적절한 방법의 Method를 적용합니다.

다음은 Method의 Smooth Cam의 값입니다. 인스펙터에서 조정할 수 있는 3가지의 값이 제공됩니다. 해당 값이 클수록 더 많은 흔들림 보정이 적용되며, 더 많은 흔들림이 적용되려면 영상이 더 많이 확대됩니다.

1 Translation Smooth: 수평 방향과 수직 방향의 이동에 따른 흔들림을 보정합니다. Stabilization에 가장 큰 영향을 미칩니다.

2 Rotation Smooth: 카메라의 회전에 따른 흔들림을 보정합니다.

3 Scale Smooth: 확대 혹은 축소에 따른 흔들림을 보정합니다. 촬영하는 동안 확대 또는 축소하는 장면이 없다면, 이 값은 0 혹은 낮은 값으로 설정합니다.

[그림 10-6]

InertiaCam Method는 Smooth Cam보다 좀 더 자동화된 흔들림 보정 방법을 제공합니다. Smoothing 값 하나만 제공되며 영상 분석 결과에 따라 Tripod Mode(삼각대 모드)가 활성화될 수 있습니다. Smooth Cam이 수동으로 흔들린 영상을 세밀하게 보정하는 방법이었다면, InertiaCam은 자동으로 파이널 컷 프로 X에서 흔들림 보정을 맡기는 것에 가깝습니다. 흔들림 보정을 세밀하게 하기 어렵다면 InertiaCam을 선택합니다. InertiaCam은 중심 피사체를 기준으로 가장자리를 부드럽게 만듭니다. 이렇게 하면 전체적으로 흔들림이 줄어든 영상이 만들어집니다.

Stabilization의 영상 분석은 파이널 컷 프로 X의 백그라운드에서 자동으로 이뤄지지만, 영상을 분석하는 중에 추가적인 작업이 있다면 백그라운드 렌더링이 멈춥니다. 따라서 Stabilization을 적용했다면 분석이 끝날 때까지 잠시 기다립니다.

Stabilization은 영상 편집을 어느 정도 진행하고 나서 혹은 마무리 단계에서 적용하는 게 좋습니다. 컷이 편집되지 않은 영상 원본에 적용하면 영상을 분석하는 시간이 더 많이 필요합니다.

편집 효율을 높이고 싶다면, 흔들림 보정이 필요한 구간에만 적용합니다. 전체 영상에 적용하면 영상 분석 시간이 많이 필요한 데다 화각과 화질을 손해 봅니다. 가장 좋은 방법은 영상을 촬영할 때 흔들림을 최소화하는 겁니다.

특정 부분 모자이크 처리하기

◐◐ 결과 미리보기

영화나 드라마 촬영장처럼 배우들만 있는 촬영이라면 모자이크는 필요 없습니다. 하지만 일상에서 촬영할 때는 모자이크 또는 블러 처리가 꽤 중요합니다. 여행지에서 촬영할 때, 다른 사람이 영상에 등장하면 모자이크 처리를 해 주어야 합니다. 그들에게 허락을 구하고 촬영한 게 아니기 때문입니다. 공개된 곳에 업로드하는 영상(예를 들어 유튜브에 업로드하는 영상)은 그들이 자신의 얼굴에 대한 초상권을 보호받을 자격이 있으므로 모자이크는 영상을 편집할 때 꼭 필요한 요소입니다. 더불어 미처 생각하지 못했던 이상한 물체가 촬영된 때도 모자이크는 유용합니다. 파이널 컷 프로 X에는 손쉽게 모자이크를 넣는 효과가 있습니다.

[그림 10-8]

파이널 컷 프로 X 이펙트 패널 검색창에 Censor라고 검색하여 Censor 효과를 찾습니다. 그런 다음
이 효과를 드래그 & 드롭하여 영상에 추가합니다.

[그림 10-9]

영상에 기본 모자이크가 추가되면서 인스펙터에서 Censor 효과를 찾을 수 있습니다.

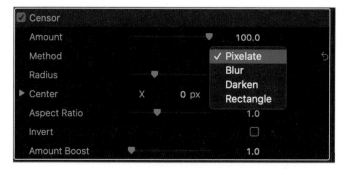

[그림 10-10]

Method는 총 4개가 제공됩니다.

Pixelate

Blur

[그림 10-11]

Darken

Rectangle

[그림 10-12]

1 Pixelate: 전형적인 모자이크 처리 화면입니다.

2 Blur: 블러 처리된 모자이크를 연출합니다. 일반적으로 모자이크할 때 가장 많이 사용되는 효과입니다.

3   Darken: 검은색 원형으로 모자이크 처리합니다.

4   Rectangle: 검은색 사각형으로 모자이크 처리합니다.

일반적인 영상에서 모자이크는 Pixelate 또는 Blur로 설정합니다. 여기에서는 Blur로 설정한 후 작업을 이어 갑니다.

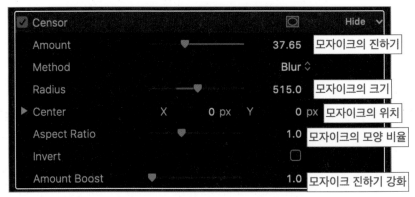

[그림 10-13]

인스펙터에서 모자이크의 값들을 조절할 수 있습니다. 필수적으로 조절해야 하는 값은 모자이크의 위치와 진하기입니다.

[그림 10-14]

뷰어 창 화면에서 직관적으로 편집하는 것도 가능합니다. 원형 가운데에 있는 점을 마우스로 잡고 이동하면 위치를 이동시킬 수 있으며, 바깥쪽 원형을 마우스로 잡고 움직이면 크기를 변경할 수 있습니다.

[그림 10-15]

움직이는 대상을 따라 움직이는 모자이크를 만들고 싶다면, 키 프레임을 활용합니다. Center 값에 키 프레임을 추가합니다. 프레임 단위로 이동하면서 키 프레임을 추가하고 위치를 옮기는 작업을 반복합니다.

[그림 10-16]

모자이크를 움직일 때마다 키 프레임을 먼저 추가한 다음 움직여야 합니다. 세밀하게 작업해 준다면 좀 더 깔끔한 영상이 만들어집니다.

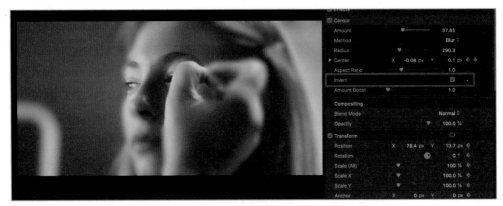

[그림 10-17]

인스펙터에서 Invert를 적용하면, 효과가 반전됩니다. 즉, 원형 부분을 제외한 부분들만 모자이크됩니다. Blur 효과를 이용하면 흐림 효과 필터(가우시안 효과)를 사용한 듯한 느낌을 낼 수 있습니다.

영화 같은 연출을 위한 시네마틱 바 삽입하기 (letterbox)

● 결과 미리보기

영화 같은 영상 비율을 만들고 싶다면, 파이널 컷 프로 X에 있는 letterbox 기능을 이용합니다. 이런 효과를 흔히 '시네마틱 바(Cinematic bar)'라고 부릅니다. 파이널 컷 프로 X에는 시네마틱 바를 연출할 때 필요한 기능이 기본으로 포함되어 있어 간편하게 적용할 수 있습니다.

[그림 10-19]

파이널 컷 프로 X 이펙트 창 검색에서 'letterbox'라고 검색한 후 Letterbox 효과를 찾습니다. 그런 다음 해당 효과를 드래그 & 드롭하여 적용할 영상에 추가합니다.

[그림 10-20]

인스펙터에 Letterbox 효과가 추가됩니다. 항목을 하나씩 살펴봅니다.

1. Aspect Ratio: 화면의 비율을 결정합니다. 2.35:1이 보편적으로 사용됩니다.

2. Offset: 영상의 위치를 결정합니다. 슬라이더를 조절하면 줄어든 화면 안에서 영상을 아래 또는 위로 움직일 수 있습니다.

3. Border Size: 비율 안에서 영상에 테두리를 추가하는 항목입니다.

4. Border Color: 추가한 테두리의 색상을 결정합니다.

일반적인 시네마틱 스타일의 영상에서는 Aspect Ratio와 Offset을 이용하며, 특수한 경우가 아니라면 Border Size와 Border Color는 사용할 일이 드물어서 무시해도 좋습니다.

원본   시네마틱 바 삽입

[그림 10-21]

아래위로 검은색 바가 추가된다는 뜻은 영상의 아래위 부분이 줄어든다는 의미입니다. 아래위가 살짝 줄어들면 가로로 더 길어 보입니다. 가로로 길게 늘어진 영상은 영화관에서 자주 볼 수 있으며 유튜브에서는 시네마틱한 영상에서 자주 사용됩니다.

[그림 10-22]

시네마틱 바를 영상 전체에 적용하고 싶다면, 시네마틱 바 전용 조정 레이어(adjustment layer)를 영상 상단에 배치한 후 해당 레이어에 letterbox 효과를 적용합니다.

[그림 10-23]

손쉽게 전체 영상에 시네마틱 바를 적용하고 수정/관리할 수 있습니다.

유튜버들이 사랑하는
REC 녹화 화면 효과

이번에 소개할 효과는 유튜브 동영상에서 자주 볼 수 있는 REC 녹화 화면 효과입니다. 마치 영상을 촬영하는 장면을 보여 주는 듯한 연출을 할 수 있어 많은 분이 좋아하는 효과 가운데 하나입니다. 파이널 컷 프로 X에는 캠코더(Camcorder)라는 이름으로 해당 효과를 기본으로 제공합니다. 적용도 무척 쉬워서 편리하게 적용할 수 있습니다.

[그림 10-25]

파이널 컷 프로 X 이펙트 검색창에 'cam' 혹은 'camcorder'라고 검색한 후 Camcorder 효과를 찾습니다. 그런 다음 해당 효과를 적용하고 싶은 영상에 드래그 & 드롭하여 추가합니다.

[그림 10-26]

인스펙터에 들어가 보면, Camcorder 효과가 적용된 모습을 볼 수 있습니다. 이 효과에는 여러 가지 값이 있는데 하나씩 살펴봅니다.

1. Amount: 캠코더 효과의 진하기를 결정합니다. 기본값은 100입니다.

2. Text: 깜빡거리는 빨간색 녹화 버튼의 글자를 바꿉니다. 예를 들어 '녹화 중'으로 바꿀 수 있습니다.

3. Size: 빨간색 녹화 버튼과 Text의 크기를 결정합니다.

4. Battery Level: 화면 우측 상단에 배치되는 배터리의 충전도를 결정합니다. 키 프레임을 넣어서 시간이 지날수록 줄어들게 만들어도 좋습니다.

5. Recording: 체크 해제하면 빨간색 녹화 버튼이 사라집니다.

6. Scanlines: 캠코더 효과의 강도를 정합니다.

[그림 10-27]

원하는 방향으로 인스펙터를 수정하고 영상을 확인합니다. 손쉽게 녹화 화면 스타일의 영상이 만들어집니다.

레벨 업 | 단점을 보완한 캠코더 효과 활용하기

캠코더 효과 적용 전　　　　　　　　캠코더 효과 적용 후

[그림 10-28]

파이널 컷 프로 X에서 기본으로 제공하는 캠코더 효과는 사용하기가 쉽지만 자유도는 조금 떨어집니다. 전체 크기를 조절하는 인스펙터 값이 없고, 캠코더 효과를 적용하면 영상의 색감이 미세하게 연해지는 특성이 있습니다.

색감 비교

파이널 컷 기본 캠코더 효과　　　　　업그레이드된 캠코더 효과

[그림 10-29]

이런 단점들을 보완한 커스텀 캠코더 효과를 직접 제작하여 공유해 두었습니다. 남시언 콘텐츠랩 유튜브 채널 동영상(https://youtu.be/8NFcJas9prM)에서 다운로드할 수 있으며 사용법도 함께 살펴보길 바랍니다.

뮤직비디오 스타일에
잘 어울리는 오래된 TV 효과

●● 결과 미리보기

유튜브 등에서 볼 수 있는 많은 영상 중에서 선명한 화질이 아닌, 약간 지지직하는 느낌의 영상을 본 적이 있을 겁니다. 이런 효과는 마치 오래된 TV를 보는 듯한 분위기를 가지는 동시에 독특한 편집 스타일을 보여 주어 시청자의 시선을 사로잡는 데 도움을 줍니다. 이 효과는 파이널 컷 프로 X에서는 Bad TV라는 이름을 가집니다. 기본으로 제공되는 효과이므로 당장 사용할 수 있습니다.

[그림 10-31]

파이널 컷 프로 X 이펙트 창 검색에서 'bad' 또는 'Bad TV'라고 검색한 후 Bad TV 효과를 찾습니다. 그런 다음 이 효과를 드래그 & 드롭하여 영상에 추가합니다.

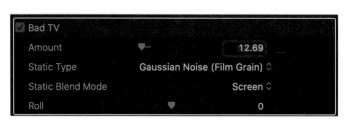

[그림 10-32]

인스펙터에는 4가지의 값이 제공됩니다.

[1] Amount: Bad TV 효과의 강도를 결정합니다. 높을수록 더 강하게 효과가 들어갑니다.

[2] Static Type: 지지직하는 느낌을 만들어 주는 Static 형태를 정합니다.

[3] Static Blend Mode: ②에서 결정한 타입을 영상에 적용할 때의 블렌드 모드를 지정합니다. 기본은 스크린(Screen)이며, 특별한 일이 없다면 그대로 둡니다.

[4] Roll: 영상의 세로에 영향을 주는 값을 지정합니다. 값을 올리면 영상이 분할되어 나타납니다.

파이널 컷 프로 X에는 Bad TV 효과를 기본으로 제공하므로 사용자는 간편하게 적용만 합니다.

 꿀팁

[그림 10-33]

Bad TV 효과는 단독으로 사용해도 좋지만, 앞서 배운 캠코더 효과와 함께 사용하면 더욱 좋습니다.

여러 가지 장면을
동시에 보여 주는 4분할 화면

▶ **유튜브 동영상 강좌**

4분할 화면 만들기
https://youtu.be/WGXTSffpRLw

●● **결과 미리보기**

영상 편집에서 화면을 분할하여 주는 기법을 Split Screen이라고 부릅니다. 화면을 나눈다는 뜻입니다. 한 화면에 여러 장면을 보여 주는 기법은 다채로운 화면 구성에 도움이 되며 영상을 지루하지 않게 해 줍니다. 분할하고 싶은 숫자에는 제한이 없지만, 일반적으로 자주 사용되는 화면은 2분할과 3분할, 4분할 정도입니다. 특히 4분할 화면은 구도가 안정적이면서도 다양한 장면을 보여 줄 수 있어 효과적입니다. 영상을 편집할 때 계속 한 화면만 보여 주기보다는 종종 분할 화면을 보여

준다면, 시청자에게 다양한 스토리를 전달할 수 있습니다. 화면 분할에는 여러 가지 방법이 있는데, 여기에서는 초보자분들도 쉽게 따라 할 수 있는 가장 전형적인 방법으로 소개합니다.

꿀팁

예제 활용을 위해 4분할 화면을 이용하지만, 4분할 이상도 문제없이 활용할 수 있습니다. 단, 너무 많이 분할하면 하나의 장면이 작아져서 잘 보이지 않을 수 있으므로 잘 보이는 선에서 분할합니다.

▶ 분할 화면을 위해 알아 두어야 할 사항

[그림 10-35] 마우스로 화면 분할을 하는 모습

화면 분할과 배치 방법을 살펴보기 전에 알아 두어야 할 사항은 절대로 마우스로 클릭해서 배치하면 안 된다는 점입니다. 마우스를 이용해서 이동하면, 아무리 세밀하게 작업하더라도 아주 약간의 빈틈이나 오차가 생길 수 있습니다. 따라서 정확한 배치를 위해 인스펙터의 포지션 값을 이용하여 작업을 진행해야 합니다.

두 번째로 알아야 할 부분은 영상이 배치되는 기준점에 대한 이해입니다. 먼저 영상의 크기를 줄여야 하므로 영상의 크기부터 알아봅니다.

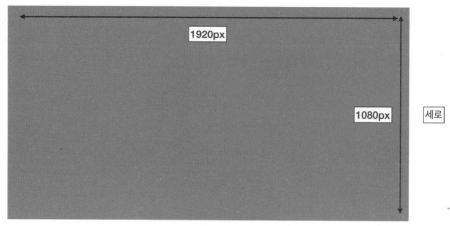

[그림 10-36] FHD 1080p 화면의 크기

일반적인 유튜브 영상의 크기인 1080p FHD 화질을 기준으로 설명합니다. 1080p FHD의 크기는 가로 1920px, 세로 1080px입니다. 이 화면을 4분할로 나눕니다.

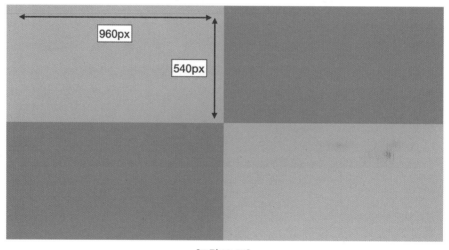

[그림 10-37]

그러면 [그림 10-37]처럼 하나의 영상 크기는 가로 960px, 세로는 540px가 되어야 합니다. 계산식은 1,920 / 2 = 960, 1,080 / 2 = 540입니다. 동영상이 절반 크기로 줄어든 사이즈와 완벽하게 같습니다. 따라서 파이널 컷 프로 X에서 편집할 땐, 사이즈를 지정하지 않고 Scale을 50%로 줄여서 크기를 조정합니다.

다음으로 알아야 할 부분은 영상이 화면에서 배치되는 기준에 대한 부분입니다.

☑ Transform				
Position	X	-480.0 px	Y	270.0 px
Rotation				0 °
Scale (All)				50 %
Scale X				50.0 %
Scale Y				50.0 %
Anchor	X	0 px	Y	0 px

[그림 10-38]

영상의 위치를 이동시키면 인스펙터에서 Position 값(x, y)이 바뀌는 걸 볼 수 있습니다. 그런데 구체적으로 이 값은 영상의 어디를 기준으로 하는지 알아봅니다. 왼쪽, 아니면 오른쪽을 기준으로 해야 할까요?

[그림 10-39]

Position의 기준은 영상의 정중앙 부분입니다. 영상을 클릭하고 Transform 버튼을 누르면 가운데에 움직일 수 있는 점이 나타납니다. 이렇게 정중앙에 있는 점을 앵커 포인트(Anchor Point)라고 부릅니다. 앵커 포인트는 영상 편집에서 매우 중요한 부분이므로 꼭 기억해 두도록 합니다.

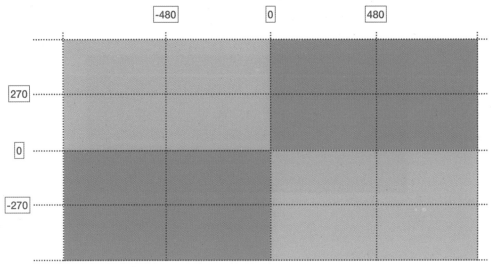

[그림 10-40] 파이널 컷 프로 X 화면 배치에 따른 앵커 포인트 좌표

[그림 10-40]처럼 좌푯값을 주의해야 합니다. 왼쪽부터 0으로 시작하는 것이 아니라 정중앙 부분을 0으로 보므로 X축은 왼쪽으로 이동하면 마이너스(-) 좌표, Y축은 아래쪽으로 내려갈수록 마이너스(-) 좌표를 가집니다. 결국, 왼쪽 상단에 영상을 배치하고 싶다면, 앵커 포인트 값을 x축은 -480으로, y축은 270으로 설정합니다.

지금까지 영상의 크기도 알아봤고 영상이 화면이 배치되는 기준점, 앵커 포인트에 대해서도 알아봤습니다. 그럼 이제 4분할 화면에서 각 영상이 배치되어야 할 앵커 포인트 값을 알아봅니다.

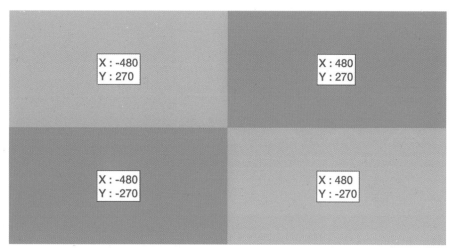

[그림 10-41] 4분할 화면 구성에서 앵커 포인트 값(FHD 기준)

[그림 10-41]은 4분할 화면에서 앵커 포인트를 쉽게 이해하고 적용할 수 있도록 정리한 표입니다. 앵커 포인트 값만 알고 있다면, FHD 크기의 4분할 화면을 손쉽게 만들 수 있습니다.

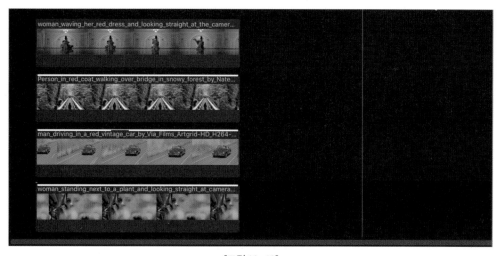

[그림 10-42]

파이널 컷 프로 X 타임라인에 영상 4개를 겹쳐서 배치합니다.

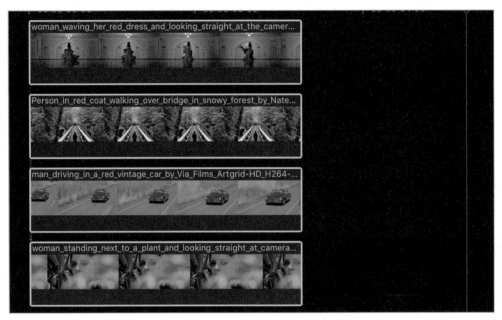

[그림 10-43]

크기를 줄일 때 한꺼번에 작업하기 위해 영상 4개를 모두 클릭해 줍니다. 마우스 드래그를 이용합니다.

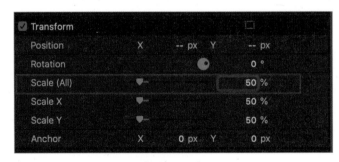

[그림 10-44]

인스펙터에서 Scale(All)의 값을 50%로 지정합니다. 영상의 크기가 절반으로 줄어듭니다.

이제 타임라인에서 영상을 하나씩 클릭하여 위의 앵커 포인트 표를 참고하여 Position에 값을 입력합니다.

[그림 10-45]

첫 번째 영상을 클릭한 후 인스펙터 Position 값을 x축 -480, y축 270으로 입력합니다.

[그림 10-46]

영상이 원하는 위치로 옮겨집니다. 똑같은 방법으로 나머지 영상들도 모두 배치해 줍니다. 멋진 4분할 화면이 만들어집니다.

 꿀팁

타임라인에서 반드시 제일 위의 영상이 왼쪽 상단에 배치될 필요는 없습니다. 가운데 영상이 왼쪽 상단에 배치되어도 무방합니다. 하지만 다음에 관리나 직관적인 편집을 위해서 왼쪽 상단부터 차례로 배치하는 걸 추천합니다.

영상 마무리에 필요한
엔딩 크레딧 만들기

▶ **유튜브 동영상 강좌**

엔딩 크레딧 만들기

https://youtu.be/ExUo6zgsZyc

◖◗ **결과 미리보기**

영화관에서 영화가 끝날 때 엔딩 크레딧이 올라오는 장면을 본 적이 있을 겁니다. 출연자의 이름과 영화 제작에 참여한 사람들, 장소 등 다양한 정보가 포함된 글자들입니다. 엔딩 크레딧은 영화에서 자주 사용되지만, 영화뿐만 아니라 간단한 유튜브 영상의 마무리에도 사용해 볼 만한 기법입니다.

파이널 컷 프로 X에서 기본 기능만으로 엔딩 크레딧을 만드는 방법에는 크게 두 가지 종류가 있습니다. 키 프레임을 이용하는 방법과 캔버닝을 이용하는 방법이 있습니다. 여기에서는 가장 기본적이라고 할 수 있는 키 프레임을 이용하는 방법을 소개합니다.

[그림 10-48]

먼저 타임라인에 텍스트를 배치합니다. 영상이 없는 상태에서 글자만 배치합니다. 그런 다음 엔딩 크레딧에 나올 글자를 입력합니다.

[그림 10-49]

세로로 길게 늘어진 글자에 키 프레임을 주려면 화면을 작게 만들어야 합니다. 우측에 있는 크기 조절 버튼을 클릭하여 50% 혹은 25% 정도로 화면을 작게 만듭니다.

[그림 10-50]

키 프레임을 주기 위해 타임라인의 재생 헤드를 엔딩 크레딧 객체의 제일 앞으로 이동시킵니다.

[그림 10-51]

밑에서 위로 올라오는 엔딩 크레딧의 특성상 처음 시작은 아래쪽에 배치되어야 합니다. 비디오 인스펙터에서 Position의 y값을 조절하여 밑으로 내립니다. 값이 마이너스(-)로 바뀝니다. 글자가 화면에 하나도 나오지 않도록 배치합니다.

 꿀팁

마우스로 이동시키는 방법보다 인스펙터에서 y값을 조절하여 이동시키는 방법을 추천합니다. x값 변화 없이 정확하게 아래로 이동시킬 수 있습니다.

[그림 10-52]

Position에 키 프레임을 추가합니다.

[그림 10-53]

이제 재생 헤드를 끝부분으로 이동시킵니다.

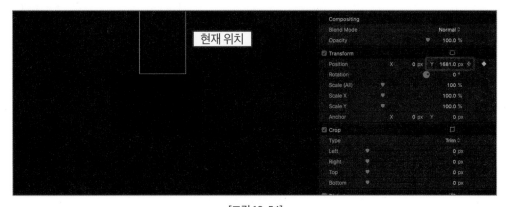

[그림 10-54]

인스펙터에서 Position의 y값을 위로 올려 플러스(+) 값으로 바꿉니다. 화면에서 엔딩 크레딧이 끝까지 올라가서 보이지 않을 때까지 올려 줍니다. 이제 영상을 재생해 보면 멋진 엔딩 크레딧이 만들어진 모습을 볼 수 있습니다.

엔딩 크레딧 아래에 영상 배치　　　　　　　　엔딩 크레딧 옆에 영상 배치

[그림 10-55] 엔딩 크레딧의 다양한 연출

엔딩 크레딧이라고 해서 반드시 검은 화면에 흰색 글자만 나와야 하는 건 아닙니다. 엔딩 크레딧 아래에 영상을 배치하거나 엔딩 크레딧 옆에 영상을 배치하는 등 다양한 방법으로 엔딩 크레딧을 연출할 수 있습니다. 실제 영화관에서 영화가 끝난 후 엔딩 크레딧을 어떻게 연출했는지 살펴보고 따라 해 보는 것도 좋습니다.

노래방 스타일
자막 만들기

▶ **유튜브 동영상 강좌**

노래방 스타일 자막 만들기

https://youtu.be/296-l_SyVN8

● **결과 미리보기**

음악을 좋아하거나 노래 부르는 걸 즐긴다면, 제작하는 동영상에서도 노래 부르는 연출이 있을 겁니다. 노래방 자막 스타일을 간편하게 만들어 활용하면, 영상을 입체적으로 만들 수 있습니다. 꼭 노래하는 영상이 아니더라도 평범한 자막을 노래방 스타일로 만들어 재미있게 연출할 수도 있습니다. 파이널 컷 프로 X의 기본 기능만으로 노래방 자막 스타일을 만들어 봅니다.

[그림 10-57]

타임라인에 영상과 자막을 배치합니다. 여기에서는 Basic Title을 이용합니다.

[그림 10-58]

말하는 속도에 맞춰서 자막이 나와야 하므로 길이에 신경 써야 합니다. 마커(단축키 M)를 이용하면 유용합니다.

[그림 10-59]

노래방 자막이 대부분 아래쪽에 글자가 나오므로 자막의 위치를 아래쪽으로 내려 줍니다.

[그림 10-60]

노래에 맞는 글자로 자막을 변경합니다.

[그림 10-61]

노래방 자막처럼 디자인하기 위해 인스펙터에서 폰트를 변경합니다. 너무 얇은 폰트보다는 두께감이 있는 폰트가 노래방 자막에 잘 어울립니다.

[그림 10-62]

인스펙터에서 Outline을 체크하고 색상을 지정합니다. Outline은 글자의 윤곽선을 활성화하는 옵션입니다. Width 값을 조정하면 윤곽선의 두께를 조정할 수 있습니다.

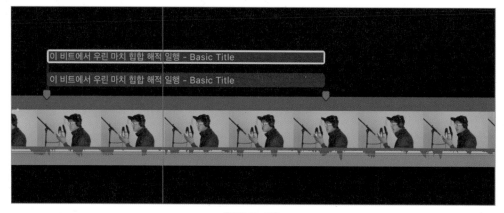

[그림 10-63]

기존에 만들어 둔 자막을 복사하여 그대로 위에 배치합니다. 아래쪽에 있는 자막은 배경에 나타나는 자막이며, 위쪽에 있는 자막은 노래가 나오면서 채워지는 자막입니다.

[그림 10-64]

위에 있는 자막의 디자인을 변경합니다. Outline 색상을 변경하고 두께를 더 두껍게 만듭니다. 실제 노래방에서 나오는 자막처럼 디자인하려면, 색상도 파란색 등을 사용합니다.

[그림 10-65]

이제 위에 있는 자막에 키 프레임을 설정합니다. 재생 헤드를 자막의 제일 앞에 배치합니다.

[그림 10-66]

뷰어 창 좌측 아래에 있는 1 크롭(Crop) 버튼을 클릭합니다. 그런 다음 2 Trim으로 설정되어 있는지 확인한 후 좌측 상단에 보이는 3 키 프레임 추가 버튼을 클릭합니다.

[그림 10-67]

처음에는 채워지는 글자가 나타나지 않아야 하므로 마우스를 이용해 보이지 않도록 왼쪽으로 줄여 줍니다.

[그림 10-68]

재생 헤드를 제일 끝으로 이동시킵니다.

[그림 10-69]

뷰어 창에서 오른쪽으로 이동시키면 자동으로 키 프레임이 추가됩니다. 글자가 모두 채워지도록
변경합니다.

[그림 10-70]

작업이 끝났다면 우측 상단에 있는 Done 버튼을 눌러 완료합니다.

[그림 10-71]

노래방 스타일의 자막이 완성됐습니다. 여러 개를 만들어야 한다면, 같은 방법으로 계속 작업해 줍니다.

지금처럼 만드는 방식은 키 프레임으로 자막을 덧씌우는 형태의 노래방 자막입니다. 자막에서 키 프레임은 처음과 끝부분에만 삽입되어 있습니다. 키 프레임 특성상 속도가 일정하게 바뀝니다. 그러니까 노래방 자막이 항상 일정하게 채워진다는 뜻입니다. 하지만 실제 노래나 말의 속도는 일정하지 않습니다. 어떤 부분은 빠르고 어떤 부분은 느립니다.

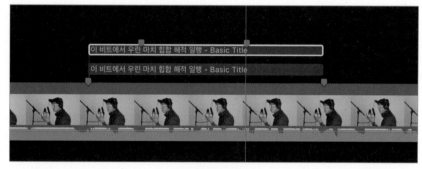

[그림 10-72]

좀 더 정확한 작업을 원한다면, 자막에 키 프레임을 설정할 때 원하는 부분까지만 이동하도록 작업합니다. 마커를 활용하도록 합니다.

레벨 업 | 4K 영상 편집을 위한 프락시 미디어 편집 방법

 유튜브 동영상 강좌

프락시 편집으로 4K 영상 편집하기
https://youtu.be/AQfp8tQWl5s

최근에 출시되는 대부분의 촬영 기기, 스마트폰과 DSLR, 미러리스 등은 모두 4K 촬영을 지원합니다. 4K 촬영용 장비들이 빠르게 보급되는 추세입니다. 아직은 4K로 제작된 영상이 드물지만, 시간이 지나면 기본 화질이 될 가능성이 높습니다. (유튜브에서는 현재 8K까지 지원합니다.)

앞서 설명한 것처럼 4K 영상은 FHD(1080p) 영상 4개를 붙인 크기이며 사실상 매우 큰 영상 파일입니다. 이렇게 크기가 큰 영상을 편집하려면 컴퓨터의 자원이 더 많이 필요합니다. 쾌적하게 편집하려면 높은 성능을 갖춘 MAC 또는 PC가 필요합니다. 4K 영상을 촬영하는 것 못지 않게 4K 영상을 편집하는 것에도 비용 부담이 발생한다는 뜻입니다.

 변환 →

프락시(저해상도)

원본(고해상도)

[그림 10-73]

이런 문제를 해결하는 방법으로 프락시 미디어 편집 방법이 권장됩니다. 프락시(proxy) 미디어는 고해상도 영상을 저해상도로 인코딩한 복사본을 의미합니다. 즉, 영상을 편집할 땐 저해상도로 쾌적하게 편집하고 최종적으로 저장할 때만 고해상도로 저장하면 원하는 결과를 얻을 수 있는 방식입니다.

하드웨어 성능을 많이 필요로 하는 4K 영상 편집 등에 프락시 미디어가 활용됩니다. 자신이 소유한 MAC이 오래되어 성능이 부족하다고 느껴질 때 활용해도 좋습니다.

프락시 미디어는 파이널 컷 프로 X으로 영상을 가져올 때 어떤 방식으로 가져왔느냐에 따라서 자동으로 생성될 수도 있고 별도로 생성해야 할 때도 있습니다. 자세한 사항은 PART 1의 <영상 편집의 필수 준비물! 영상 가져오기>를 참고하도록 합니다.

[그림 10-74]

해당 영상의 프락시 미디어가 생성되었는지 확인하려면 영상을 선택한 후 인스펙터에서 확인합니다. 인스펙터에서 'Available Media representations(사용 가능한 미디어)'를 살펴봅니다. 기본으로 Original에 초록불이 들어와 있습니다. Optimized는 파이널 컷 프로 X에 추가된 편집용 복사본을 뜻합니다. 중요하게 봐야 할 부분은 Proxy입니다. 프락시 앞 색상이 빨간색이면 프락시 미디어가 생성되어 있지 않다는 뜻입니다. 따라서 해당 영상을 프락시 미디어로 편집하려면 프락시 미디어를 직접 변환 및 생성해 줘야 합니다.

[그림 10-75]

뷰어 창 우측 상단에 있는 'View' 버튼을 클릭한 후 'QUALITY' 아래에 있는 'Proxy'를 선택합니다. 프락시 미디어 편집을 시작할 때 선택하는 옵션입니다.

[그림 10-76]

프락시 미디어가 생성되지 않은 상태(빨간불)에서 프락시로 설정하면 [그림 10-76]처럼 빨간 색 화면이 나타납니다. 프락시 미디어가 없는 상태이므로 당연한 결과입니다.

[그림 10-77]

프락시 미디어로 전환하면, 브라우저 창에도 똑같은 현상이 나타나는 모습을 볼 수 있습니다. 브라우저에서도 프락시 미디어로 변환된 영상만 나타납니다.

[그림 10-78]

기존에 불러온 영상을 프락시로 변환하려면, 브라우저에서 해당 영상 클립을 마우스 우클릭한 후 'Transcode Media...'를 클릭합니다. 구분하기 어렵다면, 파일명으로 대조해 봅니다.

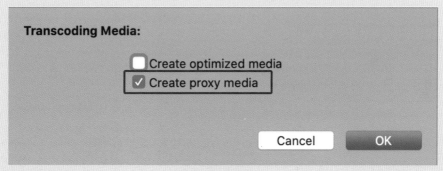

[그림 10-79]

메시지 창이 나오면 아래쪽에 있는 'Create proxy media'를 체크한 후 'OK' 버튼을 누릅니다.

레벨 업 | 4K 영상 편집을 위한 프락시 미디어 편집 방법

[그림 10-80] 프락시 미디어가 생성된 모습

이제 잠시 기다리면, 파이널 컷 프로 X이 자동으로 해당 영상을 트랜스 코딩하여 프락시 미디어로 변환한 후 표시해 줍니다. 이때 영상의 길이에 따라 소요되는 시간이 다를 수 있습니다.

이제 파이널 컷 프로 X에 표시되는 영상은 원본이 아닌 프락시입니다. 즉, 저화질 복사본입니다. 평소처럼 자유롭고 쾌적하게 편집을 이어 갑니다. 프락시로 편집한 후 제일 마지막에 다시 원본으로 되돌려주는 일만 남았습니다.

[그림 10-81]

프락시 미디어인 상태에서 영상을 저장하려고 시도하면 위와 같은 경고 메시지 창이 나타납니다. 해석하자면 "이 프로젝트는 지금 프락시 미디어로 설정되어 있습니다. 프락시 미디어로 영상을 저장하려면 Continue를 누르세요. 더 높은 품질로 영상을 저장하려면, Cancel을 누른 후 View 메뉴에서 Optimized/Original을 클릭하세요."입니다.

레벨 업 | 4K 영상 편집을 위한 프락시 미디어 편집 방법

프락시 미디어로 편집이 끝났다면, View 메뉴에서 다시 원래 상태로 되돌려줘야 합니다.

[그림 10-82]

다시 뷰어 창 우측 상단에 있는 'View'를 클릭한 후 'Optimized/Original'을 클릭합니다. 그러면 프락시 미디어 편집과 설정이 모두 끝납니다. 이제 다시 영상을 저장하고 공유할 수 있습니다.

레벨 업 | 유튜브 동영상에 최적화된 컴프레서 설정

▶ **유튜브 동영상 강좌**

유튜브에 최적화된 컴프레서 설정 방법
https://youtu.be/gvUBDuD5LGo

파이널 컷 프로 X으로 유튜브에 업로드할 영상을 제작할 때 영상의 용량을 효율적으로 활용하고 싶다면 컴프레서를 이용해야 합니다. 파이널 컷 프로 X은 비트 레이트를 조정할 수 있는 인코더가 포함되지 않은 편집 프로그램입니다. 따라서 비트 레이트를 조정하고, 좀 더 세밀하게 영상의 결과물을 설정하고 싶을 때 활용하는 앱이 바로 컴프레서입니다.

[그림 10-83]

컴프레서는 MAC 앱스토어에서 구매할 수 있는 유료 앱입니다. 하지만 모든 사용자에게 컴프레서가 꼭 필요한 것은 아닙니다. 컴프레서 없이도 얼마든지 훌륭한 영상을 만들 수 있습니다. 따라서 무작정 컴프레서를 구매하기보다는 아래 내용을 학습한 후 꼭 필요하다는 생각이 들면 그때 구매해서 활용하길 추천합니다.

레벨 업 | 유튜브 동영상에 최적화된 컴프레서 설정

 꿀팁

비트 레이트란?
비트 레이트(Bit Rate)는 영상을 구성하는 데이터의 크기를 뜻하며, Bit Per Second(bps)로 표기합니다. 똑같은 영상이라고 하더라도 비트 레이트가 높은 영상은 고화질이며 용량이 큽니다. 반대로 비트 레이트가 낮으면 저화질이며 용량이 적습니다. 컴프레서 설정이 없는 파이널 컷 프로 X에서는 영상을 저장할 때 비트 레이트를 자동으로 설정합니다.

아래에 나오는 내용은 컴프레서 앱을 구매한 후 컴프레서를 활용하여 유튜브에 최적화된 동영상 설정을 만드는 방법입니다.

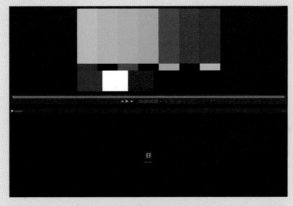

[그림 10-84]

컴프레서 앱을 처음 실행하면, [그림 10-84]처럼 단순한 화면이 나타납니다.

[그림 10-85]

화면 좌측 상단에 있는 버튼을 클릭합니다.

레벨 업 | 유튜브 동영상에 최적화된 컴프레서 설정

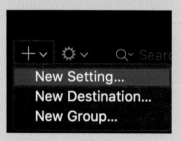

[그림 10-86]

이제 화면 좌측 아래쪽에 있는 더하기 버튼을 클릭한 후 'New Setting...'을 클릭합니다. 새로운 세팅을 만드는 작업입니다. 해당 세팅은 처음 한 번만 작업하면 그다음부터는 컴프레서를 실행하지 않고 파이널 컷 프로 X에서 바로 활용할 수 있습니다.

[그림 10-87] 유튜브 동영상의 권장 업로드 인코딩 설정

지금부터 설정할 값들은 모두 유튜브 권장 업로드 인코딩 설정에 맞춥니다. 자세한 권장 업로드 인코딩 설정은 다음 링크에서 확인할 수 있습니다.

https://support.google.com/youtube/answer/1722171?hl=ko

레벨 업 | 유튜브 동영상에 최적화된 컴프레서 설정

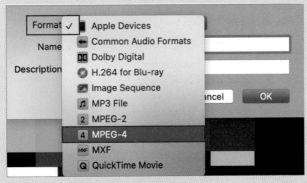

[그림 10-88]

제일 먼저 Format을 클릭하여 MPEG-4로 설정합니다.

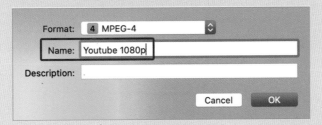

[그림 10-89]

다음으로 이름을 지정합니다. 이름은 정해진 규칙은 없으며 자신이 알아보기 쉽도록 자유롭게 적습니다. 여기에서는 1080p로 저장하는 컴프레서 설정을 만들고 있으므로 'Youtube 1080p'라는 이름을 입력합니다. 이름 입력이 끝나면 'OK' 버튼을 누릅니다.

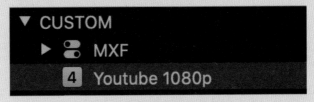

[그림 10-90]

이제 왼쪽 메뉴에서 CUSTOM 아래에 방금 만든 이름이 추가된 걸 볼 수 있습니다.

레벨 업 | 유튜브 동영상에 최적화된 컴프레서 설정

[그림 10-91]

이제 화면 우측 상단에 있는 인스펙터 버튼을 클릭합니다.

[그림 10-92]

인스펙터가 열리면서 상단에 3개의 탭이 나타납니다. 이 탭들을 하나씩 설정합니다.

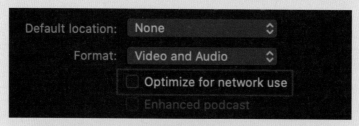

[그림 10-93]

먼저 General 탭에서 중앙 부분에 있는 Optimize for network use를 체크 해제합니다. 유튜브 영상에서는 필요 없는 옵션입니다.

[그림 10-94]

아래쪽에 있는 Captions에 있는 옵션도 체크 해제하면, General 탭의 설정이 끝납니다.

General **Video** Audio

[그림 10-95]

이제 Video 탭을 클릭합니다.

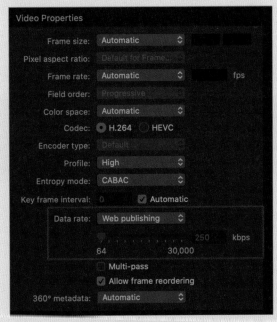

[그림 10-96]

Video 탭에서는 여러 가지 설정을 만질 수 있지만, 대부분 Automatic으로 설정합니다. Entropy mode는 유튜브 권장 사항인 CABAC로 설정되어 있는지 확인합니다. 지금 설정해야 할 부분은 Data rate, 즉 비트 레이트입니다.

4K 해상도의 신규 업로드 동영상을 보려면 VP9을 지원하는 기기나 브라우저를 사용하세요.

유형	동영상 비트 전송률, 표준 프레임 속도 (24, 25, 30)	동영상 비트 전송률, 높은 프레임 속도 (48, 50, 60)
2160p(4k)	35~45Mbps	53~68Mbps
1440p(2k)	16Mbps	24Mbps
1080p	8Mbps	12Mbps
720p	5Mbps	7.5Mbps
480p	2.5Mbps	4Mbps
360p	1Mbps	1.5Mbps

[그림 10-97] 유튜브 동영상의 비트 레이트 권장 사항

유튜브 동영상의 비트 레이트 권장 사항입니다. 프레임 레이트에 따라서 조금 다르지만, 1080p 기준으로 보통 8~12Mbps 정도로 설정합니다. 여기에서는 중간값인 10Mbps로 설정합니다. 위 값은 권장 사항이며 완벽하게 딱 맞지 않아도 큰 문제는 없습니다.

[그림 10-98]

Data rate를 Custom으로 변경한 후 10,000을 입력합니다. 다른 설정들은 특별히 손볼 부분이 없습니다. Video 탭의 설정이 모두 끝났습니다.

[그림 10-99]

Audio 탭으로 들어갑니다.

레벨 업 | 유튜브 동영상에 최적화된 컴프레서 설정

[그림 10-100]

Audio 설정도 크게 손볼 건 없으며 [그림 10-100]처럼 설정해 줍니다. Channel layout은 평범한 영상을 제작하는 분들이라면 Mono로 설정합니다. 만약 ASMR처럼 이어폰을 착용하고 시청해야 하는 영상이나 왼쪽과 오른쪽에서 나오는 소리가 달라야 할 때(음악 영상 등)는 Stereo로 설정합니다. Format이 AAC로 되어 있는지 확인한 후 Quality는 High로 맞춥니다. Bit rate는 오디오에 대한 비트 레이트를 의미합니다. 기본값은 126으로 설정되어 있는데, 조금 더 좋은 음질을 위해서 256으로 올려 줍니다. 이제 Audio 설정도 끝났습니다.

컴프레서의 설정은 모두 자동으로 저장됩니다. 따라서 사용자가 별도로 저장하는 작업은 필요하지 않습니다. 이제 컴프레서 앱을 종료한 후 다시 파이널 컷 프로 X으로 들어갑니다.

[그림 10-101]

레벨 업 | 유튜브 동영상에 최적화된 컴프레서 설정

파이널 컷 프로 X에서 컴프레서 설정을 이용해 봅니다. File 메뉴에서 Share를 클릭한 후 Add Destination...을 클릭합니다.

[그림 10-102]

Compressor Settings를 더블 클릭합니다.

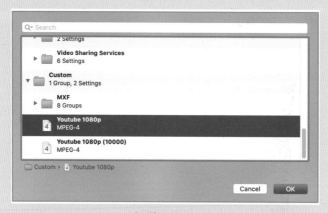

[그림 10-103]

컴프레서 설정을 선택하는 창이 나타나면 스크롤을 아래로 내려서 조금 전에 만든 컴프레서 설정을 선택한 후 OK 버튼을 클릭합니다.

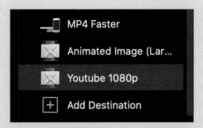

[그림 10-104]

컴프레서 설정이 공유 옵션에 추가됩니다.

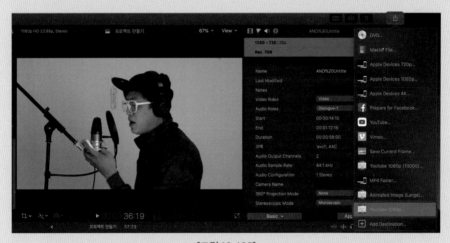

[그림 10-105]

이제부터는 영상을 저장할 때 마스터 파일을 클릭하지 않고 컴프레서 설정을 클릭하여 저장합니다.

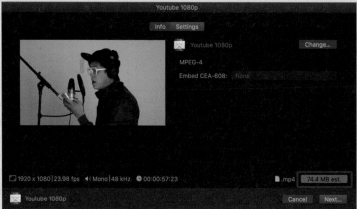

[그림 10-106] 마스터 파일 출력 용량(위)과 컴프레서 설정 파일 출력 용량(아래) 비교

마스터 파일로 출력할 때 더욱 최적화된 비트 레이트를 통해 효율적인 용량으로 영상을 저장할 수 있습니다.

레벨 업 | 영상 편집 시간을 줄여 주는 파이널 컷 프로 X 단축키 모음

▶ 유튜브 동영상 강좌

파이널 컷 자주 사용하는 단축키 10가지
https://youtu.be/XtFnflLIZhI

파이널 컷 프로 X에 익숙해지기 전부터 미리 단축키 활용을 권장합니다. 단축키에 능숙해지면, 마우스 사용을 최소화해서 영상 편집 시간을 대폭 단축할 수 있으며 능률이 오릅니다. 지금 소개하는 단축키들은 일반적으로 자주 사용하는 단축키들입니다. 단축키들을 정리한 표이므로 여러 번 참고하고 연습하면서 꼭 손에 익혀 두길 바랍니다.

▶ 기본 단축키

프로젝트 생성	⌘ + N
이벤트 생성	Option + N
영상 가져오기	⌘ + i
되돌리기(Undo)	⌘ + Z
되돌리기 취소(Redo)	Shift + ⌘ + Z
스키머 기능 활성화/비활성화	S
스냅핑 기능 활성화/비활성화	N

레벨 업 | 영상 편집 시간을 줄여 주는 파이널 컷 프로 X 단축키 모음

▶ 영상 재생 단축키

영상 재생하기	Space or L
영상 뒤로 재생하기	J
영상 재생 멈추기	Space or K
선택한 클립의 처음부터 재생하기	/

▶ 영상 편집 단축키

영상 자르기 툴(블레이드)	B
영상 선택하기 툴(셀렉트)	A
TRIM	T
특정 구간 지정하기 툴 (레인지 셀렉션)	R
선택한 영상 지우기	← backspace
영상 자르기 툴(블레이드)	B
여러 개의 영상 한꺼번에 자르기	Shift + ⌘ + B
1프레임씩 TRIM 하기	, or .

레벨 업 | 영상 편집 시간을 줄여 주는 파이널 컷 프로 X 단축키 모음

10프레임씩 TRIM 하기	**Shift** + **,** or **.**
타임 코드로 영상 수정하기	**Control** + **D**

타임라인 관련 단축키

타임라인 확대하기	⌘ + **+**
타임라인 축소하기	⌘ + **-**
타임라인 전체를 모아 보기	**Shift** + **Z**
마커 삽입하기	**M**
재생 헤드 1프레임씩 이동하기	**←** or **→**
선택한 영상 클립의 제일 처음으로 재생 헤드 이동하기	**↑**
선택한 영상 클립의 제일 끝부분으로 재생 헤드 이동하기	**↓** **←**

영상 속도 조절 단축키

영상 속도 확인하기	⌘ ⎵ **⊓**
클립 리타이밍	**Shift** + **B**

레벨 업 | 영상 편집 시간을 줄여 주는 파이널 컷 프로 X 단축키 모음

볼륨 조절 단축키

오디오 볼륨 세밀하게 조절하기	⌘ 꾹~ 커맨드 누른 상태에서 마우스로 조절
오디오에 키 프레임 추가하기	Option 꾹~ 옵션 누른 상태에서 마우스로 클릭

볼륨 조절 단축키

객체 비활성화/활성화하기	V
컴파운드 클립 만들기	Option + G
클립의 키 프레임 확인	Shift + B
영상에서 오디오 분리하기	Shift + ⌘ + Z

영상 속도 조절 단축키

렌더링하기	Control + Shift + R

찾아보기

찾아보기

찾아보기

찾아보기

파이널 컷 프로 X으로 시작하는 유튜브 동영상 편집

따라 하기만 하면 나도 유튜버!

1판 1쇄 발행 | 2020년 8월 14일
2판 1쇄 발행 | 2021년 1월 25일
2판 2쇄 발행 | 2021년 10월 15일

지은이 | 남시언
펴낸이 | 김범준
기획/책임편집 | 김수민
교정교열 | 이혜원
편집디자인 | 카리스북
표지디자인 | 유재헌

발행처 | 비제이퍼블릭
출판신고 | 2009년 05월 01일 제300-2009-38호
주 소 | 서울시 중구 청계천로 100 시그니쳐타워 서관 10층 1011호

주문/문의 | 02-739-0739   **팩스** | 02-6442-0739
홈페이지 | http://bjpublic.co.kr   **이메일** | bjpublic@bjpublic.co.kr

가격 | 44,000원
ISBN | 979-11-6592-010-4
한국어판 © 2021 비제이퍼블릭